Michael Lüders

Allahs langer Schatten

HERDER spektrum

Band 6246

Das Buch
Wer Islamophobie schürt, spielt mit den Ängsten und der Unkenntnis der Menschen. Diese Unkenntnis ist gefährlich und weit verbreitet. Der Dialog mit dem Islam ist nicht nur möglich. Er ist notwendig. Es gibt Ängste. Aber der grassierenden Islamophobie setzt Michael Lüders fundierte Informationen entgegen: Anschaulich erzählt er die Geschichte der islamischen Welt, gibt Auskunft über die unterschiedlichen Strömungen dieser Weltreligion, verweist auf das große Erbe, das das christliche Europa der verschwisterten Kultur des Islam zu verdanken hat. Damit wir auch die Muslime in unserem Land besser verstehen können. Mit aktuellen Analysen der Lage in Afghanistan und Irak.

Der Autor
Michael Lüders, geb. 1959 in Bremen, Islamwissenschaftler, Publizist, Politikberater. Lebt in Berlin. Bei Herder: Im Herzen Arabiens. Stolz und Leidenschaft. Bericht aus einer zerrissenen Kultur.

Michael Lüders

Allahs langer Schatten

Warum wir keine Angst vor dem Islam
haben müssen

HERDER

FREIBURG · BASEL · WIEN

© Verlag Herder GmbH, Freiburg im Breisgau 2011
Alle Rechte vorbehalten
www.herder.de

Umschlagkonzeption und -gestaltung:
Agentur R·M·E Eschlbeck / Hanel / Gober
Umschlagfoto: © Getty Images

Satz: Barbara Herrmann, Freiburg
Herstellung: fgb · freiburger graphische betriebe
www.fgb.de

Gedruckt auf umweltfreundlichem, chlorfrei gebleichtem Papier
Printed in Germany

ISBN 978-3-451-06246-9

Inhalt

Einführung.
Warum es falsch ist, den Islam zu verteufeln

Der Islam ist ein Reizthema mit klaren Fronten. So legte das Institut für Demoskopie in Allensbach 2006 eine erschreckend eindeutige Studie vor. Demzufolge verbinden 98 Prozent der Deutschen mit dem Islam Gewalt und Terror, 96 Prozent Rückständigkeit, 94 Prozent die Unterdrückung von Frauen. Nur sechs Prozent der Befragten bekunden Sympathie mit dem Islam. Entgegen sonstiger Formen von Fremdenfeindlichkeit nimmt die Islamophobie, die auf Angst und Vorurteilen beruhende Ablehnung des Islam, mit höherer Bildung nicht ab. Das belegt auch ein Blick auf den Buchmarkt, der eine endlose Ansammlung reißerischer, die „islamische Gefahr" in den grellsten Farben ausmalender Titel bereithält.

Diese nicht allein in Deutschland, sondern in westlichen Gesellschaften allgemein zu beobachtende Angst vor dem Islam und dessen fundamentale Ablehnung haben viele Gründe. Dazu gehören die Anschläge vom 11. September 2001. Bilder von Hass und Gewalt aus allen Teilen der islamischen Welt, die Sorge vor islamischen „Parallelgesellschaften" in Europa und nicht zuletzt ein generelles Unbehagen oder Misstrauen gegenüber dem Unbekannten und Fremden. Doch diese vergleichsweise rationalen Kriterien erklären ebenso wie die (richtige) Anmerkung, der Islam habe im Westen den untergegangenen Kommunismus als Feindbild abgelöst, bestenfalls die Oberfläche. Angst speist sich immer auch aus dem Unbewussten, sie hat zu tun mit Verdrängung und Projektion. Fakten allein können die gegen den Islam gerichtete Stimmung nicht erklären. Auch Emotionen spielen dabei eine maßgebliche Rolle: Der Islam provoziert vor allem in einem säkularen Umfeld. Muslime leben Religion in ihrem Alltag sehr viel mehr als selbst die gläubigsten Katholiken in Süddeutschland oder im Mittelmeerraum. Muslime haben mehrheitlich eine religiöse Identität, die Menschen im Westen überwiegend nicht. Die USA bilden vielleicht eine Ausnahme, aber das dortige Verhältnis von Religion und Gesellschaft ist ein Thema für sich. Westliche Identität beruht wesentlich auf Werten wie Demokratie, Rechtsstaatlichkeit, Gleichberechtigung und Meinungsfreiheit. Der „Nachteil" dieser Werte ist allerdings, dass sie allein den Verstand ansprechen, kaum das Herz. Sie begründen eine politische Gemeinschaft, doch keine emotionale. Sie beantworten auch nicht die Sinnfrage, die sich jedem Menschen stellt. Der muslimische Gläubige dagegen findet Halt nicht allein in seiner Religion, sondern ebenso in der (Groß-)Familie, der Gemeinschaft und einem ausgeprägten Ehren- und Verhaltenskodex. Das Rollenverhalten ist entsprechend konservativ: Der Mann zieht hinaus in die feindliche Welt, die Frau kümmert sich um Heim und Familie. Dieses Gesellschaftsbild, wenngleich in der islamischen Kultur im Wandel begriffen, gilt hierzulande als überholt (obwohl es auch bei uns längst nicht der Vergangenheit angehört), ohne dass „wir" eine durchgängig tragfähige oder uneingeschränkt als positiv erlebte Alternative anzubieten hätten.

Westliche Gesellschaften sind hochgradig individualisiert, orientalische gruppenorientiert. Freiheit ist ein hohes Gut, aber sie macht auch einsam. „Wer bin ich jenseits meiner öffentlich gelebten Rolle?" Diese Frage beschäftigt den modernen „westlichen" Menschen, und sie erlaubt keine allgemeingültigen Antworten. Gläubige Muslime hingegen wissen, wohin sie gehören. Der Islam ist ihnen Religion und Lebensform zugleich. Ein solcher Einklang allerdings steht bei uns unter Totalitarismusverdacht. Überdies verkörpert der Islam in der Wahrnehmung der meisten Europäer alle negativen Eigenschaften, die „wir" (wenn wir nur die jüngste Geschichte ein wenig verdrängen) ein für allemal für überwunden halten: Fanatismus, Gewaltbereitschaft, Ideologisierung, Kulturkampf. Die niederen Instinkte gewissermaßen.

Vermutlich wäre uns der Islam egal, wäre er nicht unser geographischer Nachbar, lebten Muslime nicht in unserer Mitte. Man sollte denken, dass beides zusammen Neugierde und Interesse am anderen ebenso beflügelt wie einen genauen Blick. Stattdessen ist die vorherrschende Reaktion eine reflexartige Ablehnung, die alles in einen Topf wirft: Koran, Fundamentalismus, Kopftuch, „Ehrenmord". Muslim zu sein heißt sich einem Generalverdacht ausgesetzt zu sehen. Selbst ein Muslim, der als Nachweis seiner erfolgreichen Integration auf dem Oktoberfest eine Maß nach der anderen stemmt, unterbrochen nur von einem Griff zur Schweinshaxe, müsste vermutlich noch mit dem Verdacht leben, alles nur vorzutäuschen. Wäre denn tatsächlich auszuschließen, dass der Bursche die Mehrheitsgesellschaft höhnisch unterwandert, um seinem eigentlichen Ziel näher zu kommen: der Weltherrschaft?

Vor einiger Zeit veröffentlichte die „Frankfurter Rundschau" einen Beitrag, in dem ich an die positive Wahrnehmung des Islam in der europäischen Romantik erinnerte. Daraufhin erhielt ich den folgenden Leserbrief aus der Feder immerhin eines ehemaligen Intendanten des früheren Senders Freies Berlin (SFB). Er schreibt:„Muslime dulden Demokratie nur so lange, bis sie durch die Scharia ersetzt werden kann. Mit diesem Machtanspruch bedrohen sie die westliche Welt. Was wir heute sehen, die Terroranschläge in New York, Madrid oder London, ist nur die Spitze des Eisberges. Das wahre Gesicht des Islams ist in den islamischen Ländern zu besichtigen. Null Toleranz bis hin zur vollständigen Vernichtung Andersdenkender. Totalitarismus in reinster Form. Gewaltbereitschaft wird vom Koran nachdrücklich gebilligt. Wie im Dritten Reich. Mit keiner Kultur haben wir heute so viele Probleme wie mit der islamischen. Warum ziehen Muslime in ein Land, dessen kulturelle Werte ihnen nicht gefallen? Ich würde sofort meine Koffer packen und dahin ziehen, wo ich herkam. Wehe uns, wenn die Türkei Mitglied der Europäischen Union wird! Die Islamisten werden nicht ruhen, bis sie die ganze Welt unterjocht haben." Ließe sich jemand über das Judentum in einem vergleichbaren Tonfall aus, wäre vermutlich auch der Autor dieses Briefes der Auffassung, das sei Volksverhetzung.

Ich weiß, dass jedes Plädoyer für eine ausgewogene Betrachtung des Islam ehrenwert ist, die große Mehrheit aber nicht erreicht. Zu präsent sind die Bilder von Gewalt und Terror. Die Krankheit des heutigen Islam ist die Geiselnahme der Religion durch Fanatiker, die den Koran ideologisch missbrauchen. Militärische Abenteuer, gepaart mit westlichem Wunschdenken, einen „Neuen Nahen Osten", einen „Greater Middle East" mit ausgewählten Statthaltern vor Ort oder ähnliches schaffen zu wollen, machen aus der Krankheit des Islam eine Epidemie. Obwohl der politische Islam eine Minderheitenströmung darstellt und nicht einmal 100 Jahre alt ist, prägt er doch die Wahrnehmung des Islam im Ganzen. Und durch jeden weiteren Terroranschlag wird sie noch verstärkt. Die Menschen in Europa, in den USA, in Israel und anderswo haben Angst vor diesem Terror – aus guten Gründen. Gleichzeitig sind Ereignisse wie der Karikaturenstreit auf beiden Seiten mit verbissener Rechthaberei geführte Ersatzhandlungen in einem Konflikt, in dem sich westliche Macht und islamische Ohnmacht begegnen. Auf der einen Seite die Globalisierungsgewinner, auf der anderen ihre Verlierer.

Die große Mehrheit der Muslime lehnt Terror und Gewalt ab. Dennoch reagieren sie empfindlich auf westliche Forderungen, sie sollten ihn wieder und wieder verurteilen, außerdem die Unterdrückung der Frauen, die Scharia, die Hamas und die

Hisbollah, sie sollten sich für die Säkularisierung einsetzen und endlich in der Demokratie ankommen. In dem Moment, in dem sie entsprechend reagierten, würden sie ihren Kritikern das Recht zubilligen, sie kollektiv zu verdächtigen und anzuklagen. Und sie fragen, wo die Selbstkritik bleibe angesichts der Realitäten westlicher Politik im Nahen und Mittleren Osten: der Kriege in Afghanistan, im Irak oder Libanon, der Unterstützung arabischer Diktatoren, solange sie prowestlich sind, der israelischen Besatzung, der wirtschaftlichen Ausbeutung der arabischen Welt jenseits von Erdöl und Erdgas. Dem Generalverdacht gegenüber dem Islam, eine fanatische und gewalttätige Religion zu sein, halten sie entgegen, dass 3000 Jahre europäischer Zivilisation, 300 Jahre Aufklärung, 60 Jahre Erklärung der Menschenrechte weder Guantanamo noch den „Krieg gegen den Terror" verhindert hätten, in ihren Augen wenig mehr als ein moderner Kreuzzug.

Die Beziehung zwischen Orient und Okzident ist asymmetrisch, keine Begegnung unter Gleichen. Das gilt auch für die Muslime in Europa. Gerne erheben wir den Anspruch, mit ihnen in einen Dialog über die Werte einer pluralistischen Gesellschaft treten zu wollen, greifen sie jedoch in Wahrheit an. Das verstärkt nur die Vorurteile der Hardliner auf beiden Seiten. Es handelt sich dabei weniger um einen Zusammenstoß der Kulturen als vielmehr um einen Zusammenstoß zwischen religiösen und säkularen Fundamentalisten.

Kritik am Islam ist legitim und angesichts seiner Verwerfungen auch dringend geboten. Niemand weiß das besser als reformorientierte Muslime selbst. Es gibt allerdings einen Unterschied zwischen Kritik und Denunziation. Gewiss hat ein Europäer das Recht, den Islam aus emotionalen oder sonstigen Gründen abzulehnen – solange nicht die Schwelle zum Rassismus überschritten wird. Grundsätzlich stellt sich die Frage, wie verschiedene Kulturen und Wertesysteme in Zeiten der Globalisierung friedvoll miteinander umgehen können. Weltweit gibt es 15 Milliarden Muslime, davon leben 20 Millionen in Westeuropa, rund 3,5 Millionen in Deutschland. Was haben wir ihnen anzubieten jenseits von Ablehnung, Misstrauen und einem unseligen „Krieg gegen den Terror"? Was können wir von ihnen lernen? Wie können sie zu einer Sprache finden, die wir verstehen? Welche Bereitschaft zur Integration in unsere westlich-säkulare Kultur bringen sie mit? Ein Dialog auf Augenhöhe verlangt nur ein einziges, von beiden Seiten gerne verleugnetes Bekenntnis: Die Würde des Menschen ist unantastbar.

Wenn ich in arabischen Ländern reise, bin ich immer wieder verblüfft über die Offenheit der Menschen und ihre fast vollständige Ahnungslosigkeit, was Alltag, Politik und Geschichte westlicher Länder angeht. Dann werden mir viele Fragen gestellt: Ob sich die Menschen in Berlin wirklich in aller Öffentlichkeit küssen, was ich von der Heiligen Dreifaltigkeit halte, die doch einfach nicht möglich sei, warum die deutsche Regierung den Irakkrieg abgelehnt habe, die Eskalation gegenüber Teheran aber mittrage. Fragen, die mir gefallen, weil sie ebenso berechtigt wie ungewöhnlich sind. Sie erlauben mir einen zusätzlichen, einen anderen Blick auf meine Herkunft und meine Kultur, den ich als Bereicherung empfinde. Umgekehrt begegne ich in Deutschland immer mehr Menschen, denen die üblichen Schablonen aus Politik und Medien über den Islam nicht länger genügen. Langsam aber stetig wächst die Zahl derer, die den Islam verstehen wollen. Sie suchen den Blick hinter die Kulissen. Aus unterschiedlichen Gründen, doch getragen von dem Gefühl, dass die ständige auf Konfrontation angelegte Dämonisierung nicht weiterhilft. Lässt man sich auf die Auseinandersetzung mit dem Islam ein, heißt es freilich Abschied nehmen von zahlreichen Illusionen, Mythen und Legenden. Denn vieles von dem, was dem Islam oft zugeschrieben wird („Gewaltbereitschaft wird vom Koran nachdrücklich gebilligt.") erweist sich bei näherem Hinsehen als vorurteilsbeladen und kaum haltbar. Ich möchte mit dem Vergleich niemandem zu nahe treten, doch halte ich die Islamophobie in gewisser Hinsicht für eine Neuauflage des Antisemitismus unter anderen Vorzeichen. In beiden Fällen wird eine Gruppe kollektiv unter Anklage gestellt und die Mehrheit erklärt eine Minderheit zur Bedrohung. Qualitativ besteht zwischen den Aussagen „Die Juden sind unser Unglück" und „Der Islam ist eine fanatische Religion" kein Unterschied. Wenn der Islam fanatisch ist, sind es die Muslime in ihrer Gesamtheit. Die Muslime sind demzufolge Fanatiker so wie vormals die Juden „unser Unglück" waren. Auf diesen Zusammenhang hinzuweisen heißt keinesfalls, die Einzigartigkeit des Holocaust relativieren zu wollen. Aber die Parallelität der Dämonisierungen erscheint mir offenkundig.

Wer nicht den Fehler begeht, Islam, Islamismus und Terror gleichzusetzen, wird der Argumentation dieses Buches folgen können: Es gibt keinen Grund, den Islam zu fürchten. Zwei Hauptthesen ziehen sich dabei als rote Fäden durch den Text. Zum einen: Wir würden über die jüngste der monotheistischen Religionen anders denken, wenn wir mehr über ihren Werdegang, ihre theologischen Inhalte und kulturellen Leistungen wüssten. Unsere Wahrnehmung des Islam ist dabei keineswegs erst seit dem 11. September 2001 auf die negativen Seiten fokussiert. Die entsprechenden Stereotype reichen vielmehr zurück bis in das Mittelalter, die Zeit der Kreuzzüge, und sind damals wie heute ganz wesentlich religiöser wie politischer Propaganda geschuldet. Zum anderen: Wir schaffen uns unsere Feinde aus der islamischen Welt seit kolonialen Zeiten zu einem erheblichen Teil selbst. Insbesondere die USA wären gut beraten, ihre stark ideologisierte Politik im Nahen und Mittleren Osten zu überdenken und neu zu gestalten. Pragmatismus und Selbstkritik scheinen jedoch die Verantwortlichen nicht nur in

Washington zu überfordern – der oder das Böse ist immer der Andere. Der heutige McCarthyismus, die heutige Variante der antikommunistischen Hetzjagd der frühen fünfziger Jahre in den Vereinigten Staaten, ist die in allen westlichen Gesellschaften anzutreffende Verbindung aus Überwachungsstaat (im Namen der Terrorbekämpfung) und einer alles Islamische ausschließenden Lesart jüdisch-christlicher Tradition.

Der Islam und wir.
Ein Streifzug durch die Geschichte –
ohne Hasskappe

Wie alles anfing.
Mohammed und der Koran

Die Arabische Halbinsel im 6. Jahrhundert ist vermutlich keine Gegend, die für den Fall der eigenen Wiedergeburt ein Wunschziel wäre. Man stelle sich eine überwiegend karge und lebensfeindliche Welt vor, geprägt von Wüsten und Karawanenhandel. Städte gab es nur wenige, und sie lagen weit auseinander. Die wichtigste Wirtschaftsader jener Zeit war die Weihrauchstraße, die auf mehreren Wegen vom Jemen nach Mekka und weiter nach Gaza, Syrien und Mesopotamien führte. Die Königin von Saba war schon weit mehr als 1000 Jahre tot, auch die antiken Reiche Südarabiens, von denen noch heute die beeindruckenden Ruinenfelder etwa des Staudamms von Marib zeugen, waren nur noch ferne Erinnerung. Ptolomäer und Römer hatten soeben den Seeweg durch das Rote Meer erschlossen, während die Beduinen Arabiens Götzen verehrten und sich mit Vorliebe gegenseitig überfielen. In einigen entlegenen Gebieten existierten Matriarchate, die Lebenserwartung lag bei 40 Jahren und die kulturellen Leistungen erreichten mit gereimten Versen über die Schönheit und Schnelligkeit von Kamelen ihren Höhepunkt.

Mekka lag in einem unfruchtbaren Tal und behauptete sich dennoch als bedeutendste Stadt. Sie lebte vom Handel, aber auch von der Pilgerfahrt zur Kaaba, einem von Götzen umringten würfelförmigen Steinbau, dessen Mauer einen schwarzen Meteorit umfasst. Die vorherrschende gesellschaftliche Organisationsform war der Stamm, der alle wichtigen Entscheidungen durch kollektive Beratungen fällte und dem Ideal sozialer Gleichheit folgte. In Mekka allerdings hatte sich eine städtische

Elite aus dem Stamm der Quraisch herausgebildet, dessen wachsende Machtfülle die allmähliche Hierarchisierung der mekkanischen Gesellschaft zur Folge hatte. Die Quraisch ihrerseits bestanden aus mehreren Hauptzweigen, darunter den Omajja, die später die Omajjaden-Dynastie in Damaskus begründeten, und den Haschim, die heute die Königsdynastie in Jordanien (die Haschemiten) stellen.

Jedes Jahr brachen große Karawanenzüge von Mekka auf, im Sommer in Richtung Jemen, im Winter nach Syrien und in den Irak. In den Norden brachten sie jemenitischen Weihrauch und Hidschas-Datteln (der Hidschas ist der westliche Landesteil des heutigen Saudi-Arabien), aber auch Edelsteine und Seide aus Indien und China; in den Süden exportierten sie Baumwollstoffe, Waffen, Weizen und Olivenöl. Der französische Orientalist Emile Dermenghem (1892–1971) beschreibt das Geschehen in Mekka in vorislamischer Zeit so: „Die Kaaba mit dem verehrten Schwarzen Stein erhob sich damals unter freiem Himmel inmitten eines weiten Platzes, auf dem sich ein weiterer heiliger Stein, der maqam (Opferplatz) Abrahams und der Zemzem-Brunnen befanden. Steinerne, grob gehauene Idole umsäumten den Tempel, um den herum der wichtigste Ritus, der tawaf (siebenmaliges Umwandern der Kaaba in umgekehrter Uhrzeigerrichtung), stattfand. Die Wallfahrt schloss kultische Prozessionsgänge zu anderen heiligen Stätten ein, so zu den beiden Hügeln Safa und Marwa und außerhalb der Stadt Muzdalifa, Mina und Arafat. Drei heilige Monate lang herrschte alljährlich eine Art Gottesfriede; diese Unterbrechung der Scharmützel und Blutrachenketten kam dem Karawanenverkehr und dem Pilgergeschäft zugute. Eine große Anziehungskraft übten auch die Volksfeste und Handelsmessen in der Umgebung des heiligen Bezirks aus, unter denen der Jahrmarkt von Okaz für seinen Erzähler- und Dichter-Wettbewerb berühmt war."

In vorislamischer Zeit verfügten mächtige und einflussreiche Stämme über eigene Heiligtümer, Götter oder Göttinnen in Form von Felsen oder Bäumen, die auch von anderen Stämmen verehrt wurden. Gelegentlich errichteten sie primitive Statuen aus Holz oder Stein. Mit der Pflege dieser Heiligtümer wurde in der Regel eine bestimmte Sippe betraut. So gehörte Mohammeds Großvater mütterlicherseits dem Clan der Haschim an. Dessen Familie genoss das Vorrecht, den Pilgern das heilige Wasser des Zemzem-Brunnen auszuteilen. Bemerkenswert ist, dass der Prophet Mohammed diese vorislamischen Riten und Heiligtümer in Mekka zu einem großen Teil in die neue Religion überführte und ihnen damit einen neuen Sinn verlieh. Wie wir gerade gesehen haben, war selbst die Kaaba, das Allerheiligste des Islam, schon in der „Dschahilija", der „Zeit der Unwissenheit" vor Mohammed ein Heiligtum. Der Hauptgott der Quraisch, Hubal, ist offenbar schon unter dem Namen „Allah" verehrt worden.

Mit Blick auf die Gegenwart ist es wichtig, auf diesen Zusammenhang hinzuweisen. Im März 2001 sprengten die Taliban in der zentralafghanischen Provinz Bamian zwei berühmte Buddha-Statuen. Es seien heidnische Götzen, die es zu vernichten gelte, behaupteten sie. Auch weniger steinzeitliche Islamisten argumentieren gerne, der „wahre Islam" sei frei von „unislamischen" Einflüssen. Tatsache ist aber, dass der Islam keineswegs aus dem Nichts heraus erschaffen wurde, sondern neben Juden- und Christentum aus der vorislamischen Götterwelt schöpfte und darauf aufbaute. Alles andere wäre ein Mysterium. Mohammed hat selbstredend die Einflüsse seiner Zeit aufgenommen, die sich gleichermaßen in der koranischen Offenbarung niederschlugen. Umso erstaunlicher ist das geistig erstarrte Weltbild islamischer Fundamentalisten und orthodoxer Traditionalisten, die unerschütterlich an dem Glauben festhalten, vor Mohammed habe es heilsgeschichtlich nur eine Art

„Schwarzes Loch" gegeben, das durch ihn ein für allemal mit Religion gefüllt worden sei und seither unabänderlich als Fixstern wirke – seit 1400 Jahren. Kein Geringerer als der Prophet selbst war den gegebenen Verhältnissen weitaus weltoffener zugewandt als seine heutigen dogmatischen Siegelbewahrer, die jede Neuerung, jedes innovative Denken, jede Interpretation des Koran als Blasphemie verurteilen.

Mohammed und der Erzengel

Geboren wurde Mohammed um das Jahr 570 in Mekka. Seine Eltern starben früh und er wuchs bei seinem Onkel auf, ebenfalls einem Haschim. Mohammed kam aus einfachen Verhältnissen und verdiente seinen Lebensunterhalt, wie viele Mekkaner, als Händler. Die historischen Quellen bezeichnen ihn als rechtschaffenen und frommen Mann, der auch an der Wende zum 7. Jahrhundert noch unverheiratet war – ohne Geld, ohne eigenes Geschäft und beruflich wie privat von der Großzügigkeit seines Onkels abhängig. Sein Schicksal änderte sich erst, als die 15 Jahre ältere und vermögende Kaufmannswitwe Chadidscha ihm, in Verkehrung geltender Normen, einen Heiratsantrag machte. Mohammed willigte ein. Doch ungeachtet seines nun erfolgenden sozialen Aufstiegs und wachsenden Reichtums zog er sich regelmäßig in die Einsamkeit der Berge zurück, um zu meditieren, zu fasten und zu beten. Dabei stellte er sich immer wieder die Frage nach dem Sinn menschlichen Daseins. Jahrelang führte Mohammed äußerlich ein erfolgreiches Leben, das seinen innersten Überzeugungen widersprach, vor allem in Hinblick auf die vorherrschende Gewinnsucht der mekkanischen Aristokratie. Im Alter von etwa 40 Jahren, um das Jahr 610, als er wieder einmal auf einem Berg in religiösen Betrachtungen versunken war, von Zweifeln gequält, erlebte

Mohammed seine erste Offenbarung. Der muslimischen Überlieferung zufolge begegnete ihm der Erzengel Gabriel, der ihm auftrug, die göttliche Botschaft zu verkünden (Koran Sure 96, Vers 1–5):

> Lies im Namen deines Herrn der schuf
> Den Menschen schuf aus zähem Blut.
> Lies, dein Herr ist es, der dich erkor
> Der unterwies mit dem Schreiberohr;
> Den Menschen unterwies er
> In dem was er nicht weiß zuvor.*

Nach diesem Berufungserlebnis dauerte es noch einmal fast drei Jahre, bis Mohammed begann, in Mekka öffentlich zu predigen. Er wurde zum Propheten, der in einer bildreichen, beschwörenden, oftmals die eigene innere Unruhe widerspiegelnden Reimprosa seine Offenbarungen vortrug: Der Mensch ist demzufolge vollständig von Gott, seinem Schöpfer abhängig. Das irdische Leben ist nur ein Durchgangsstadium, eine Etappe auf dem Weg ins Jenseits. Am Tag des Jüngsten Gerichts wer-

---

* Alle Übersetzungen der Koran-Zitate in diesem Buch stammen von dem Dichter und Orientalisten Friedrich Rückert (1788–1866). Zu seiner Zeit, in der Romantik, war die Wahrnehmung des Orients fast ausnahmslos positiv. Die Übersetzungen persischer und arabischer Poesie inspirierten zahlreiche deutsche Dichter, allen voran Goethe („West-östlicher Diwan"). Sie sahen in der orientalischen Dichtkunst den Beweis, dass die Völker und Nationen in denselben sittlichen Werten und einem Streben nach Schönheit verbunden seien. In der Öffentlichkeit des 18. und 19. Jahrhunderts erzielten sie damit große Resonanz. Den Philosophen der Aufklärung dagegen diente der Orient vor allem als Argument wider den absolutistischen Staat und seine religiöse Legitimation. Warum sollte dieser Staat den geschichtlichen Höhepunkt menschlicher Zivilisation verkörpern, wenn außereuropäische Kulturen ganz andere politische und religiöse Gesellschaftsmodelle entwickelt hatten? *Ex oriente lux* so dachte man damals – bis der Kolonialismus alte Feindbilder aus den Zeiten der Kreuzzüge neu belebte und eine kulturelle Konfrontation einsetzte.

den die Menschen von den Toten auferstehen, und Gott wird sie nach ihren Taten richten, sie mit dem Paradies belohnen oder zur Verdammnis verurteilen, dem ewigen Höllenfeuer. Ein gottgefälliges Leben, der rechte Weg besteht in der Überwindung menschlicher Anmaßung, von Egoismus und Selbstherrlichkeit zugunsten einer dankbaren Hinwendung zum Schöpfer und Erhalter des Lebens. Das Ziel ist die vollständige Hingabe (arabisch: Islam) an Gott (arabisch: Allah).

Insbesondere Mohammeds Ankündigung des Jüngsten Gerichts war eine Kampfansage an die altarabische Vielgötterei – und somit an das mekkanische Establishment, die reiche Kaufmannschicht. Diese jagte daraufhin den Propheten fort, aus Furcht um ihre Privilegien und Einkünfte aus den Pilgerfahrten zur Kaaba und anderen Heiligtümern in der Umgebung. So flüchtete Mohammed mit einer kleinen Schar von etwa 70 Getreuen im Jahr 622 nach Yathrib, einer Oase 400 Kilometer nordwestlich, die später in „Madinat an-nabbi", „Stadt des Propheten", kurz Medina umbenannt wurde. Die dortigen Bewohner hatten ihn gebeten, als Schiedsrichter in Stammesstreitigkeiten zu wirken. Die „Hidschra" (Auswanderung) wurde zum Beginn der islamischen Zeitrechnung. Acht Jahre später ergaben sich die Quraisch in Mekka und nahmen den neuen Glauben an, nachdem sich fast die gesamte Arabische Halbinsel der islamischen „Umma", der „Gemeinschaft der Gläubigen" angeschlossen hatte.

Nur wenige Jahrzehnte nach Mohammeds Tod im Jahr 632 hatte der Islam ein Weltreich begründet, das vom heutigen Spanien bis nach Indien reichte. Die grundlegende Lehre des Islam enthält bereits sein Glaubensbekenntnis: Es gibt keine Gottheit neben Gott, und Mohammed ist der Prophet Gottes. Eine neue, die dritte monotheistische Religion nach Judentum und Christentum war entstanden, kodifiziert im Koran (arabisch für „Lesung"), der Grundlage aller Offenbarung und Wahrheit.

Der Koran ist Gotteswort, nicht Menschenwort, verkündet von Mohammed, dem Gesandten Gottes. Anders als Jesus im Christentum gilt Mohammed nicht als Gottes Sohn. Vielmehr ist er ein normalsterblicher, wenngleich auserwählter Verkünder der göttlichen Botschaft.

In theologischer Hinsicht grenzt sich der entstehende Islam vom Judentum ab, dessen Vorstellung von der moralischen Auserwähltheit des jüdischen Volkes er ablehnt – Gott wende sich gleichermaßen an alle Menschen und bevorzuge nicht die einen vor den anderen. Am Christentum missfällt insbesondere die ausgeprägte „Christologie", der Glaube an Jesus als Gottes Sohn, und seine zentrale Rolle in der christlichen Lehre. Für die Muslime handelt es sich dabei um „Heiligenverehrung", was dem ersten Teil des islamischen Glaubensbekenntnisses widerspricht: „Keine Gottheit gibt es neben Gott." Aus islamischer Sicht ist Jesus ein herausragender Prophet – wie auch Adam, Noah, Abraham, Lot, Jakob, Moses, David, Salomon, Hiob, Jesaja, Jonas und Maria, die Mutter Jesu, die im Koran als vorbildliche Frau schlechthin dargestellt wird. Gemein sei diesen Propheten, dass sie ihren Völkern Zeugnis ablegten von Gott, ohne von den Menschen dauerhaft erhört worden zu sein. Mohammed sei der letzte Prophet, dem keine weiteren folgen würden, weil der Koran die vollkommene göttliche Botschaft enthalte, die allen Menschen offen stehe und von den Muslimen auch angenommen worden sei.

Mohammed in Medina

Wie aber ist der phänomenale Siegeszug des Islam in so kurzer Zeit zu erklären? Vor dem Auftreten Mohammeds gab es auf der Arabischen Halbinsel keine umfassende politische Ordnung. Die alten südarabischen Reiche beschränkten sich auf das Gebiet des heutigen Jemen. Der Stamm war die vorherrschende soziale Organisationsform. Die Zunahme des transarabischen Handels und der allumfassende Machtanspruch der mekkanischen Aristokratie bereiteten den Boden für Veränderungen. Zum einen, um die Karawanen vor den überhandnehmenden Überfällen zu schützen, zum anderen, um der Allmacht der Quraisch entgegenzutreten. Gleichzeitig entsprach die vergleichsweise schlichte altarabische Götterwelt, die keinen Gemeinsinn über einzelne Stammesverbände hinaus zu schaffen vermochte, nicht mehr den Bedürfnissen und Erfordernissen einer komplexer werdenden Gesellschaft. Die jüdischen und christlichen Stämme, die teils zugewandert waren, teils aus Opportunismus Judentum oder Christentum angenommen hatten, waren ihrerseits zu schwach, um missionarisch zu wirken. Einzelne Gruppen, Hanifen genannt, entwarfen monotheistische Glaubenskonzepte, die sich allerdings nicht durchsetzen konnten. Mohammed, gleichermaßen Prophet, Staatsmann und Feldherr, trat in einer von Umbruch geprägten Zeit auf und füllte das bestehende politische und „heilsgeschichtliche" Vakuum mit Hilfe der neuen Religion, die von den meisten Stämmen ohne Zwang angenommen wurde. Prägend für den entstehenden Islam wurden vor allem jene acht Jahre, die Mohammed nach seiner Flucht aus Mekka in Medina verbrachte. In dieser Zeit gelang es ihm neue Bündnisgefährten zu finden und die neue Religion zu verwurzeln. Für Mohammed und seine Getreuen war es göttliche Vorsehung, dass sie in mehreren Schlachten gegen ihre größten Widersacher, darunter die Quraisch, siegreich blieben. Im Jahr 630 schließlich eroberte Mohammed Mekka im Triumph und verkündete am Schwarzen Stein der Kaaba, dem Allerheiligsten: „Die Wahrheit ist gekommen, der Irrtum hat sich zerstreut." Damit war die Grundlage geschaffen für die Einigung Arabiens unter dem Banner des Islam, für den ersten islamischen Staat.

Schon während Mohammeds Zeit in Medina entstanden die Anfänge einer neuen, egalitären Idealen verpflichteten Staatlichkeit, ebenso die Grundzüge einer übergeordneten Rechtsordnung, die für alle Stämme verbindlich war. Desgleichen eine rudimentäre Administration, die Abgaben und Steuern festsetzte. An der Stammesstruktur der Gesellschaft änderte sich dadurch nichts, doch wurde die traditionelle Stammesloyalität dem entstehenden Zentralstaat unterstellt. Über den Stämmen stand hinfort die Umma, die Gemeinschaft der Gläubigen unter Gottes Herrschaft und Schutz und unter der Führung Mohammeds als oberstem Schiedsrichter. Bezeugt wurde sein Wirken in der Gemeindeordnung von Medina, dem ersten bedeutenden Zeugnis des frühen Islam (der Koran wurde erst nach Mohammeds Tod kodifiziert). Nach dieser Gemeindeordnung war Mohammed weit davon entfernt, der absolute Herrscher von Medina zu sein. Man akzeptierte ihn als Propheten, ansonsten galt er als einer von neun wichtigen Clanführern in Medina. Stets war er daher bemüht, sich mit den übrigen Clanoberhäuptern abzustimmen.

Mohammed in Medina: Jenes achtjährige Exil wurde zu einem Vorbild, dem in den eroberten Gebieten und in den späteren arabischen Königreichen fast alle Regenten nacheiferten. Mythos und Realität sind dabei selten identisch, doch diese Zeit des Aufbruchs und der Neubesinnung, des islamischen Urknalls gewissermaßen, wirkt bis in die Gegenwart nach. So inspirierte das medinensische Ideal die islamischen Erneuerungsbewegungen im 18. und 19. Jahrhundert, die dem zunehmenden Einfluss Europas die „unverfälschten Werte" dieser Urgemeinschaft entgegenstellten. Heute gilt Medina aus Sicht der Reformer als das Urbild islamischer Demokratie, gleichzeitig ist es aber auch eine Quelle der Inspiration für radikale Islamisten bis hin zu Osama bin Laden. In seinen frühen Videos zeigte dieser sich gerne vor einer Felswand sitzend, die Kalaschnikow an die Wand gelehnt, vor sich ein Glas Tee. Diese Inszenierung soll Einfachheit und Bescheidenheit signalisieren – Osama bin Laden vor einer Höhle in Afghanistan als der würdige Erbe Mohammeds in Medina. Islamische Modernisten wiederum bewerten die Gemeindeordnung von Medina als Beweis für die Trennung von Religion und weltlicher Macht im Islam, während islamistische Vordenker Medina als gelungene Einheit von Staat und Religion verstehen. Medina allenthalben: Muslimische Feministinnen holen sich Anregungen für Reformen von aufgeklärten Rechtsgelehrten im damaligen Medina, während muslimische Patriarchen ebendiese Rechtsgelehrten als Begründung für die Unterdrückung der Frau heranziehen. Die einen sehen Mohammeds Wirken in Medina als vorbildlich für die Beziehungen zwischen Muslimen und Juden, die andern als Beleg für die unvereinbaren Gegensätze, ja naturgegebene Feindschaft zwischen beiden Religionen. (In Medina lebten Mohammed und seine Gefährten zunächst in enger Gemeinschaft auch mit den jüdischen Stämmen. Da sich diese jedoch teilweise mit den Quraisch gegen Mohammed verbündeten, vertrieb er sie nach deren Niederlage aus Mekka und Medina.)

Die bloße Tatsache, dass derselbe Sachverhalt offenbar sehr unterschiedlich bewertet werden kann, ist ein Hinweis darauf, dass historische wie auch religiöse Texte der Einordnung bedürfen. Allein diese schlichte Feststellung widerspricht dem Selbstverständnis religiöser Fundamentalisten, die sich am Wortsinn heiliger Schriften orientieren und selbst diesen häufig noch missverstehen. Ich betone ausdrücklich „religiöse Fundamentalisten", weil es solche keineswegs nur im Islam gibt, wie viele glauben. Christliche Fundamentalisten beispielsweise leiten aus der alttestamentarischen Maxime „Auge um Auge, Zahn um Zahn" das Recht auf Vergeltung und Rache ab. Die ursprüngliche Bedeutung ist aber eine andere: Verlange als Buße und

Wiedergutmachung nicht mehr als das, was du selbst erlitten hast. Hat man dir ein Auge genommen, so trachte auch du deinem Widersacher nach dem Auge, nicht jedoch nach seinem Leben – für damalige Stammesverhältnisse eine fortschrittliche Regelung.

Was bedeutet „Dschihad"?

Seit Anbeginn wird Mohammed im Abendland vor allem als Feldherr gesehen, weniger als Prophet und Staatsmann. Immer wieder hört man, der Islam sei „mit Feuer und Schwert" verbreitet worden. Selbstredend ist die Expansion des Islam mit Gewalt einhergegangen – wie auch andere Religionen das Wort um die Waffe ergänzten, sobald sie mit der Macht in Berührung kamen. Und zweifelsohne verfügte Mohammed über feldherrliche Fähigkeiten, andernfalls wäre ihm die Eroberung Mekkas kaum gelungen. Dennoch ist das Klischee von den glaubenstrunkenen Massen, die begeistert zur Eroberung der Welt aufbrechen, sachlich falsch und von der Forschung längst widerlegt. Der „militärische" Aspekt des Islam ist nicht zu verstehen ohne Verweis auf die Stammesstrukturen der damaligen Zeit. Kämpfe unter verfeindeten Stämmen und Überfälle auf Karawanen gehörten mehr oder weniger zum Alltag. Ein Teil der beduinischen Ehre lag in der ständigen Kampfbereitschaft, und es galt keineswegs als kriminell, diente im Gegenteil nicht zuletzt dem eigenen Lebensunterhalt, Beutezüge gegen verfeindete Stämme zu unternehmen. (Diese Beutezüge wurden übrigens „ghazzu" genannt – ein Wort, von dem sich unsere „Razzia" ableitet.) Auch die neue islamische Umma verstand sich als Kampfgemeinschaft, doch bekam der Kampf eine neue Qualität, als er in den Dienst der Religion gestellt wurde. Das war die Voraussetzung, die Stämme der Arabischen Halbinsel unter dem Banner des Islam zu einen und ein bisher nicht gekanntes Maß an „Rechtssicherheit" zu schaffen: Stämme, die den Islam annahmen, durften nicht länger verfeindete Stämme bekämpfen oder überfallen, die sich ihrerseits zum Islam bekannten. In der koranischen Terminologie ist dementsprechend vom „Dschihad fi sabil Allah" die Rede, vom „sich Bemühen auf dem Wege Gottes", dem sich der Gläubige nunmehr verpflichtet sah. Im westlichen Sprachgebrauch wird Dschihad in der Regel mit „Heiliger Krieg" übersetzt, und auch radikale Islamisten verstehen das Wort in diesem Sinn. Tatsächlich aber hat der Begriff im Laufe der Geschichte wiederholt seine Bedeutung verändert, auch im Kontext der koranischen Offenbarung. Zunächst bedeutete „Dschihad" Kampf gegen die Widersacher vom Stamm der Quraisch in Mekka. Ihnen gilt die älteste Offenbarung zum Dschihad:

> Erlaubnis haben die sich wehren
> Weil sie gekränket wurden
> Und Gott ist ihnen beizustehen wohl mächtig.
> Die man vertrieb aus ihrer Heimat
> Mit keinem Recht nur einzig weil
> Sie sprechen: Unser Herr ist Gott.
> (Koran 22, 39–40)

Nachdem die Quraisch den Islam angenommen hatten (auch wegen ihrer Karawanenzüge nach Syrien, denen die neue „Rechtssicherheit" dienlich war), wurde die Bedeutung des Dschihad weiter gefasst. Er galt nunmehr dem Bestreben, innere Zwietracht, Unruhen und Gewalt unter den Muslimen zu überwinden:

> Und so bekämpfet sie so lange
> Bis keine Meuterei mehr sei.
> Und ganz der Gottesdienst sei Gottes!
> (Koran 8, 39)

Eine weitere Offenbarung (Koran 2, 217) reagiert auf eine kriegerische Handlung, den Überfall auf eine mekkanische Karawane im damals heiligen Monat Radschab. Sie verkündet, dass der Dschihad im Sinne von Kampf als verdienstvolle Handlung angesehen wird, wenn er sich gegen jene wendet, die „Rechtgläubige" angreifen. Die Glaubenskämpfer erwartet reiche Beute beziehungsweise Lohn im Jenseits, wenn sie im Kampf fallen (Koran 3, 169). Allerdings traf diese Aufforderung zum Dschihad schon in Medina auf Widerspruch. Gewissermaßen als Ausgleich interpretieren spätere Offenbarungen den Dschihad als einen vergeistigten Kampf gegen die Anfechtungen und Versuchungen des Glaubens:

> Kämpfet in Gott den rechten Kampf!
> Er hat euch angenommen,
> Und nicht hat er gelegt auf euch
> Im Gottesdienst ein Mühsal;
> Zur Innung eures Vaters
> Abraham, der euch nannte die Ergebnen
> Vor diesem; aber nun, dass der Gesandte sei
> Ein Zeuge über euch, und ihr
> Seid Zeugen über die Menschen!
> (Koran 22, 77–78)

In früher offenbarten Koranversen werden Mohammed und seine Anhänger angehalten, die Ungläubigen wo immer möglich zu töten (Koran 9, 5) und gegen diejenigen zu kämpfen, die nicht an Gott und das Jüngste Gericht glauben (Koran 9, 29). Auch um diese Gebote gab es schon in Medina Streit. Sie richteten sich gegen die Quraisch, wurden jedoch von Muslimen wie Nichtmuslimen später als Beleg gesehen, dass der Islam zum Kampf gegen Andersgläubige und ihre Bekehrung aufrufe. Diese Sichtweise spielte eine wichtige Rolle zur Zeit der Kreuzzüge. Aber auch konservativ-orthodoxe islamische Rechtsgelehrte bekannten sich oft zur gewalttätigen Variante der Dschihad-Interpretation, indem sie die Welt in zwei Sphären teilten. Hier das „Haus des Islam" (Dar al-Islam), ein Haus des Friedens, dort das feindliche „Haus des Krieges" (Dar al-Harb), wobei alle Länder und Völker bestimmt seien, in das Haus des Islam zu wechseln. Einen ausdrücklichen Missionsauftrag formuliert der Koran indes nicht, ebenso wenig ein politisches Eroberungsprogramm.

Als Reaktion auf den Kolonialismus allerdings wurde der Dschihad wieder zunehmend kriegerisch gedeutet. Im Kontext des islamischen Fundamentalismus hatte diese Sichtweise erneut Konjunktur, befördert durch den iranischen Revolutionsführer Ayatollah Khomeini (1902–1989), der den Dschihad im Kampf gegen den Schah und ebenso im Krieg gegen den Irak (1980–1988) instrumentalisierte. Hamas, Hisbollah, die Taliban und die sunnitischen Aufständischen im Irak verstehen den Dschihad ebenfalls als Rechtfertigung, auch Zivilisten oder allgemein „Ungläubige" zu töten. „Dschihad und das Gewehr, sonst nichts, keine Verhandlungen, keine Konferenzen und keine Dialoge", lautete das Motto des Palästinensers Abdallah Jussuf Azzam (1941–1989). Er war Professor für islamische Philosophie im saudischen Dschidda und später, in den achtziger Jahren, Mentor Osama bin Ladens, als der noch gegen die Sowjets in Afghanistan kämpfte. Die heutige sunnitische wie auch schiitische Orthodoxie vertritt dagegen mehrheitlich die Auffassung, ein *gewaltsamer* Dschihad sei nur dann legitim und geboten, wenn er sich gegen einen Angreifer oder Besatzer richte. Anschläge auf Zivilisten werden dagegen von der theologischen Hauptströmung unmissverständlich abgelehnt.

Mit der islamischen Umma trat in der antiken Welt ein dritter Akteur neben dem Byzantinischen Reich und dem persischen Großreich auf. Die Umma begründete erstmals einen Staat auf der gesamten Arabischen Halbinsel, der sehr bald schon wie die beiden bereits bestehenden Reiche eine imperiale Kraft entfalten sollte. Zunächst folgte der Siegeszug des Islam den alten Handelsrouten in Richtung Syrien und Mesopotamien. Der Brite William Montgomery Watt (1909–2006), einer der bedeutendsten Islamwissenschaftler unserer Zeit, schreibt dazu: „Der Grund dafür war zweifellos dieser: Als immer mehr Stämme dem Bündnis mit Mohammed beitraten und es ihnen untersagt wurde sich untereinander zu bekämpfen, wurde es Mohammed und seinen Ratgebern klar, dass sich ihr Hang zu Überfällen nach außen wenden müsse. Dies bedeutete in der Praxis die muslimischen Stammesangehörigen aufzufordern, sich an Razzien zu beteiligen, die in Richtung der besiedelten Länder Syrien und Irak führten."

Es ist nicht ohne Ironie, dass ausgerechnet der Stamm der Quraisch, der den ersten Muslimen erbittert nachgestellt hatte, nach seiner Konversion umgehend die Elite der Umma stellte und die politische wie auch die militärische Macht übernahm. Die ersten Nachfolger Mohammeds, die sogenannten vier rechtgeleiteten Kalifen, kamen alle aus ihren Reihen: Abu Bakr (632–634), Omar (634–644), Uthman (644–656), und Ali (656–661). Die medinensischen Helfer Mohammeds wurden in den Hintergrund gedrängt. Die Aristokratie der Quraisch wurde zur treibenden Kraft der einsetzenden Eroberungen, nicht zuletzt vor dem Hintergrund ihrer eigenen wirtschaftlichen Interessen im sogenannten fruchtbaren Halbmond, der von Palästina über Syrien und Irak bis in den Iran reichte. Die politische und militärische Schwäche der beiden anderen Reiche begünstigte die islamische Expansion, die im Wesentlichen stets demselben Muster folgte: Erst Eroberung, dann Einsetzung eines islamischen Statthalters. Dieser stellte die neuen Untertanen anschließend vor die Wahl, entweder den Islam anzunehmen oder als „Schutzbefohlene" (Dhimmi) ihrer alten Religion (vornehmlich Christen- und Judentum) treu zu bleiben, dann aber höhere Steuern zu zahlen.

Das Rückgrat dieser Eroberungen bildeten beduinische Stämme, die in erster Linie Beute machen wollten. Später entstanden in den islamisierten Gebieten staatliche Strukturen vor allem mit dem Ziel, Recht und Ordnung zu schaffen und ein effizientes Steuersystem einzurichten. Um die Eroberungen zu sichern, wurden große Heerlager eingerichtet, die sich allmählich zu festen Städten entwickelten. Dazu zählen Basra (635) und Kufa (638) im Irak, Al-Fustat (Alt-Kairo 641) und Kairuan (670) im heutigen Tunesien. Das System der Eroberungen beruhte zunächst wesentlich auf der Steuerkraft, von Nichtmuslimen, die ja höhere Steuern entrichteten. Das erklärt, warum eine gewaltsame Bekehrung zum Islam nirgendwo versucht worden ist. Nüchtern besehen spielte das religiöse Motiv bei der Ausbreitung des arabischen Imperiums nur eine untergeordnete Rolle. Doch ist die Bedeutung der Religion als Bindeglied der neuen Machthaber und als Legitimation für deren Herrschaft nicht zu unterschätzen. Aus ihrer Sicht war nicht die Bekehrung der Ungläubigen, wohl aber die Herrschaft der Muslime über die Nichtmuslime gottgewollt.

Die Notwendigkeit, immer neue Finanzquellen zu erschließen, immer größere Heere zu versorgen, trieb die Expansion des Islam maßgeblich voran. So erfolgte die Eroberung des iranischen Hochlandes und Zentralasiens gewissermaßen in Eigenregie seitens der expandierenden Garnisonsstädte Basra und Kufa, während Kairuan zum Ausgangspunkt für die Eroberung der Iberischen Halbinsel wurde. Erst der fränkische Hausmeier Karl Martell, der Großvater Karls des Großen, setzte der islamischen Expansion im Westen ein Ende, als er die vorrückenden Araber in der Schlacht von Tours und Poitiers im Südwesten des heutigen Frankreich im Jahr 732 vernichtend schlug. Hätte er nicht gesiegt, wäre Europa möglicherweise islamisch geworden.

Feindliche Brüder.
Sunniten und Schiiten

Nach dem Tod Mohammeds stellte sich die Frage, wer dem Propheten in der Führung der Umma folgen solle. Die Quraisch waren nach dem Fall von Mekka zum Islam konvertiert und beanspruchten die Macht für sich. Aber auch andere Gruppen und ehemalige Weggefährten fühlten sich berufen. Es kam zu ernsthaften Auseinandersetzungen bis hin zum Krieg, und die islamische Frühgemeinde erlebte zahlreiche Trennungen und Abspaltungen. Die wichtigste führte zum Entstehen von Sunniten und Schiiten. Heute stellen die Sunniten etwa 90 Prozent der weltweit 15 Milliarden Muslime. Die Schiiten bilden die Bevölkerungsmehrheit im Irak, Iran, Libanon sowie in Bahrein und Aserbaidschan. Bedeutende Minderheiten leben insbesondere in den Küstenregionen der arabischen Golfstaaten.

Ali, dem vierten der rechtgeleiteten Kalifen, gleichzeitig Mohammeds Vetter und Schwiegersohn, gelang es nicht, die islamische Frühgemeinde vollständig hinter sich zu versammeln. (Mohammed heiratete nach dem Tod seiner Gattin Chadidscha insgesamt neun weitere Frauen, mit denen er vier Töchter hatte.) Nach Alis Tod beanspruchte der Kriegsherr Mu'awiya vom Stamm der Quraisch die Macht und begründete in Damaskus die sunnitische Dynastie der Omajjaden (661–750). Mu'awiya war der erste Kalif, der kein früherer Gefährte und Wegbegleiter Mohammeds war. Die Verbundenheit der Frommen mit der von der Macht verdrängten Familie des Propheten verfestigte sich über mehrere Generationen hinweg zur religiös-politischen Oppositionspartei der Schiiten: Sie sind im Wortsinn „Parteigänger Alis" (arabisch: Schi'at Ali). Der Begriff Sunniten wiederum leitet sich ab von arabisch „Sunna", das ist die Lebenspraxis des Propheten. Davon später mehr.

Die Verfolgungen durch die ersten Sunniten führten auf Seiten der frühen Schiiten zu einem ausgesprochenen Märtyrerkult. Insbesondere der Tod von Alis Sohn Hussein 680 in der Schlacht von Kerbela, in der die „Parteigänger Alis" den Omajjaden unterlagen, wurde zum *Big Bang* der schiitischen Lehre. In Erinnerung an diese verlorene Schlacht finden alljährlich blutige Selbstgeißelungen und Märtyrerspiele statt. Die Gläubigen sehen darin eine Sühnetat angesichts des „Versagens" der ersten Schiiten, nicht in ausreichender Zahl Hussein im Kampf zur Seite gestanden zu haben.

Wo ist der zwölfte Imam?

Da die Schiiten das sunnitische Kalifat nicht anerkannten, mussten sie die Frage der Nachfolge Alis anders regeln. Die Mehrheitsströmung unter den Schiiten beruft sich auf eine Genealogie von insgesamt zwölf Imamen, als deren erster Ali gilt. (Im sunnitischen Islam bedeutet „Imam" lediglich „Vorbeter", für die Schiiten ist der Imam der religiöse Führer.) Deswegen werden sie auch „Zwölferschiiten" genannt. Die bekannteste Minderheit sind die „Siebenerschiiten", die Ismailiten unter Führung des Aga Khan. Den Imamen werden unfehlbare Weisheit und Freiheit von Sünde zugesprochen. Der zwölfte Imam ist nach schiitischer Lehre im Jahr 874 „in die Verborgenheit entrückt" und wird am Tag des Jüngsten Gerichts als Mahdi (Erlöser) wiederkehren.

Die Imame gelten sämtlich als Nachkommen Alis. Ihre wesentliche Funktion ist die spirituelle Führung der Gemeinde und ihre Verteidigung angesichts einer Welt von Feinden. Eine der zentralen theologischen Fragen der Schiiten lautet: Wie kann es sein, dass der wahre Glaube, wie von Ali und den Imamen verkörpert, sich immer wieder gegen Unrecht und Gewalt behaupten muss? Im Alltag ergab sich daraus ein ausgesprochener „Trauerkult" (Gottesdienste der Schiiten enden häufig damit, dass die anwesenden Gläubigen hemmungslos weinen in Erinnerung an Ali und Hussein) sowie ein hohes Maß an Pragmatismus, um die Feinde zu täuschen – bis hin zur Verleugnung des eigenen Glaubens (Taqijeh). Die Imame waren immer auch politische Führer, aber Imamat bedeutet keinen Gottesstaat. Nach der „Entrückung" des zwölften Imams übernahmen „Ayatollahs" (arabisch: Zeichen Gottes), gewissermaßen in Vertretung des Mahdi, die Führung der Schiiten. Sie allein sind zur Entscheidung in religiösen und politischen Zweifelsfällen berechtigt. Mit den jeweiligen Machthabern wussten sie sich in der Regel zu arrangieren. Aus ihrer Sicht ist ein Herrscher ohnehin nur so lange legitimiert, bis der Mahdi erscheint. Die Frage, wo genau die Grenzen zwischen religiöser Führung und Politik liegen, war unter schiitischen Rechtsgelehrten über Jahrhunderte umstritten. Ayatollah Khomeini hat sie mit einer extremistischen Position vorerst beantwortet. Er prägte die Lehre von der „Herrschaft der Rechtsgelehrten" (velayat-i-faqih), die bis zur Wiederkehr des Mahdi politische und religiöse Macht in ihren Händen vereinen. Diese Institution wurde 1979 in der Verfassung der Islamischen Republik Iran festgeschrieben. Nach Khomeinis Auffassung sind die Rechtsgelehrten nicht dem Volk, sondern allein Gott am Tag des Jüngsten Gerichts Rechenschaft schuldig. Khomeinis Dogma von der Einheit religiöser und politischer Herrschaft wird von den meisten schiitischen Theologen abgelehnt, sofern sie nicht Teil des iranischen Machtapparates sind. Zu seinen Gegnern zählt auch Ayatollah Sistani, das Oberhaupt der irakischen Schiiten. Er argumentiert, die Einheit von Religion und Politik profanisiere den Glauben und erschwere den politischen Alltag. Stattdessen fordert er von schiitischen Theologen moralische und ethische Standards, an denen die Politik zu messen sei.

Offiziell kennt der Islam keine Hierarchien. Dennoch hat sich innerhalb des sunnitischen Islam die Azhar-Universität in Kairo im Laufe ihrer tausendjährigen Geschichte zum geistig-gelehrten Zentrum entwickelt. Die Schiiten wiederum vertrauen ihren Ayatollahs, die auch „Mudschtahids" genannt werden. Ein Mudschtahid ist im Wortsinn jemand, der auf der Grundlage religiöser Texte Recht spricht oder politische Urteile fällt. Wie aber wird man Ayatollah oder Mudschtahid? Im Wesentlichen durch ein fast klösterliches Gelehrtenleben in den Hawzas, einer der drei heiligen Städte der Schiiten: Nadschaf und Kerbela im Irak (dort befinden sich die Gräber von Ali und Hussein) sowie Qum bei Teheran im Iran. Die Hawza ist keine festgefügte Institution, sondern bezeichnet die Summe der zahlreichen religiösen Seminare in den jeweiligen Städten, die teilweise erbitterte Machtkämpfe untereinander austragen. Die Mehrheit der Gelehrten hält sich in politischen Fragen zurück und beschränkt sich neben der religiösen Ausbildung ihrer Schüler auf wohltätige Aufgaben. Je besser der Leumund des Gelehrten, je größer seine Integrität und Überzeugungskraft, umso höher die Wahrscheinlichkeit, dass er im Verlauf mehrerer Jahrzehnte zu einem „Mardscha'a al-taqlid" aufrückt, einem „Vorbild der Nachahmung", dessen Name unter den Gläubigen eine regelrechte Sogwirkung auslöst, ganz ähnlich der eines Popstars.

Ein Ayatollah hat in der Regel längst das Pensionsalter erreicht, bevor er zur Legende wird – eine Legende, die massenwirksam werden und revolutionäre Kraft entfalten kann wie insbesondere unter Ayatollah Khomeini. Erstaunlich ist vor allem die Fähigkeit eines solchen „Vorbildes der Nachahmung", über Jahrzehnte ein zurückgezogenes bescheidenes Leben zu führen, um dann allerdings, wenn es die Umstände erfordern, zum Triumphator zur werden – einem „Fürchtegott", der mühelos die Massen dirigiert. Traditionelle Ayatollahs sind jedoch überwiegend quietistisch. Wie Ayatollah Sistani plädieren sie für eine Trennung von Staat und Religion – nicht im Sinne einer Säkularisierung, einer „Entgöttlichung" der Gesellschaft, sondern in Form einer Arbeitsteilung. „Politik ist wie ein Glas Saft auf dem Tisch. Du kannst es nehmen oder auch nicht", sagte mir einmal ein Ayatollah in Qum und verschränkte dabei seine Arme auf der Brust.

Ayatollah Kho'i sah das ähnlich. Er starb 1993 im Alter von etwa neunzig Jahren in Qum und gilt als einer der einflussreichsten schiitischen Theologen des vorigen Jahrhunderts. Kho'i lehrte, dass die Hawza grundsätzlich nicht in Machtfragen eingreifen und sich politisch nicht engagieren dürfe. Khomeinis Konzept der „Herrschaft der Gottesgelehrten" lehnte er ab, ohne sich offen gegen die Islamische Republik auszusprechen. Allerdings obliege es den Klerikern, die Gläubigen zu Reformen anzuhalten, um insbesondere im Wettbewerb mit den westlichen Gesellschaften zu bestehen.

Jenseits der unterschiedlichen Auffassung über die legitime Nachfolge Alis in der Führung der islamischen Frühgemeinde und der Genealogie unfehlbarer Imame, sind die theologischen Unterschiede zwischen Sunniten und Schiiten gering, verglichen mit den grundsätzlichen Differenzen zwischen Katholiken und Protestanten. Die Rivalitäten und oft blutigen Auseinandersetzungen zwischen Sunniten und Schiiten verdanken sich in erster Linie machtpolitischen, nicht religiösen Differenzen. Vor allem im Irak, aber auch in Pakistan kommt es gegenwärtig immer wieder zu Anschlägen und Fememorden sunnitischer und schiitischer Extremisten untereinander. Generell halten viele Sunniten die Schiiten schlichtweg für „Häretiker". Die von Teheran ausgehende politische Annäherung der iranischen, irakischen und libanesischen Schiiten sehen sunnitische Herrscher in Jordanien oder Saudi-Arabien mit Sorge. Sie fürchten eine schiitische Großmacht, die antiwestlich sowie antisunnitisch eingestellt ist und die Radikalisierung der Region vorantreibt.

Die Herkunft des Bösen

Doch zurück in die Vergangenheit: Die von Mu'awiya begründete Dynastie der Omajjaden verlagerte das Machtzentrum des Islam von Medina nach Damaskus. Gleichzeitig wurde aus dem islamischen Staat, den Mohammed auf der Arabischen Halbinsel begründet hatte, eine arabische Großmacht, die sich islamisch legitimierte. Dabei sahen sich die arabischen Eroberer stetig vor der Herausforderung, die koranischen Gebote mit den neu geschaffenen Realitäten vor Ort in Einklang zu bringen. Die Offenbarung musste sich gewissermaßen im Alltag bewähren und Pragmatismus zeigen, indem beispielsweise bestehende Rechtssysteme oder volkstümliche Bräuche „islamisiert" wurden – ganz ähnlich der Transformation der Kaaba in Mekka von einem heidnischen in ein islamisches Heiligtum. Der ständige Wandel und die gewaltige Expansion erklären, warum das Modell „Mohammed in Medina" von den nachfolgenden Dynastien nicht ohne weiteres übernommen oder kopiert werden konnte.

Der Koran ist teilweise in Gesetzesform angelegt und fordert die Gläubigen auf, die von Gott offenbarten Gebote und Verbote zu befolgen. (Auf den Unterschied zwischen Scharia und Koran wird unten noch einzugehen sein.) Um dem Islam genüge zu tun, sollten diese göttlichen „Verordnungen" idealerweise in der Gesellschaft gelebt und umgesetzt werden. Ähnlich wie das Judentum versteht sich auch der Islam, deutlich mehr als das Christentum, als Gesetzesreligion. Allerdings, so sagte mir einmal ein katholischer Theologe, liege das vor allem an dem frühen Kreuzestod Jesu. Hätte er länger gelebt, wäre möglicherweise das Neue Testament, wie auch das Alte, eine Sammlung von Gesetzestexten geworden. Der Islam ist jedenfalls nie allein eine Frage individueller Gottesfürchtigkeit, des persönlichen Glaubens, sondern immer auch Sache der Öffentlichkeit, der Gesellschaft und des Staates. Deswegen ist die Forderung nach einer Säkularisierung des Islam, nach einer Trennung von Staat und Religion wie in Europa, in islamischen Gesellschaften nur schwer durchzusetzen. Daraus folgt nicht zwangsläufig der Gottesstaat, wie wir bereits im Kontext der Schiiten gesehen haben. Die entscheidende Frage ist auch für Sunniten eine ganz andere: Was geschieht, wenn ein Herrscher sich nicht an die göttlichen Gesetze hält, sondern eine Tyrannei errichtet? Gerechtigkeit ist eine wesentliche Botschaft und Verheißung des Korans, Unrecht für einen gläubigen Muslim Blasphemie. Was also tun im Angesicht eines ungerechten Herrschers?

Im weiteren Sinn geht es um nichts Geringeres als die Handlungsfreiheit des Menschen und die Herkunft des Bösen. Diese beiden Fragen stehen am Anfang islamischer Theologie und wurden seitens der Orthodoxie überaus pragmatisch beantwortet. In der Regel legitimiert sie die jeweiligen Herrscher, die umgekehrt der Orthodoxie Privilegien und Freiräume gewähren. Ein Lehrsatz sunnitischer Orthodoxie besagt: Besser ein Jahr Finsternis als eine Nacht ohne Sultan. Eine Haltung, mit der sich allerdings auch ein Saddam Hussein noch rechtfertigen ließe.

Die selbstherrliche Art und Weise, mit der die Omajjaden ihren Staat von Anfang an führten, wurde gleichwohl von vielen Theologen als Widerspruch zum göttlichen Gesetz und zu Mohammeds Wirken in Medina gesehen. Die Omajjaden machten dagegen geltend, ihnen sei die Macht durch ein göttliches Schicksal anvertraut worden. Widerstand gegen ihre Autorität sei daher Gotteslästerung. (Ähnlich argumentieren heute insbesondere die saudischen Herrscher und die Mullahs in Teheran.) Diese Eigenlegitimation der Omajjaden führte nicht nur zum Bruch mit den späteren Schiiten, auch innerhalb der sunnitischen Orthodoxie löste sie Widerspruch aus. Ein Teil der „Ulama", der Rechtsgelehrten, wandte sich von den Omajjaden ab, was ebenso wie die Opposition der „Parteigänger Alis" ihren Niedergang beschleunigte, umso mehr, als sich die Omajjaden innenpolitisch abwechselnd auf nord- und südarabische Stämme stützten, deren uralte Feindseligkeiten auch durch die Umma nicht überwunden wurden.

Im Jahr 750 schließlich wurde die Omajjaden-Dynastie im Zuge einer Rebellion gestürzt. Getragen wurde sie von arabischen Stammeseinheiten im Irak und im Iran, die mit der Verteilung der Beute und des Steueraufkommens unzufrieden waren. Nunmehr übernahmen die Abbassiden die Macht, Nachkommen von Abbas, einem Onkel Mohammeds. Sie regierten bis 1258, ein halbes Jahrtausend, bis sie von den Mongolen unter Dschingis Khan hinweggefegt wurden. Ihr Regierungssitz wurde Bagdad, ihr bekanntester Herrscher Harun al-Raschid, der Held vieler Geschichten in „Tausendundeiner Nacht". Den Omajjaden und Abbassiden ist gemein, dass sie beide ursprünglich den Quraisch entstammten und arabische Dynastien waren. Regierten die Omajjaden noch im Stil mächtiger arabischer Stammesführer, so glänzte die Abbassiden-Ära durch Prunk und ein ausgeprägtes höfisches Zeremoniell. Ähnlich der heutigen irakischen Regierung, die in der von amerikanischen Soldaten gesicherten „Grünen Zone" Bagdads residiert, lebten die abbassidischen Kalifen in einer „Runden Stadt", die für das einfache Volk nicht zugänglich war.

Unter den Abbassiden endete die arabische Vorherrschaft über die islamische Welt. Bagdad war auf Dauer nicht in der Lage, das Riesenreich zwischen den Pyrenäen und dem Indus militärisch zusammenzuhalten. Die Umma regionalisierte sich.

Zum einen entstanden Staaten, welche die Vorherrschaft Bagdads nicht anerkannten und ihre Unabhängigkeit erklärten. Das gilt beispielsweise für die arabischen Kämpfer im spanischen Andalusien, die einen geflohenen Prinzen der Omajjaden als „Emir" (Oberbefehlshaber der Gläubigen) einsetzten. Zum anderen etablierten sich Dynastien regionaler Gouverneure, vor allem in Ägypten, im Ostiran und in Zentralasien, die nominell Bagdads Herrschaft anerkannten und Tribut leisteten, im Innern aber weitgehend unabhängig waren. Die islamischen Eroberungen kamen damit zum Stehen, das byzantinische Kleinasien konnte trotz wiederholter Versuche von den Arabern nicht eingenommen werden.

Nach dem Sturz der Abbassiden gab es keine arabischen Großreiche mehr. Von nun an mussten die Araber die Macht mit Persern und Türken teilen, die ihrerseits Imperien errichteten und teilweise die Araber unterwarfen. Das gilt insbesondere für das Osmanische Reich (1281–1924), das seinerseits vom europäischen Kolonialismus überrollt wurde. Nach dem Zweiten Weltkrieg schließlich begann die Ära unabhängiger Nationalstaaten in der islamischen Welt.

Man möge mir diese Zusammenfassung von 800 Jahren Geschichte in einem Absatz nachsehen, aber hier sollen nur Ereignisse interessieren, die für das Verständnis des Islam von entscheidender Bedeutung sind.

Vom Koran zum Analogieschluss

Unter den Abbassiden befasste sich die sunnitische Theologie insbesondere mit der Frage nach dem Verhältnis von göttlicher Allmacht und menschlicher Handlungsfreiheit. Der Koran gibt darauf keine eindeutige Antwort. Vereinfacht gesagt, entstanden aus dieser Kontroverse zwei Denkschulen: Die eine betont den freien Willen und die Verantwortlichkeit des Menschen für seine Taten. Vor allem die späteren Mystiker (Sufis) sollten sich darauf berufen. Die andere verschiebt das Urteil über Errettung oder Verdammnis auf den Tag des Jüngsten Gerichts. Einer der Verfechter dieser – sehr herrscherfreundlichen – Linie war Abu Hanifa (gest. 767), der Begründer der hanafitischen Rechtsschule. Bis zum 10. Jahrhundert entstanden vier große sunnitische Rechtsschulen, die sich vordergründig in juristischen Details voneinander unterscheiden, tatsächlich aber für unterschiedliche gesellschaftliche Entwürfe stehen – von konservativ-dogmatisch bis zu weltoffen-liberal. Da sich der Islam als Gesetzesreligion versteht, kommt diesen Rechtsschulen große Bedeutung zu.

Bemerkenswert ist, dass es in der islamischen Frühzeit im 7. und 8. Jahrhundert zahlreiche Zentren theologischer Gelehrsamkeit gab, wo auf hohem Niveau und mit politisch gemäßigter Tendenz über Grundfragen der Religion diskutiert wurde. Ursache war die Notwendigkeit, parallel zur islamischen Expansion Regeln des Zusammenlebens zu finden, die im Einklang mit der Offenbarung standen. Neben dogmatischen Fragen und solchen praktischer Religiosität wurden dabei insbesondere Rechtsfragen erörtert. Als Quellen galten der Koran und die allmählich entstehende städtische oder schulische Tradition. Im frühen 9. Jahrhundert setzte sich eine Normierung der Rechtsquellen durch, vor allem durch das Wirken von Schafi'ai (gest. 820), dem Begründer der schafiitischen Rechtsschule. Er entwickelte die Lehre von den Wurzeln oder Grundlagen des Rechts (Usul al-Fiqh), um insbesondere die persönliche Entscheidungsfindung der Ulama zugunsten einer kodifizierten Rechtsnorm zurückzudrängen. Diese bis heute angewandten Grundlagen sind erstens der Koran, zweitens die Lebenspraxis des Propheten (Sunna), drittens der Konsens und viertens der Analogieschluss. Die Sunna des Propheten – daher die Bezeichnung „Sunniten" – erhielt den Charakter einer ewigen Norm. Individuelle oder regional abweichende Normen der Rechtsfindung waren nicht mehr zugelassen.

Gibt es also einen juristischen, gesellschaftlichen oder ethisch-moralischen Streitfall, so beraten sich die Rechtsgelehrten heute ebenso wie damals: Zunächst versuchen sie die Frage ausgehend vom Koran zu beantworten. Ist das nicht möglich, greift die Lebensführung des Propheten. Sie besteht entweder aus seinen Taten oder seinen überlieferten Aussagen (Hadith). Eine dem Propheten zugeschriebene Handlung oder ein Zitat gilt als authentisch, sofern eine chronologisch gesicherte Kette von Gewährsleuten vorliegt (Isnad), die sich bis zu Mohammed zurückverfolgen lässt und frei von Widersprüchen ist. Hilft bei der Problemlösung auch die Sunna nicht weiter, müssen die Ulama einen Konsens herzustellen suchen, gewissermaßen eine Wahrscheinlichkeitsrechnung anstellen: Was hätte Mohammed dazu gesagt? Ist die Lösung noch immer nicht gefunden, greift der Analogieschluss. Er spielt in der Gegenwart eine große Rolle, wenn es um Entwicklungen oder Probleme geht, die zu Mohammeds Zeit unbekannt waren, beispielsweise Genforschung oder Computertechnologie.

Die Schiiten übrigens betrachten ihr Glaubenssystem als eine eigenständige Rechtsschule, deren Normen und Gebote in den Händen der Imame beziehungsweise der Ayatollahs liegen. Der sechste Imam Dscha'afar, der den Beinamen „der Aufrichtige" trägt, ist dabei die hauptsächliche Referenzquelle.

Islam in Stichworten.
Wichtige Begriffe und Glaubensinhalte einfach erklärt

Koran

Der Koran (wörtlich: „Vortrag", „Lesung") ist das heilige Buch des Islam. Darin sind die Aussagen Mohammeds gesammelt, die den Muslimen als Offenbarung Gottes gelten. Muslime glauben demzufolge, dass die heilige Schrift von Gott in arabischer Sprache „herabgesandt" wurde. Mit seinen ethischen und praktischen Geboten und Verboten ist der Koran als oberste Richtschnur des Handelns die Hauptquelle des islamischen Rechts (Scharia) und sittliche Richtschnur für die Lebensführung der Muslime.

Der Koran besteht aus 114 Abschnitten (Suren), die ihrerseits in 6226 Verse unterteilt sind. Eingeleitet wird er durch ein kurzes Gebet (Fatiha). Darauf folgen die einzelnen Suren, die größtenteils nicht thematisch oder chronologisch, sondern ihrer Länge nach geordnet sind. Die längste Sure steht am Anfang, die kürzeste am Ende. Die Suren werden nach ihren Überschriften (zum Beispiel „Die Kuh" oder „Noah") zitiert, die sich aus einem Schlüsselbegriff, einem Thema oder den ersten Worten der jeweiligen Sure ergeben.

Mohammed trug seine Offenbarungen zunächst nur mündlich vor. Erst nach der Hidschra, der Flucht nach Medina, wurden sie teilweise niedergeschrieben. Redigiert und kodifiziert wurden sie nicht von ihm, sondern erst 20 Jahre nach seinem Tod auf Veranlassung des dritten Kalifen Uthman (644–656). Er ließ aus der umfangreichen Sammlung von Einzeloffenbarungen und mehreren anderen kursierenden Sammlungen eine offizielle Koranausgabe erstellen. Alle anderen abweichenden Versionen wurden vernichtet – darunter vermutlich auch die „satanischen Verse", in denen vorislamische Gottheiten positiv dargestellt waren. Mohammed behauptete, diese Verse seien ihm vom Teufel eingeflüstert worden. Die Entscheidung, die Suren der Länge nach zu ordnen – und nicht etwa nach inhaltlichen Kriterien –, geht ebenfalls auf Uthman zurück.

Die Offenbarungen Mohammeds erstrecken sich über rund 20 Jahre, von 610 bis zu seinem Tod 632. Wann genau er welche Offenbarung empfing und in welcher Reihenfolge, darüber sind sich heutige Koranforscher nicht einig. Unterschieden werden die Suren aus der Zeit vor 622 (mekkanische Zeit) von jenen, die 622 bis 632 entstanden sind (medinensische Zeit). In dieser letzten Phase manifestiert sich die wachsende politische Macht Mohammeds. Die Suren aus Medina enthalten demzufolge deutlich mehr ethische und juristische Bestimmungen und sind weniger literarisch und philosophisch als die mekkanischen. Der Koran selbst bekundet unmissverständlich, dass seine Botschaft zwar ewig ist, aber als Antwort auf konkrete historische Begebenheiten offenbart wurde. Am Beispiel des Dschihad haben wir bereits gesehen, dass sich die Bedeutung des Begriffs im Zuge fortschreitender Offenbarungen geändert hat und aus dem ursprünglichen „Kampf" ein moralischer Imperativ auf dem Weg der Gottessuche wurde. Solche Veränderungen gehen einher mit teilweise beträchtlichen Widersprüchen, wie sie etwa die Haltung des Korans zu Glücksspiel und Alkoholkonsum zeigt. Zunächst ist sie neutral (2,219) dann, in einer weiteren Offenbarung einige Jahre später, erfolgt die Empfehlung „nicht betrunken zum Gebet" zu kommen (4,43), schließlich werden Glücksspiel und Alkohol rigoros verboten und als „Satans Werk" bezeichnet (5,90). Offenbar hatte der Prophet den Eindruck, die Gläubigen könnten mit beidem nicht gut umgehen. Der Koran ist ohne den historischen Kontext, in dem er entstand, nicht zu verstehen – man kann es nicht oft genug betonen, vor allem gegenüber Fundamentalisten.

Seit den frühesten Anfängen spielt die Koranrezitation im Leben der Muslime eine wesentliche Rolle. Rezitatoren genießen ein hohes Ansehen. Der Vortrag erfolgt nach festen Regeln, weit verbreitet ist die langsame getragene Koranrezitation. Koranübersetzungen werden in konservativen islamischen Milieus bis heute mit großem Misstrauen gesehen. Dort glaubt man, der Koran sei von Gott auf arabisch offenbart worden und könne aufgrund der Vielschichtigkeit der arabischen Sprache nicht angemessen übertragen werden. Nichtarabische Muslime sind gehalten, den Koran auf arabisch lesen zu lernen. Dennoch ist er mittlerweile in fast alle Sprachen übersetzt. Die erste deutsche Koranübersetzung erschien im 17. Jahrhundert.

Obwohl konservative Muslime gerne behaupten, der Koran bedürfe keiner Interpretation, ist die Koranexegese ein Hauptgebiet islamischer Koranwissenschaften. Der manchmal dunkle und auch widersprüchliche Inhalt sowie der ursprünglich nicht vokalisierte Text des Koran erschweren sein Verständnis und erlauben unterschiedliche Lesarten und Interpretationen. (Im Arabischen werden in der Regel nur die Konsonanten geschrieben, nicht die Vokale. Das Verb mit der Buchstabenfolge ktb zum Beispiel kann sowohl als „kataba" gelesen werden: „er/sie/es hat geschrieben", wie auch als „kutiba": „es wurde geschrieben".) Die ältesten Kommentare stammen bereits aus dem 7. Jahrhundert. In den letzten 100 Jahren haben sich in der führenden ägyptischen Koranexegese zwei Tendenzen durchgesetzt. Konservative Theologen berufen sich auf den Koranvers „Wir haben in der Schrift nichts weggelassen" (6,38) und sind bemüht, das Leben der Muslime auf der Grundlage des Korans

zu regeln. Auch grundlegende gesellschaftliche Fragen, beispielsweise nach dem Verhältnis von religiöser Tradition und
Moderne, versuchen sie aus dem Koran heraus zu beantworten.
Die andere Strömung ist bemüht, Religion und Wissenschaft zu
versöhnen, indem sie im Koran nach Hinweisen auf neueste
wissenschaftliche Erkenntnisse sucht. Die Anwendung his-
torisch-kritischer oder selbst literaturwissenschaftlicher Methoden auf die Koranexegese wird von den meisten Muslimen abgelehnt.

Die „fünf Säulen" des Islam

Die fünf sogenannten Grundpfeiler des Islam sind für Sunniten
und Schiiten gleichermaßen verpflichtend und bilden das Fundament muslimischen Glaubens. Sie umfassen

a) das monotheistische Glaubensbekenntnis „la ilaha il-Allah
    wa Mohammed rasul Allah" („Es gibt keine Gottheit neben
    Gott, und Mohammed ist der Prophet Gottes"),
b) das Verrichten der fünf vorgeschriebenen täglichen Gebete,
c) das Almosengeben,
d) einmal im Leben die Pilgerfahrt nach Mekka, sofern es die
    materiellen Verhältnisse erlauben,
e) das Fasten im neunten Monat des islamischen Mondjahres
    Ramadan. In diesem Monat, in der „Nacht der göttlichen
    Macht" (Laila al-Kadr), empfing Mohammed die erste Of-
    fenbarung.

Der Islamwissenschaftler Gustav E. von Grunebaum (1909–
1972), der 1938 aus Wien in die USA flüchtete und die amerikanische Orientalistik als wissenschaftliche Disziplin mit-
begründete, schreibt: „Wo der christliche Gott den Menschen
so sehr liebt, dass er seinen Sohn hingibt, um die Erlösung des
Menschen vom Fall, für den er selbst die Schuld trägt, zu er-

möglichen, beschränkt sich der muslimische Gott darauf, Warner, deren letzter Mohammed, der Prophet der Araber, ist, an die einzelnen Völker zu schicken, um sie zum Gehorsam zurückzurufen und ihnen Kunde zu geben von ihrer letzten Bestimmung und den Voraussetzungen, unter denen sie mit einem hinlänglichen Maß an Zuversicht dem Jüngsten Gericht entgegentreten können. Der Gesandte selbst ist ein hervorragendes menschliches Instrument, aber nicht mehr; seine Offenbarungen sind das unerschaffene Wort Gottes, dem Mohammed (im Gegensatz zu den Propheten des Alten und den Evangelisten des Neuen Testaments) keine individuelle Form oder Note hinzufügte. Gleichsam ein Splitter von der Ewigkeit und ein geistliches und doch materielles Seitenstück zum Schwarzen Stein [...] der Kaaba zu Mekka, beweist der Koran die Existenz des Herrn und ist gleichsam ein Anker der Zeitlosigkeit in einer sich wandelnden Welt, in der es immerwährende Sicherheit und Rechtleitung für diejenigen gibt, von denen Gott will, dass sie geführt und gerettet werden. Letztlich, will sagen im Vollzug, ist der Islam sein eigener Beweis."

Diesen Beweis zu führen dienen die „fünf Säulen". Inwieweit der einzelne Gläubige sie tatsächlich befolgt, ist eine andere Frage und nicht verallgemeinernd zu beantworten.

Scharia

Die Scharia (wörtlich: „der Weg zur Quelle") bezeichnet das religiös begründete, auf die Offenbarung zurückgehende islamische Recht und ist neben Dschihad der größte Reizbegriff in der westlichen Wahrnehmung des Islam. Sie regelt nicht allein konkrete juristische Fragen, vor allem im Ehe-, Familien- und Erbrecht, sondern auch, auf idealler Ebene gewissermaßen, das menschliche Handeln im Verhältnis zu Gott sowie zu den Mitmenschen. Daher enthält das islamische Recht auch Kultvorschriften, ethische Normen, Regeln für Hygiene, Fragen sozialer Etikette und dergleichen mehr. Die Scharia verfolgt das utopische Projekt einer gerechten politischen und gesellschaftlichen Ordnung, die mit Hilfe entsprechender Rechtsnormen umgesetzt werden soll. Nach traditioneller, heute von konservativen oder politisch radikalisierten Muslimen vertretener Auffassung ist die Verwirklichung der Scharia ein zentraler, unverzichtbarer Bestandteil islamischer Lebensführung. Die islamische Jurisprudenz unterteilt menschliches Handeln in die Kategorien „erlaubt" (halal) und „verboten" (haram). Insgesamt unterscheidet sie bei der ethischen und rechtlichen Bewertung menschlicher Taten fünf Ebenen: Am schwersten wiegen verbotene Handlungen, welche die von Gott gesetzten moralischen Gesetze (Hadd) überschreiten. Sie werden rigoros bestraft. Dazu gehören beispielsweise Mord und Ehebruch. Hadd-Strafen enthalten Bestimmungen wie Auspeitschen, das Amputieren von Gliedmaßen oder Steinigung – grausame Strafen, die ihren Ursprung in der Lebensweise der frühislamischen Zeit haben: Beduinen kannten keine Gefängnisse. Die Bestimmungen der Scharia wurden im frühen Mittelalter von den Ulama, den Rechtsgelehrten, im Rahmen der vier sunnitischen Rechtschulen festgelegt.

Am Beispiel der Scharia lässt sich ein Dilemma zeigen, das islamische Theologen ebenso wie einfache Gläubige seit der Zeit Mohammeds in Medina umtreibt: Wie ist die große Kluft zwischen dem religiösen Ideal und den Erfordernissen des Lebens, den Niederungen des Alltags zu überwinden? Der Abstand zwischen der Unfehlbarkeit Gottes und der Schwäche, den Unzulänglichkeiten, den Versuchungen des Menschen? Ganz zu schweigen von dem großen zeitlichen Abstand zwischen der Offenbarung im 7. Jahrhundert und den Erfordernissen der Gegenwart. Die Spannung zwischen der idealtypischen

Scharia und erfahrbarer Realität ist eines der Hauptprobleme islamischer Geschichte. Aus diesem Grund ist die Scharia zu keiner Zeit vollständig angewendet worden. Das betrifft insbesondere die Hadd-Strafen. Je sesshafter die Umma im Zuge der islamischen Expansion wurde, umso weniger ließen sich Strafen wie das Steinigen von Ehebrechern (eine Strafe, die im Übrigen auch von Christen praktiziert wurde) rechtfertigen. Heutige islamische Reformer lehnen die Hadd-Strafen grundsätzlich mit dem Argument ab, das göttliche Gesetz werde erst dann strafrechtlich relevant, wenn die vollkommene Welt verwirklicht worden sei.

Das komplexe Regelwerk der Scharia lässt sich zurückführen auf den ebenso schlichten wie ehrenwerten Gedanken: Tue das Gute und meide das Böse. Der Mensch aber ist schwach. Was also tun? In der katholischen Kirche gibt es die Beichte – ein psychisches und moralisches Ventil, das gleichzeitig die Macht des Klerus mehrte. Der Islam kennt ein solches Ventil nicht, stattdessen hat er mit Hilfe der Rechtsschulen ein sehr komplexes sittliches Regelwerk geschaffen, in dem sich der Gläubige leicht verfangen kann. Bei nahezu jedem Schritt könnte er sich theoretisch an Gott vergehen. Darüber hinaus hat die Willfährigkeit der Orthodoxie gegenüber den Machthabern und der vorherrschende Konservatismus aus der Scharia im Laufe der Jahrhunderte ein Instrument der Disziplinierung gemacht, das Abweichungen von der geltenden Norm, sei es in Fragen der persönlichen Lebensführung oder mit Blick auf bestehende politische Verhältnisse, unter Verdacht und Strafe stellt. Die utopische Sehnsucht nach dem Paradies, der Einheit von Gott und Mensch, gerann im Laufe der Geschichte zunehmend zur Ideologie. Auch wenn es „die" Scharia nicht gibt, sie vielmehr die Summe ihrer verschiedenen Lesarten ist, so kann sie doch längst nicht mehr für sich beanspruchen, ein Motor gesellschaftlicher Entwicklung zu sein.

In den letzten 100 Jahren wurde die Scharia in den meisten arabischen und islamischen Staaten, jenseits des Ehe- Familien- und Erbrechts, vom säkular ausgerichteten Zivilrecht (Qanun) verdrängt. Dabei hat man sich stark an europäischen Vorbildern orientiert. Insbesondere die Rechtsverordnungen aus Frankreich und der Schweiz fanden Eingang in das arabische Justizwesen. Wo genau die Grenze zwischen Scharia und Qanun verläuft, darüber wird in den jeweiligen Ländern zum Teil heftig gestritten. Als Faustregel gilt: Je konservativer und einflussreicher die orthodoxen Theologen oder aber der politische Islam, umso mehr suchen sie den Einfluss der Scharia auf die Gesellschaft auszudehnen. In Saudi-Arabien, wo die Scharia mit Ausnahme des Handelsrechts alleinige Quelle der Rechtssprechung ist, werden auch (wenngleich selten) Hadd-Strafen verhängt. Ebenso im Iran, im Sudan, in Somalia und in Afghanistan – in Ländern also, die von Extremisten oder ultra-konservativen Dogmatikern regiert werden, sofern die staatliche Ordnung nicht vollständig zusammengebrochen ist und lokale Kriegsherren den Ton angeben, die sich „islamisch" zu legitimieren suchen. In der westlichen Öffentlichkeit überwiegt der Eindruck, dass das Steinigen von Ehebrechern oder die Handamputation bei Diebstahl gewissermaßen an der Tagesordnung seien und identisch mit dem Islam und der Scharia. Auch deswegen, weil islamische Fundamentalisten gerne vom „islamischen Staat" reden, den sie auf Grundlage der Scharia zu errichten gedenken.

Die Scharia ist jedoch keine Variante des Bürgerlichen Gesetzbuchs, vielmehr eine komplexe Sammlung rechtlicher Vorschriften und moralischer Forderungen, die sich aus den Verhältnissen auf der Arabischen Halbinsel zu Lebzeiten des Propheten ableiten. Dabei wurden verschiedene Rechtsvorstellungen, darunter altarabische, beduinische oder jüdische, aufgegriffen und in einen neuen islamischen Kontext gestellt. Dieser Prozess dauerte mehrere Jahrhunderte und verlief nicht einheitlich. Bis zum 10. Jahrhundert entstanden auf diese Weise die vier großen sunnitischen Rechtsschulen. Sie wurden jeweils von führenden Gelehrten ihrer Zeit begründet. Der hanafitischen Schule gehört heute etwa ein Drittel aller Muslime an. Sie war die offizielle Rechtsschule des Osmanischen Reichs und ist heute vor allem in dessen Nachfolgestaaten einschließlich der Türkei sowie in Afghanistan, Pakistan, Zentralasien, Indien und China verbreitet. Die Hanafiten gelten als Pragmatiker und hatten einen bedeutenden Anteil an der Modernisierung des islamischen Rechts im 19. Jahrhundert im Zuge der Reformbewegung. Die hanbalitische Schule, die kleinste, vertritt ein rigoroses Dogma und lebt heute vor allem im ultrakonservativen Islam Saudi-Arabiens fort. Die malikitische Schule orientiert sich stark am Stammes- und Gewohnheitsrecht. Sie war die im islamischen Spanien gültige Rechtsschule und findet sich heute vor allem in Nord- und Westafrika sowie den kleineren Golfstaaten. Die Schafiiten schließlich ähneln den Malikiten und sind insbesondere in Ostafrika, in Syrien, im Jemen und in Indonesien verbreitet.

Die historisch folgenreichste Entscheidung der miteinander rivalisierenden Rechtsschulen dürfte der aus dem 9. Jahrhundert stammende Lehrsatz sein: „Das Tor der freien Meinungsfindung (arabisch: Idschtihad) ist geschlossen". Das bedeutet, dass die religiösen Rechtsgelehrten, die Ulama oder Fuqaha, die mit Hilfe der Jurisprudenz (arabisch: Fiqh) die Scharia umsetzen, bei neu auftretenden Fragen nicht einfach nach neuen Lösungen suchen können. Vielmehr müssen sie versuchen, auch heute noch, Lösungen auf der Grundlage früherer bereits getroffener Entscheidungen zu finden – liegen sie auch 1000 Jahre oder länger zurück. Ihr Ansatz ist also vornehmlich auf eine sakrosankt verklärte Vergangenheit gerichtet, nicht auf die Zukunft. Viele Historiker glauben, dass diese Rückbezogenheit des immerhin zentralen Teilbereiches islamischer Theologie ein wesentlicher Grund sei für den kulturellen und politischen Niedergang der arabisch-islamischen Welt, der im Mittelalter einsetzte und bis heute andauert.

Eine weitere Schwäche der Scharia liegt in der großen Bereitschaft, namentlich der sunnitischen Orthodoxie, sich dem Willen und der Willkür der jeweiligen Machthaber zu beugen und ihren Forderungen nachzukommen. Kleriker, die sich den Herrschern versagten, waren in der islamischen Geschichte selten. Theoretisch hätten sie gegen ungerechte oder despotische Herrscher durchaus vorgehen können, denn der Kalif war gehalten, nach den Prinzipen der Sunna, der Lebenspraxis des Propheten und der Scharia, zu handeln. Der Kalif, Sultan oder König war zu keiner Zeit eine Autorität, die von sich aus Recht sprechen konnte, sondern allein Diener des von den Ulama verwalteten göttlichen Rechts. Stattdessen haben sich diese aber häufig von der Macht korrumpieren und mit Privilegien bestechen lassen oder sich doch wenigstens mit den bestehenden Verhältnissen abgefunden.

Vor allem aber ist die traditionalistische Interpretation der Scharia mit rechtstaatlichen Normen, mit Demokratie, Meinungsfreiheit und Menschenrechten nicht in Einklang zu bringen. Ein moderner Staat kann die Scharia entweder mit Hilfe des Qanun in den Bereich des Ehe- Familien- und Erbrechts verbannen und sie im Übrigen ignorieren. So handhaben es die meisten arabischen und islamischen Staaten. Oder die Scharia wird angewendet, ohne sie zu modernisieren und heutigen Rechts- und Gesellschaftsnormen anzupassen, wie vor allem in Saudi-Arabien und in Afghanistan zur Zeit der Taliban. Die sinnvollste Variante wäre, die Scharia systematisch zu entrümpeln und den Erfordernissen der Moderne anzupassen, namentlich die Freiräume des Individuums gegenüber Staat und Gesellschaft zu stärken. Diesen Weg ist – abgesehen von der Türkei, wo die Scharia 1926 abgeschafft wurde – aus Furcht vor der

Konfrontation mit den konservativen religiösen Kräften bislang noch kein arabischer oder islamischer Staat gegangen.

Kopftuch und Schleier

Sie gehören zu den markantesten und seit rund 100 Jahren umstrittensten Bestandteilen der traditionellen arabischen Kleidung. Frauen und Mädchen tragen Kopftücher oder Schleier mit Beginn der Geschlechtsreife, bei den Tuareg auch die Männer. Im Einzelnen gibt es den Gesichts-, den Kopf- und den Ganzkörperschleier, die vielfach auch kombiniert werden. Zu unterscheiden sind:

Die *Burka*. Die zumeist blaue, aus schwerem Stoff geschneiderte Burka wird vor allem von paschtunischen Frauen in Afghanistan und Pakistan getragen. Das kreisförmige Stofftuch wird in der Mitte in einer flachen Kappe vernäht. Es verdeckt den gesamten Körper und das Gesicht. Im Bereich der Augen ist ein Gitter aus Stoff eingenäht.

Die *Abaja*. Ein schwarzer Überwurf, der vor allem im Iran (dort Tschador genannt) und in den Golfstaaten verbreitet ist. Er bedeckt den ganzen Körper, lässt jedoch das Gesicht frei. In Ägypten trägt man ihn auch in anderen Farben, zum Beispiel z. B. weiß.

Der *Niqab*. Ein schmales rechteckiges Tuch, das in Verbindung mit einer Abaja oder einem anderen, meist schwarzen Gewand getragen wird. Es gibt unterschiedliche Formen, die das ganze oder nur Teile des Gesichts bedecken. Er ist vor allem in den Golfstaaten populär.

Das *Kopftuch*. In allen Farben und Längen verbreitet. Das Gesicht bleibt unbedeckt. Für konservative muslimische Frauen ist das Kopftuch (häufig Hidschab genannt, obwohl der Begriff eher „Schleier" meint) eine Frage der Religion, für andere wiederum ist es eher ein modisches oder stilistisches Accessoire, das passend zum Kleid oder zur Jeans getragen wird.

Der Schleier taucht erstmals um 200 v. Chr. in Assyrien auf, wo er den Frauen der Oberschicht vorbehalten war. Die missbräuchliche Verwendung des Schleiers etwa von Sklavinnen wurde bestraft. Vor rund 2000 Jahren drang der Schleier auf die Arabische Halbinsel vor und war dort ebenfalls ein Kleidungsstück der Aristokratie. Noch zu Mohammeds Zeiten war es unüblich, dass Frauen sich verhüllten. Entgegen der Darstellung konservativer Muslime schreibt der Koran nirgendwo die Verschleierung der Frau zwingend vor. Zwei Textstellen sind in diesem Zusammenhang von Bedeutung:

> Sag auch den gläubigen Frauen,
> daß sie zügeln ihre Blicke
> Und hüten ihre Sinnlichkeit,
> Nicht zeigen ihre Reize,
> Als das was sichtbar ist davon,
> Auch daß sie schlagen ihre Schleier
> Um ihre Busenspalten,
> Und zeigen ihre Reize keinem
> Als ihren Männern oder Vätern …
> (und sonstigen männlichen Verwandten)
> (Koran 24,31)

An anderer Stelle heißt es:

> Du, o Prophet, sprich zu deinen Frauen
> Zu deinen Töchtern und den Weibern
> Der Gläubigen, sie sollen senken
> Auf sich ein Teil von ihren Überwurfen.
> So ist's geschickter, daß man sie erkenne doch nichts kränke;
> Und Gott ist gnädig und barmherzig.
> (Koran 33,59)

Beide Verse machen deutlich, dass eine Pflicht zur Gesichts- oder gar Ganzkörperverschleierung aus dem Koran nicht abzuleiten ist. Sie erlauben einen breiten Spielraum für Interpretationen jenseits der „Busenspalte". Die marokkanische Soziologin und Frauenrechtlerin Fatima Mernissi argumentiert, das Wort „Hidschab" (wörtlich: „Vorhang") bezeichne die Forderung des Propheten (53,33), zwischen seinen Besuchern und seinem Brautgemach einen Vorhang zu spannen, um die Privatsphäre seines Hauses zu schützen.

Obligatorisch (zunächst nur für die gehobenen Stände) wurde die Verschleierung erst im 9. Jahrhundert parallel zu dem wachsenden persischen Einfluss auf den Islam. Damit einher ging der allmähliche Ausschluss der Frau aus dem öffentlichen Leben. Ihren Höhepunkt erreichte diese Entwicklung im Osmanischen Reich. Obwohl die Verschleierung der Frau von den islamischen Gelehrten als ein religiöses Gebot dargestellt wurde, war sie in Wirklichkeit eher ein Instrument der sozialen Kontrolle. Bis ins Spätmittelalter hinein blieb der Schleier Ausdruck eines hohen sozialen Prestiges und wurde in den Städten der arabisch-islamischen Welt auch von Jüdinnen und Christinnen getragen. In ländlichen Gebieten setzte sich der Schleier erst in den letzten 100 Jahren durch.

Parallel zur kolonialen Unterwerfung des Orients im 19. Jahrhundert und dem wachsenden Einfluss europäischer Ideen, Werte und Lebensformen setzte eine heftige und bis in die Gegenwart fortdauernde Kontroverse um den Schleier ein. Islamische Reformer und arabische Frauenrechtlerinnen wandten sich öffentlich gegen die Verschleierung, die sie als Symbol der Rückständigkeit und einer mit dem Toleranzgebot des Islams nicht zu vereinbarenden Unterdrückung der Frau sahen und sehen. Für konservative islamische Kräfte, aber auch für einige weltoffene Intellektuelle ist der Schleier dagegen ein Ausdruck von Bescheidenheit und ein Merkmal arabischer Selbstfindung im Kampf gegen westlich-kulturelle Überfremdung. Modern eingestellte muslimische Frauen tragen vielfach ein leger anliegendes Kopftuch. In Europa ist es nicht selten Ausdruck einer Protesthaltung. In Saudi-Arabien und im Iran ist die Ganzkörperverschleierung gesetzlich vorgeschrieben.

Die Stellung der Frau

Die Frage nach der Stellung der Frau im Islam ist ebenso wie etwa die nach Islam und Menschenrechten oder Islam und Demokratie nicht abschließend zu beantworten. Alles hängt vom Standpunkt des Betrachters ab. Ein orthodoxer Rechtsgelehrter argumentiert anders als ein islamischer Fundamentalist, beide wiederum haben kaum Gemeinsamkeiten mit den Vorstellungen islamischer Reformkräfte. Im Kontext von Kopftuch und Schleier haben wir gesehen, dass sie ein Bestandteil islamischer Lebenswirklichkeit geworden sind, obwohl der Koran keinen Schleier zwingend verordnet. Im Koran gibt es ebenso wie in der Bibel zahlreiche Textstellen, die aus heutiger Sicht diskriminierend sind oder abfällige Bemerkungen über Frauen enthalten. Die Scharia wiederum benachteiligt Frauen im Ehe-, Familien- und Erbrecht. Ein Mann kann theoretisch vier Frauen ehelichen (in der Praxis kommt das nur noch selten vor), er kann sich im Gegensatz zur Frau verhältnismäßig leicht scheiden lassen, die Kinder verbleiben in der Regel beim Vater. Eine Tochter erbt weniger als ein Sohn, vor Gericht gilt die Aussage einer Frau nicht so viel wie die eines Mannes. Diese und ähnliche Bestimmungen sind teilweise auf ein traditionalistisches Islamverständnis und die einseitige Interpretation der entsprechenden Koranstellen zurückzuführen, vor allem aber das Ergebnis einer patriarchalischen gesellschaftlichen Norm. Um den Rahmen dieses Buches nicht zu sprengen, möchte ich es bei einigen grundsätzlichen Anmerkungen belassen.

Das geschichtliche Wirken des Korans konnte Sitten, Gebräuche und Traditionen aus vorislamischer Zeit in zwei Bereichen nicht überwinden: Weder wurde die Relevanz verwandtschaftlicher Beziehungen für den Kreislauf von Gütern, Macht und Menschen aufgehoben – und zwar bis heute nicht –, noch die Kontrolle über die Sexualität, insbesondere die weibliche. Der Clan und der Stamm sind neben der Religion bestimmende Ordnungsmerkmale der islamischen Gesellschaft geblieben, denen sich der Einzelne unterzuordnen hat. Seine persönliche Sicherheit und sein gesellschaftlicher Status sind allein an die Macht des Clans geknüpft. Die Blutsbande sind das entscheidende Kriterium für die Legitimität und Glaubwürdigkeit des jeweiligen Clans. Das erklärt die rigide Kontrolle und Festlegung vor allem weiblicher Sexualität – uneheliche Kinder beispielsweise bedrohen bestehende Eigentumsverhältnisse. Der von Männern verordnete Ehrenkodex weiblicher Sexualität ist dabei keine Obsession der Muslime allein, sie ist (oder war bis vor kurzem) auch in anderen Anrainerstaaten des Mittelmeers stark ausgeprägt.

Töchter und Söhne werden in den meisten muslimischen Familien unterschiedlich erzogen. Die Söhne werden von ihren Müttern häufig verwöhnt und vergöttert und nehmen früh eine privilegierte Stellung innerhalb der Familie ein, während die Töchter zu gehorchen lernen. Die Mütter verinnerlichen ihre eigene unvorteilhafte Stellung und geben sie an die Töchter weiter. Ein Verhalten, das der „Systemsicherung" dient: Alle Macht der eigenen Sippe, der Großfamilie, dem Stamm, schließlich der Religion. Diese Strukturen reichen zurück bis in vorislamische Zeiten und sind vom islamischen Recht, der Scharia, eher integriert als überwunden worden. Reformen in diesem Bereich bedürfen eines langen Atems und können nur von innen heraus erfolgen, nicht durch Einflussnahme oder Druck von außen. Vor allem mit Blick auf die Muslime in Europa (aber nicht nur für sie) ist festzuhalten, dass der Islamismus die Identitätsprobleme gerade der jungen Generation noch verstärkt. Als Faustregel gilt: Je mehr Tradition und Religion zu politischen Zwecken instrumentalisiert werden, je größer die eigene kulturelle Verunsicherung, je geringer das eigene Selbstwertgefühl, umso stärker verfestigt sich das klassische Rollenbild der Frau als Erfüllungsgehilfin männlich geprägter Normen einer überholten Stammeskultur. Dabei schlägt sich der Übergang zu der auch in anderen gesellschaftlichen Bereichen kaum gemeisterten Moderne oft genug in persönlichen Dramen (Selbstmord, Depression, Entfremdung) oder Gewalttätigkeiten an Frauen nieder; bis hin zu den sogenannten „Ehrenmorden".

Dogma, Philosophie und Volksglaube

Jede Religion enthält Glaubensgewissheiten, die sich einer kritischen oder rationalen Befragung entziehen und gleichwohl – oder gerade deswegen – einen wesentlichen Teil des Glaubens ausmachen. Im Islam gelten die „fünf Säulen" als Dogmen, insbesondere das monotheistische Glaubensbekenntnis „Es gibt keine Gottheit neben Gott und Mohammed ist der Prophet Gottes", festgehalten in Sure 112, 1–4:

> Sprich: Gott ist Einer,
> Ein ewig Reiner,
> Hat nicht gezeugt und ihn gezeugt hat keiner,
> Und nicht ihm gleich ist einer.

Das Bekenntnis zum Islam bedeutet für den Gläubigen, dass er die „fünf Säulen" und die Scharia befolgt. (Zumindest in der Theorie, die gelebte Religiosität etwa eines türkischen Muslims in Deutschland unterscheidet sich von der eines saudischen grundlegend.) Die Verbindung des Dogmas mit dem religiösen Gesetz hat zwangsläufig seine Sakralisierung zur Folge und erleichtert konservative und patriarchalisch geprägte Lesarten des Koran. Dogma und Glaube geraten allerdings schnell in Konflikt mit Philosophie und Aufklärung, wie das berühmte Beispiel der Mutasiliten zeigt. Beeinflusst vom rationalen griechischen Denken, prägten sie im 9. und 10. Jahrhundert maßgeblich die theologische Debatte. Sie entzündete sich vor allem an der Frage, ob der Koran ebenso wie Gott ewig und ungeschaffen oder aber Ausdruck des „Zeitgeistes" sei, erschaffen durch „Gottes Rede". Die Mutasiliten, die ersten „Reformer" und Freidenker des Islam, versuchten Religion und Vernunft miteinander in Einklang zu bringen. Sie entschieden sich für die Erschaffenheit des Korans und machten sich damit die Orthodoxie zum Feind. Theologische Fragen waren besonders in der Frühzeit des Islam immer auch Machtfragen. So erhob der abbassidische Kalif Ma'mun (813–833) die Lesart der Mutasiliten zum Staatsdogma – in der Absicht, damit die Orthodoxie zu schwächen. Er ließ die Anhänger des volkstümlichen Glaubens, der Koran habe immer schon bestanden, unerbittlich verfolgen, aus öffentlichen Ämtern entfernen und teilweise hinrichten. Am Ende jedoch wurden die Ansichten der Mutasiliten verworfen. Unter den Gläubigen konnte sich die Vorstellung eines erschaffenen Korans nicht durchsetzen, und die inquisitorischen Methoden der Mutasiliten machten sie zusätzlich unbeliebt. Der nächste Kalif widerrief das Staatsdogma und die Macht der Orthodoxie wurde wiederhergestellt.

Obwohl die Mutasiliten politisch wie theologisch keine weitere Rolle mehr spielten, hatten sie doch die Geistesgeschichte des Islam dauerhaft bereichert. Vor allem, weil sie die Muslime mit griechischem Denken vertraut machten. Eine wichtige Rolle spielte in diesem Zusammenhang der berühmte Theologe und Philosoph al-Ash'ari (873–935). Zunächst zählte er selbst zu den Mutasiliten, wandte sich dann aber von ihnen ab, ohne jedoch die logischen Methoden griechischer Rationalität zu verwerfen. Stattdessen nutzte er sie, um die traditionalistische Position zu stärken. Al-Ash'ari verteidigte die Überlegenheit der Offenbarung gegenüber der Vernunft, doch nutzte er die Säulen der Logik, um das Glaubensgebäude zu stützen. Sunnitische Theologie war in der Folgezeit die Domäne der Anhänger und Nachfolger al-Ash'aris. Insbesondere Mohammed al-Ghazzali (1058–1111) ist in diesem Zusammenhang zu nennen, gewissermaßen der Einstein islamischer Geistesgeschichte. Ähnlich wie al-Ash'ari befasste er sich mit griechischer Philosophie und verband sie mit islamischen Glauben. Durch Ghazzali drangen neuplatonische Vorstellungen in die sunnitische Theologie ein, die ihr zuvor fremd gewesen waren. Dies war eine echte Revolution, ein Quantensprung innerhalb der islamischen Scholastik. Darüber hinaus kritisierte er die Machtgier der Ulama, der Rechtsgelehrten, und wandte sich in seinem späteren Leben zunehmend den religiösen Mystikern zu, den Sufis.

Ebenfalls sehr einflussreich wurde der Theologe Ibn Taimiya (gest. 1328). Er kritisierte die „Abweichungen" vom eigentlichen Islam, die er vor allem im Volksglauben mit seiner Verehrung von Heiligen und ihren Gräbern sah. Zu Lebzeiten spielte Ibn Taimiya keine große Rolle. Er wurde von der Orthodoxie verfolgt und starb in der Zitadelle von Damaskus, die bis heute ein Gefängnis ist. Seine öffentliche Wirkung erzielte er erst, als sich Mohammed Abdel Wahhab, ein erzkonservativer „Erweckungsprediger" im 18. Jahrhundert, auf ihn zu berufen begann. Er begründete die Lehre des Wahhabismus, die in Saudi-Arabien Staatsdoktrin ist und ein sunnitisches Gegenstück zum schiitischen Khomeinismus darstellt. Fast alle bedeutenden islamistischen Strömungen berufen sich heute auf Ibn Taimiya.

Während sich nun aber Theologen und Philosophen über vergleichsweise abstrakte Fragen ausließen, entstand im Volk eine mystische Bewegung, der Sufismus. Der Begriff leitet sich von dem arabischen Wort „Suf" fürWolle ab (auch unser Wort Sofa kommt daher) und bezieht sich auf die meist härenen, wollenen Gewänder, welche die frühen Mystiker und Asketen trugen. In der Regel handelt es sich bei ihnen um Gottessucher und „Individualisten", die sich gesellschaftlichen Normen nicht unterwerfen mochten oder die Autorität der Staatsmacht ablehnten – bis heute. Sie sind in den meisten Fällen Gegner der Orthodoxie gewesen und legten auf weltlichen Luxus und Reichtum keinerlei Wert. Anstatt sich an der Scharia zu orientieren, wenden sich Sufis einem inneren geistigen Leben zu, durch das sie die Vereinigung mit Gott zu erreichen suchen – unmittelbar im direkten Zwiegespräch, jenseits von Vernunft und Logik. Viele Heilige und Dichter haben sie hervorgebracht, aber auch Scharlatane, die den Volksglauben einfacher Menschen für sich ausnutzten. In der islamischen Geschichte sind sie aufgrund ihrer Ablehnung staatlicher Autorität immer wieder verfolgt worden. Einer der bekanntesten Sufis, der Poet al-Halladsch (857–922), wurde für seine als blasphemisch empfundenen Aussagen („Ich bin die Wahrheit") und Gedichte, wie das folgende, hingerichtet:

> Es hat mein Geist gemischt sich mit dem Deinen,
> Wie Wein vermischt mit klarem Wasser sich.
> Wenn etwas Dich berührt rührt es auch mich an,
> Denn immer bist und überall Du ich.

„Du" bezeichnet Gott.

Al-Halladsch (arabisch: „der Wollreißer") hatte eine große Anhängerschaft. Seine Predigten in Bagdad bewirkten, dass das

Volk moralische und politische Reformen verlangte. Daraufhin forderten orthodoxe Theologen seinen Kopf. Wie groß ihr Hass auf al-Halladsch gewesen sein muss, zeigt die Art seiner Hinrichtung: Er wurde ausgepeitscht, verstümmelt und gekreuzigt, anschließend enthauptet und verbrannt.

Erst al-Ghazzali, der gute Beziehungen zu den Mächtigen unterhielt, minderte das Misstrauen der Orthodoxie gegenüber dem Sufismus. Er selbst fand darin den Weg, der ihn näher zu Gott brachte, ohne ein Gegner der Orthodoxie zu werden. Seine hohe Reputation bewirkte, dass der Verfolgungsdruck auf die Sufis gemindert wurde.

Seine Hochzeit hat der Sufismus zweifelsohne längst hinter sich. Heute ist er vielfach auf das Niveau von Wahrsagern und Jahrmarktsgauklern herabgesunken und zeigt nirgendwo mehr die Züge einer breiten Bewegung. Vielfach ist er verschmolzen mit den Sitten und Gebräuchen des Volksislam, der von Magie und Zauberkraft bewohnten Vorstellungswelt einfacher Gläubiger vor allem in Schwarzafrika, Ägypten, dem Sudan, in Zentralasien und Pakistan/Indien. Von Bedeutung sind allerdings noch einige religiöse Bruderschaften, nicht zuletzt aufgrund ihrer Funktion als soziale Netze. Bei uns bekannt sind vor allem die Tanzenden Derwische aus der türkischen Stadt Konya, die sich so lange im Kreis drehen, bis sie in Trance verfallen. Sie gehören dem Sufi-Orden der Mevlevi an. Als ihr Ordensgründer gilt der wohl bedeutendste persische Dichter und Mystiker Dschalal ad-Din ar-Rumi (1207–1273), der oft mit Goethe verglichen wird und den Ehrennahme Mevlevi („Unser Meister") trug. Er lebte lange in Konya und ist dort in einem Mausoleum begraben.

Gerade der Sufismus zeigt, dass es einen anderen Islam gibt und immer gegeben hat jenseits von Dogma und Theologie. Der Siegeszug des Islam, der bis heute vor allem in Schwarzafrika anhält, verdankt sich nicht dem erfolgreichen Wirken irgendwelcher Rechtsschulen. Auch nicht einer gezielten Missionierung oder dem „Schwert des Propheten". Vielmehr überzeugt die Botschaft von Brüderlichkeit und Egalität, ist die vollkommene Unterwerfung unter Gott, wie sie sich rituell im Gebet zu ebener Erde vollzieht, eine Verheißung, die für den Gläubigen die Sinnfrage überzeugend zu beantworten scheint.

Aufstieg und Niedergang der islamischen Hochkultur

Der römisch-deutsche Kaiser Friedrich II. (1194–1250) war sicher der „islamophilste" Herrscher, den es je in Europa gab. Er sprach Arabisch besser als Mittelhochdeutsch, trug islamische Gewänder, widmete sich der Falknerei und verbrachte die meiste Zeit seines Lebens in Sizilien. Fasziniert vom Islam, lud er die führenden islamischen Wissenschaftler und Naturkundler der Zeit zu sich an den Hof in Palermo. Eher lustlos brach Kaiser Friedrich II., der im Dauerkonflikt mit der Kirche lag, 1228 zum fünften Kreuzzug nach Jerusalem auf. Kämpfe mit den Muslimen scheint er gar nicht angestrebt zu haben, vielmehr erreichte er in fünfmonatigen Verhandlungen mit seinem Freund, dem Sultan von Kairo, einen Friedensvertrag, den Frieden von Jaffa. Er sollte christlichen Pilgern die Wallfahrt nach Jerusalem ermöglichen. Während der Verhandlungen lud ihn der Sultan dorthin ein. Als der Muezzin aus Rücksicht auf Friedrich II. auf seinen morgendlichen Gebetsruf verzichtete, stellte ihn der Kaiser angeblich mit den Worten zur Rede: „Ich habe in Jerusalem übernachtet, um den Gebetsruf der Muslime und ihr Lob Gottes zu hören."

Den meisten von uns ist nicht bewusst, wie sehr viele Bereiche unseres heutigen Lebens, die Rechenergebnisse des Computers, die Prognosen der Wirtschaftsexperten, das Wissen von Ärzten, Chemikern, Mathematikern, Geographen oder Astronomen auf den Leistungen muslimischer Gelehrter beruhen Vom 9. bis zum 14. Jahrhundert, nach dem Zerfall der antiken Welt im Zuge der Völkerwanderungen vor allem im Westen Europas, erlebten die Wissenschaften unter Herrschaft der

Muslime eine neue Blüte. In Wechselwirkung mit dem Byzantinischen Reich hielten sie die kulturellen und wissenschaftlichen Leistungen der griechischen Antike am Leben, erweiterten und bereicherten sie um neue Perspektiven. Über den Umweg des Islam, mit Hilfe von Übersetzungen aus dem Griechischen ins Arabische und schließlich ins Lateinische, fand das verlorengegangene Wissen der Griechen wieder Eingang in die westliche Kultur – und trug dazu bei, die moderne Welt zu begründen.

Es ist vor allem der anti-islamischen Ideologie im Kraftfeld der Kreuzzugspropaganda zu verdanken, dass wir die islamischen Wurzeln unserer eigenen Kultur zumeist nicht kennen. Stoff für einen noch zu schreibenden historischen Kriminalroman böten etwa die Intrigen klerikaler Verschwörer am Hofe Kaiser Friedrichs II. Sie sahen durch die arabischen Wissenschaftler, die dort ein- und ausgingen, eine Bedrohung ihrer eigenen Macht. Daraufhin schmiedeten die Kleriker ein folgenschweres Komplott. Heimlich und systematisch kopierten sie deren Fachliteratur, dicke Wälzer von meist mehreren Hundert Seiten, schrieben sie Wort für Wort ab und übersetzten sie ins Lateinische. Diese Übersetzungen wiederum bildeten – ohne Angabe der Quelle – die Grundlage für die mathematischen und astronomischen Berechnungen etwa Kopernikus' und Leonardo da Vincis. Es verwundert kaum, dass dieser Klerus die arabischen Wissenschaftler nach dem Tod von Kaiser Friedrich II. aus Sizilien verjagte.

Aristoteles spricht ein Machtwort

„Die Geschichte der Umformung der antiken Kulturen des Vorderen Orients zur islamischen Kultur hat etwas geradezu Unglaubliches und Faszinierendes", schreibt William Montgomery

Watt. „Im Jahre 632, als Mohammed gerade gestorben war und die große arabische Expansion noch nicht begonnen hatte, waren die Araber ein relativ primitives Volk mit geringem materiellen Besitz und einer Literatur, die nicht viel mehr umfasste als einen überlieferten Schatz von Dichtungen und Reden sowie das heilige Buch des Koran. [...] 80 Jahre später, als die Araber in Spanien einfielen, kann ihr kulturelles Niveau kaum viel höher gewesen sein, und das der zahlreichen Berber in den muslimischen Heeren war vermutlich noch niedriger. Doch mit der Expansion nach Irak, Syrien und Ägypten waren dem arabischen Herrschaftsbereich einige der großen geistigen Zentren des Nahen Ostens zugefallen. Viele Träger der früheren Kulturen traten zum Islam über und es begann ein geistiger Gärungsprozess, der noch Jahrhunderte andauern sollte. In diesem Bereich sammelten sich die jahrtausendalten Erfahrungen von städtischen Zivilisationen, die bis auf Sumer, Akkad und das Ägypten der Pharaonen zurückgingen, und alles, was in diesen Jahrtausenden wertvoll gewesen war, fand jetzt im Arabischen neuen Ausdruck."

Die entstehende islamische Hochkultur ist eng mit den Abbassiden verbunden. Bagdad wurde zum Magnet der Gelehrten, nachdem der Kalif Ma'mun (813–833) dort ein „Haus der Weisheit" begründet hatte. Der Legende nach erschien ihm, dem Förderer der Mutasiliten, im Traum der Geist Aristoteles'. Er versicherte dem Kalifen, dass Vernunft und Glaube kein Widerspruch seien. In diesem „Haus der Weisheit" wurden in weniger als 100 Jahren die bedeutendsten Werke der Griechen und anderer Völker ins Arabische übersetzt, darunter die philosophischen Abhandlungen von Aristoteles, die Hauptwerke Platons sowie von Euklid, Ptolomäus, Archimedes und Hippokrates. Die islamischen Wissenschaftler jener Zeit teilten die Überzeugung der Griechen, dass dem Chaos der Welt eine fundamentale Ordnung zugrunde liegen müsse. Bei dem Versuch, deren inneres Wesen zu ergründen, verfolgten sie alle nur denkbaren Wissenschaftszweige: Philosophie, Chemie, Astronomie, Physik, Mathematik, Logik, Metaphysik, Musik und Dichtung. Die islamischen Gelehrten des Mittelalters sahen Erkenntnisinteresse und Forschung als Einheit. Sie erkannten, dass Neuerungen und Erfindungen nicht möglich waren ohne das Wissen der Altvorderen. Dementsprechend war insbesondere die griechische Antike für sie eine geistig-intellektuelle Fundgrube, aus der sie nach Kräften schöpften. Parallel dazu pflegten sie eine Kultur des Streitgespräches, das sie als Quelle neuer Einsichten und Erfindungen ansahen. Kein abbassidischer Herrscher verhängte Denkverbote. Auch die Orthodoxie wagte lange nicht, den rational geprägten Diskurs jener Zeit in Frage zu stellen. Ihr verhängnisvoller Lehrsatz aus dem 9. Jahrhundert, „Das Tor der freien Meinungsfindung ist geschlossen", wurde erst im Spätmittelalter ein religiöses, intellektuelles und gesellschaftliches Dogma, das bis heute arabische und islamische Gesellschaften lähmt.

Der Forschungsdrang islamischer Wissenschaftler verfolgte neben der zugrunde liegenden „Sinnfrage" sehr praktische Anliegen. So erlaubte beispielsweise die Astronomie, Beginn und Ende des Fastenmonats Ramadan exakt zu bestimmen oder die Gebetsrichtung nach Mekka festzustellen. Die Menschen brauchten zuverlässige Uhren, um die Gebetszeiten einhalten zu können. Die Verwaltung und Versorgung weit auseinanderliegender Gebiete machte die Einführung eines zuverlässigen Kurier- und Postdienstes erforderlich. Gute Landkarten wurden benötigt, Waffensysteme zur Verteidigung der Landesgrenzen; die wachsende Bevölkerungszahl wiederum verlangte nach einer verbesserten landwirtschaftlichen Nutzung und entsprechenden Bewässerungssystemen.

Kluge Köpfe schrieben damals Geschichte. Rasi (865–925), in Europa unter seinem griechischen Namen Rhazes bekannt, soll mehr als 200 Bücher über medizinische Themen ebenso wie über Astronomie und Theologie geschrieben haben. Am bekanntesten wurde seine Abhandlung über die Pocken, deren klinische Symptome er erstmals analysierte. Rasi erkannte den Zusammenhang von Krankheiten und fehlender Hygiene. Gleichzeitig empfahl er eine Behandlungsmethode, die bis zur offiziellen Ausrottung der Pocken, in den siebziger Jahren des vorigen Jahrhunderts, weitgehend unverändert angewendet wurde.

Der Mathematiker, Physiker und Astronom Ibn al-Haitham erfand im 10. Jahrhundert die erste Kamera, nachdem er den Weg des Lichts durch ein Loch in seinem Fensterladen verfolgt hatte. Er stellte fest: Je kleiner das Loch, umso besser das Bild und baute die erste Camera Obscura (arabisch „Qamara" bedeutet „Koje", „Kabine", „privater Raum"). Araber entwickelten die Destillation, die Trennung von Flüssigkeiten durch verschiedene Siedepunkte, entwickelten die Chemie aus der Alchemie, fanden heraus, dass spitze Bögen größere Belastungen aushalten als Rundbögen: Dadurch wurde der Bau größerer höherer und komplexerer Gebäude möglich – die Voraussetzung wiederum für die europäische Gotik. Araber führten die Null ein und entwickelten unser heute gebräuchliches Zahlensystem. Im 9. Jahrhundert, 500 Jahre vor Galilei, entdeckten arabische Astronomen, dass die Erde eine Kugel ist: Die Sonne steht immer senkrecht zu einem Teil der Erde, stellte der Astronom Ibn Hazm fest. Chinesische Raketentechnik entwickelten die Araber im 15. Jahrhundert weiter zu Torpedos. 400 Jahre zuvor wurden die ersten öffentlichen Parkanlagen in Europa eingerichtet: im islamischen Spanien. Aus dem Orient kommen auch der Kaffee, das Drei-Gänge-Menü, die Tulpe und die Nelke – und nicht zuletzt das Kaffeehaus.

Drei berühmte Wissenschaftler seien abschließend genannt. Zum einen der persische Philosoph, Mathematiker, Arzt und Astronom Ibn Sina, lateinisch Avicenna (980–1037), einer der bedeutendsten Gelehrten überhaupt. Sein bekanntestes Werk ist der „Kanon der Medizin", vom 12. bis zum 17. Jahrhundert das Grundlagenwerk der Schulmedizin an den Universitäten Europas.

Zum anderen der arabisch-spanische Arzt, Philosoph und Mystiker Ibn Rushd, lateinisch Averroes (1126–1198). Er war Autor einer medizinischen Enzyklopädie und verfasste zu beinahe jedem Werk von Aristoteles einen Kommentar. In der christlichen Scholastik des Mittelalters, auf die er großen Einfluss ausübte, wurde er deshalb „der Kommentator" genannt, so wie Aristoteles nur „der Philosoph" hieß. Ibn Rushd sah in der menschlichen Vernunft und Logik die einzige Möglichkeit, Glück und Einsicht in das Wesen der Welt zu finden. Allein logisches Denken ebne den Weg zur Wahrheit. Verständlich, dass seine Werke bis heute von der islamischen Orthodoxie strikt abgelehnt werden.

Und schließlich Ibn Khaldun (1332–1406), der in Tunis geborene nordafrikanische Historiker, Geschichtsphilosoph und Staatsmann. Mit seinen vergleichenden Beobachtungen über nomadische und sesshaft-städtische Lebensweise geriet er im späten 19. Jahrhundert ins Blickfeld der europäischen Geistesgeschichte, als die Soziologie zu einer eigenständigen Wissenschaft wurde. Seine Theorie vom zyklischen Verlauf der Geschichte stieß bei Zivilisations- und Kulturkritikern auf großes Interesse. „Zweifellos das größte Werk seiner Art, das jemals geschrieben wurde", urteilte der britische Geschichtsphilosoph Arnold Toynbee (1889–1975) über die „Muqaddima", die berühmte „Einführung" zu Ibn Khalduns mehrbändigem Hauptwerk, der Universalgeschichte „Das Buch der Beispiele". Er hatte es im Verlauf von drei Jahren zurückgezogen in einem algerischen Dorf geschrieben.

Zweierlei Lehren sind daraus zu ziehen. Zum einen ist es sachlich falsch, den gewalttätigen Islamismus der Gegenwart mit Attributen wie „mittelalterlich" zu belegen. Das Mittelalter war die kulturelle Blütezeit des Islam, also etwa unserer Antike gleichzusetzen, was auf den islamischen Fundamentalismus der Gegenwart wahrhaftig nicht zutrifft. Zum anderen ist es sachlich nicht gerechtfertigt und politisch fragwürdig, die gesamte Geistes- und Kulturgeschichte West- und Zentraleuropas mit der Überschrift „christlich-jüdisches Abendland" zu versehen. Das Abendland ist ohne seine islamischen Wurzeln nicht denkbar. Unsere Gegenwart wäre ohne die islamische Vergangenheit ein Torso. Das Verdikt „mittelalterlich" wird vor allem aus ideologischen Gründen verwendet, um eine Trennung von „wir" und „die anderen" zu erlauben, analog zur islamfeindlichen Haltung der Kirche im Mittelalter. Der Begriff „christlich-jüdisches Abendland" spielt beispielsweise eine Rolle, wenn es um den von der Türkei erhofften Beitritt zur Europäischen Union geht. Gegner einer türkischen EU-Mitgliedschaft verweisen dann gerne auf den „islamischen", frei übersetzt: „rückständigen" „unzivilisierten" Charakter des Landes, der sich mit europäischen Werten nicht vertrage. Diese Argumentation fällt wie ein Kartenhaus in sich zusammen, wenn man die historischen Hintergründe kennt. Ein rein „christlich-jüdisches Abendland" gibt es nur in der Phantasie seiner Verfechter.

Moscheen und Dampfbäder in Cordoba

Nicht allein Bagdad war ein Zentrum islamischer Gelehrsamkeit. Weitere wichtige Stätten waren Isfahan im Iran, Buchara und Samarkand in Zentralasien, Damaskus, Kairo, Kairuan in Tunesien, Fez in Marokko. Der kulturelle Einfluss auf Europa war aber hauptsächlich eine Folge der muslimischen Eroberung Spaniens und Siziliens. Das islamische Spanien, Al-Andalus genannt, umfasste zu seiner Hochzeit fast die gesamte Iberische

Halbinsel mit Ausnahme eines Grenzstreifens entlang der Pyrenäen. Die Eroberung begann im Jahr 711, vier Jahre später hatten die Muslime, Araber und nordafrikanische Berber, alle wichtigen Städte Spaniens und Portugals besetzt. Viele Spanier waren über die neue Entwicklung nicht unglücklich. Sie beendete die Fremdherrschaft der Westgoten, und die jüdische Bevölkerung litt unter dem Druck der Kirche. Bis zum Jahr 1492, als die letzte islamische Provinz Granada von der Reconquista, der christlichen Rückeroberung, eingenommen wurde, galten Spanien und Portugal im übrigen Europa als islamische Länder. Nach dem Fall Granadas wurden fast alle Juden und sämtliche Muslime vertrieben, sofern sie nicht zum Christentum übertraten oder auf dem Scheiterhaufen endeten.

In der gesellschaftlichen Hierarchie standen die eingewanderten Muslime ganz oben, gefolgt von Spaniern, die zum Islam konvertierten. Die größte gesellschaftliche Gruppe aber bildeten Spanier, die nominell Christen blieben, tatsächlich aber die Sitten und Gebräuche des Islam übernommen hatten. Sie kleideten sich in islamischen Gewändern, lernten Arabisch, waren fasziniert von der neuen weltoffenen Lebensweise und lebten ihrerseits häufig in Polygamie, sofern sie sich das finanziell leisten konnten: Sie übernahmen den Harem. Islam war damals „Kult", ähnlich wie Jahrhunderte später der *American way of life*. Ein weiteres gesellschaftliches Element war die zahlenmäßig starke Minderheit der Juden, die unter dem Halbmond größere Freiheiten erhielten als unter dem christlichen Kreuz und bereitwillig die arabische Kultur akzeptierten. An unterster Stelle in der Hierarchie stand die Kirche, unterdrückt, mit dem Rücken zur Wand und auf Vergeltung sinnend.

Wer nicht ein Gefangener höfischer Intrigen oder von Rachephantasien getrieben war, lebte gut in Al-Andalus, besser jedenfalls als viele Menschen nördlich der Pyrenäen. In Cordoba beispielsweise gab es eine städtische Kanalisation und eine Straßenbeleuchtung. Die Bevölkerung der Stadt, rund eine halbe Million, betete in 3000 Moscheen und reinigte sich in 300 Dampfbädern, den Hamams. Cordoba, Sevilla und Granada waren bekannt für ihre Hochschulen, in denen Philosophie, Recht, Literatur, Mathematik, Medizin, Astronomie, Geschichte und Geographie gelehrt wurden. Das Statussymbol des reichen Mannes war damals eine gut ausgestattete Bibliothek.

Macht und Wohlstand des islamischen Spanien erreichten ihren Höhepunkt im 10. Jahrhundert. Anschließend zerfiel der Zentralstaat als Folge von politischen Streitigkeiten und mangels fähiger Regenten unter den Muslimen. Die Ära unabhängiger islamischer Kleinkönigreiche begann, was den zunehmend nationalistisch orientierten Christen sukzessive die Rückeroberung Spaniens erlaubte, angefangen mit dem Fall des strategisch wichtigen Bollwerks Toledo 1085. Ihr symbolisches Ende fand die hispano-arabische Hochkultur 1499, als Kardinal Ximenes 80 000 arabische Bücher in Granada öffentlich verbrennen ließ und das Arabische als „die Sprache einer ketzerischen und verachtenswerten Rasse" bezeichnete.

In Sizilien dauerte die islamische Herrschaft rund 200 Jahre, beginnend 827. Vertrieben wurden die aus Tunesien vorgedrungenen arabischen Herrscher von den Normannen. Deren Könige waren, ebenso wie die ihnen nachfolgenden ersten Stauferkaiser, glühende Verehrer und Bewunderer des Islam. Sicher auch deswegen, weil die christliche Rückeroberung auf Sizilien weniger blutig verlief. Die Hauptstadt Palermo blieb bis zum Tod von Kaiser Friedrich II. im Jahr 1250 ein Zentrum arabischer Kunst und Wissenschaft.

Die spanische Reconquista beendete die islamische Vormachtstellung gegenüber Europa. Sie war das Ergebnis einer neu entstandenen spanischen Identität, die sich vom Islam und den Arabern abzugrenzen versuchte, gepaart mit einem militanten Katholizismus. Jene Menschen, die nun lernten, sich als Christen zu fühlen, waren jedoch Angehörige einer gemeinsamen hispano-arabischen Kultur, deren islamische Wurzeln sie vielfach gar nicht mehr wahrnahmen. Es war für viele Spanier kein Widerspruch, die eigene Kultur zu akzeptieren, gleichzeitig aber die islamische Religion zu bekämpfen – auch wenn die Kirche behauptete, den Arabern nichts zu verdanken. Eigenes Machtstreben, Überlegenheitsgefühle und Dogmatismus liegen auch dem Kreuzzugsgedanken zugrunde, der die europäische Christenheit im ausgehenden 11. Jahrhundert erfasste. So war das Papsttum daran interessiert, dass sich die christlichen Staaten Europas nicht gegenseitig bekämpften, sondern ihre Energien lieber gegen die Ungläubigen außerhalb und gegen Ketzer und sonstige Widersacher im Inneren richteten.

Auch ein Papst kann irren

Obwohl die insgesamt sieben Kreuzzüge zur Eroberung Jerusalems militärisch, politisch und ökonomisch aussichtslos waren, halfen sie doch, Westeuropa eine Identität zu geben. Eine Identität, die zu einem großen Teil auf der Abgrenzung vom Islam beruht. Zwischen dem 12. und 14. Jahrhundert entstand in Europa jenes entstellte Bild vom Islam, das bis heute fast ungebrochen nachwirkt. Ein Beispiel dafür ist die umstrittene Rede von Papst Benedikt XVI. in Regensburg im September 2006. Darin zitiert er einen mittelalterlichen Text und argumentiert, der Prophet Mohammed habe seinen Anhängern befohlen, den Islam mit dem Schwert zu verbreiten. Das wiederum gilt ihm als Beleg der Unvernunft, denn der Glaube komme aus der Seele und das Schwert könne die Seele nicht beeinflussen. Mit anderen Worten: Das Christentum ist eine vernunftbegabte Religion, der Islam eine der Gewalt und der Irrationalität. In seiner Rede ordnet er dem Islam die bedenklichen, dem Christentum die liebenswürdigen Tendenzen der Religion zu – als habe es nie die Inquisition gegeben, als hätten sich Glaube und Vernunft im Einflussbereich der Kirche vor der französischen Revolution gewissermaßen auf natürliche Weise ergänzt. Die christliche Welt des Westens hat von 400 bis 1800 nicht nach dem Prinzip der Toleranz gelebt und sie auch theoretisch verworfen. Augustinus (354–430), einer der theologisch einflussreichsten Kirchenväter, hat ausführlich die Notwendigkeit des Heiligen Krieges begründet. Viele christliche Denker waren von Augustinus an bis ins 19. Jahrhundert zwar der Meinung, der Glaube gehe die Seele an und beruhe auf der freien Zustimmung der Menschen. Doch seien diese so sehr in Sünden und Niedertracht befangen, dass die Kirche sie mit körperlicher, nötigenfalls auch militärischer Gewalt aus dieser Unmündigkeit befreien müsse: auf dass sie danach „frei" den Weg zum Glauben fänden. Erst nach der französischen Revolution, als die Kirche Politik und Militär nicht länger befehligen konnte, bekannte sie sich zur Religionsfreiheit, die sie in den Jahrhunderten zuvor blutig bekämpft hatte – erinnert sei an das Te Deum von Papst Gregor VIII., als er von den Massakern an den Hugenotten in der Bartholomäusnacht 1572 erfuhr. Von dieser Geschichte der Gewalt, die für die christliche Tradition prägender war als die Bergpredigt, hat Benedikt XVI. in Regensburg nichts gesagt, was auch von christlichen Theologen bemängelt wurde. An jeder Religion lässt sich aus guten Gründen vieles kritisieren, vor allem mit Blick auf die Orthodoxie, den Klerus. Die häufig zu vernehmende Behauptung, der Islam sei generell eine Religion des Schwertes ist sehr einseitig – um nicht zu sagen schlichtweg falsch. In der Zeit des Osmanischen Reiches herrschten Muslime jahrhundertelang über Griechenland. Sind die Griechen zwangsweise zum Islam bekehrt worden? Ganz im Gegenteil: Griechische Christen besetzten höchste Ämter in der osmanischen Regierung. Zu welcher Zeit verfügten die Juden in Spanien über mehr Freiheiten, unter islamischer oder unter christlicher Herrschaft? Waren Juden im christlichen Europa oder waren sie in der islamischen Welt Verfolgungen und Pogromen ausgesetzt? Naheliegende Fragen, die selten gestellt werden, wenn vom „fanatischen Islam" oder dem „christlich-jüdischen Abendland" die Rede ist.

Die gebildeten Christen des Mittelalters verstanden sich darauf, der nüchternen Einsicht in die kulturelle Überlegenheit der Muslime ihre eigene, ihrer Auffassung nach moralisch überlegene Religion gegenüberzustellen. In dieser Selbstwahrnehmung sind sie übrigens heutigen islamischen Traditionalisten und Fundamentalisten unter umgekehrten Vorzeichen verblüffend ähnlich. Die Dämonisierung des Islam war gleichzeitig eine Voraussetzung und Folge der geradezu messianischen Kreuzzugsbegeisterung. Andererseits herrschte durchaus Pragmatismus. Die Herrscher Westeuropas hatten keine Probleme damit, die „Sarazenen" zu verteufeln und gleichwohl selbst von päpstlicher Seite Kontakte mit ihnen zu unterhalten. Jenseits aller Ideologie wurde das Verhältnis zur islamischen Welt in erster Linie von politischen und wirtschaftlichen Interessen bestimmt. Es ist dabei nicht ohne Ironie, dass auch die Kreuzfahrer vielfach islamische Lebensformen übernahmen, wie sie sich nicht zuletzt im höfischen Zeremoniell des europäischen Mittelalters niederschlugen. Der Kreuzzugsgedanke gab indirekt auch Anstoß zu jenen Forschungsreisen, die zur Entdeckung Amerikas und des Seewegs nach Indien um das Kap der Guten Hoffnung führten. Mit Hilfe nautischer Kenntnisse, die sich wesentlich den Arabern verdankten.

Bis in den Bereich der Mythen und der Literatur setzt sich die islamfeindliche Haltung des europäischen Mittelalters fort.

In der berühmten Rolandsage wird Roland, Neffe und Paladin Karls des Großen, im Hinterhalt von Muslimen getötet, als er 778 mit dem kaiserlichen Heer in Spanien kämpft. Tatsächlich aber wurde er von baskischen Wegelagerern ermordet. Dante Alighieris „Göttliche Komödie", in der der Autor Mohammed mit anderen Häretikern in die Hölle verbannt, zeigt viel Ähnlichkeit mit der koranischen Nachtreise des Propheten durch die sieben Himmel zum Thron Gottes und ist augenscheinlich inspiriert von den allegorischen Schriften arabischer Sufis. Don Quichotte und Sancho Pansa, die berühmtesten Helden der spanischen Literatur, sind ihrerseits ein Produkt hispano-arabischer Kultur. Don Quichotte ist ein weltabgewandter Asket, dem Fakir der islamischen Mystik nachempfunden, den die äußere Wirklichkeit nicht interessiert – er ruht ganz in seiner Innenwelt.

Doch die spanische Reconquista beendete nicht allein die islamische Vormachtstellung in Europa, sie markiert gleichzeitig das Ende der islamischen Hochkultur. Die Machtverhältnisse sollten sich nunmehr endgültig umkehren und die arabisch-islamische Welt zunächst ökonomisch, dann auch politisch und militärisch gegenüber Europa und dem Westen zurückfallen lassen. Ihren Höhepunkt fand diese Entwicklung im europäischen Kolonialismus, dessen Beginn für die islamische Welt allgemein auf das Jahr 1798 datiert wird, der Expedition Napoleons nach Ägypten. Parallel dazu stagnierte das islamische Denken, endete die Bereitschaft, auf der Grundlage des bereits Bestehenden immer wieder Neues zu schöpfen. Die Orthodoxie trat ihren Siegeszug an und betrachtete innovative Ideen hinfort als Gotteslästerung: „Das Tor der freien Meinungsäußerung ist geschlossen". Spätestens seit dem Fall von Granada ist das islamische Denken ohne nennenswerte Höhepunkte geblieben, abgesehen von einigen wenigen Reformern, die erstmals im 19. Jahrhundert auftraten und auf die europäische Herausforderung reagierten, indem sie den Islam wider die Orthodoxie zu modernisieren suchten.

Ein tödlicher Stoß

Über die Ursachen dieses Niedergangs haben sich ganze Generationen von Wissenschaftlern Gedanken gemacht. Die eine, alles erklärende Begründung gibt es nicht. Der französische Historiker Maurice Lombard (1904–1965) schreibt: „Nach dem 11. Jahrhundert gerät das Gravitationsfeld der Alten Welt ins Wanken. Von nun an liegen die Bewegungs- und Ausstrahlungszentren einer Wirtschaft, die immer mehr expandiert, nicht länger im Orient, in den Großstädten der islamischen Welt. Sie haben sich nach dem Abendland verlagert und setzen sich nun in den Handelsrepubliken Italiens und Flanderns fest sowie auf halbem Wege der großen Handelsstraße, die sie miteinander verbindet: in den Messen der Champagne, wo der Austausch der Produkte der nordischen und der Mittelmeerländer stattfindet. Wirtschaftliche Macht kraft der materiellen Expansion und schöpferischer Aktivität sind jetzt, mit ihrem Auf und Ab, ihrem Hin und Her mit triumphalen Perioden und Augenblicken der Depression, für Jahrhunderte das Privileg Westeuropas. [...] Die islamische Welt erscheint demnach als eine Reihe kleiner urbaner Inseln, die über verschiedenste Handelskanäle miteinander verbunden sind. Dieser ganzen schönen städtischen Ordnung versetzen dann die Krisen, Revolten und Invasionen des 11. Jahrhunderts einen tödlichen Stoß." Auch die Zerstörung Bagdads 1258 durch die einfallenden Mongolen unter Dschingis Khan ist in diesem Zusammenhang zu nennen. „Sie werden die großen Handelsströme unterbrechen und auf diese Weise den Verfall der Städte auslösen. Die islamische Welt wird nicht mehr geeint sein sondern geteilt: Ein türkischer, ein persischer, ein syrischer, ein ägyptischer und ein maghrebinischer Islam werden entstehen. Was man dann erleben wird, ist das Auseinanderbrechen der einen und einzigartigen islamischen Kultur. Regionale Partikularismen werden wieder an die Oberfläche stoßen, in denen die – nunmehr verschiedenen – islamischen Kulturen Gestalt annehmen", so Maurice Lombard.

Ganz ähnlich argumentiert Ibn Khaldun: „Wisse, dass eine Dynastie, sobald die etablierte zu altern und schwächer zu werden beginnt, auf zweierlei Weise entstehen und ihren Anfang nehmen kann. Zum einen können Provinzstatthalter, wenn der Einfluss der Dynastie auf sie geringer wird, zur alleinigen Herrschaft über die entfernten Regionen gelangen. Ein jeder von ihnen begründet dann für seine Anhänger eine neue Dynastie und ein Königtum, das er in seiner Familie befestigt und seinen Kindern und Schutzbefohlenen vererbt. Deren Herrschaftsbereich wird dann zunehmend größer. Häufig konkurrieren sie um diesen, kämpfen und streiten um seinen Besitz untereinander. Die Oberhand gewinnt schließlich der von ihnen, der stärker als der andere ist, und diesem entreißt, was er besaß. So geschah es der Dynastie der Abbassiden [...] Zum anderen kann jemand aus den der Dynastie benachbarten Völkerschaften und Stämmen gegen die Dynastie rebellieren, indem er die Menschen entweder mit missionarischer Tätigkeit gewinnt [...], oder wenn er große Macht und eine starke, auf Stammesbande beruhende Loyalität unter seinen Anhängern besitzt."

In der zweiten Hälfte des 10. Jahrhunderts erlebte der Handel zwischen Westeuropa und der islamischen Welt einen ersten Höhepunkt: Europa importierte vor allem Gebrauchsgüter, exportiert wurden Rohstoffe und Sklaven, namentlich Slawen (daher der Begriff „Sklave"), die damals noch nicht christianisiert waren und somit als Freiwild galten. Bemerkenswerterweise lag der eigentliche Transport der Güter über das Mittelmeer nicht mehr in den Händen der Araber, sondern war auf italienische Kaufleute übergegangen. Warum ist strittig. Eine Erklärung ist diese: Die Bevölkerung in den islamischen Städten, die vom Handel lebte, litt unter der politischen Instabilität, den Machtkämpfen der jeweiligen regionalen Dynastien nach innen wie nach außen. Vor allem die Kaufmannschicht klagte über die hohen Steuern und die ständige Rechtsunsicherheit. Steuerliche und politische Privilegien gegenüber der Landbevölkerung genoss sie nicht. Ein eigenständiges städtisches Bürgertum wie in Europa konnte sich unter diesen Bedingungen nicht entwickeln. Einheimische Juden und christliche europäische Kaufleute, die aufgrund konsularischer Vereinbarungen Niederlassungen gründen durften, konnten sich in Handwerk und Handel wichtige Positionen sichern. Diese Entwicklung wurde in den folgenden Jahrhunderten durch die Reconquista vorangetrieben, als die geflüchteten Andalusier in den Städten des Osmanischen Reiches ein neues Auskommen suchten. Da sie weder mit den einheimischen Stämmen verbunden waren noch über Grundbesitz verfügten, betätigten auch sie sich als Handwerker und Händler. Dabei entwickelten sie enge Beziehungen mit der politischen Zentralmacht und sorgten für das Fortleben einer zunehmend konservativen Basar-Ökonomie, die eine europäischen Verhältnissen vergleichbare kapitalistische Triebkraft nicht zu entfalten vermochte.

Einflussreiche Militärs oder Beamte erhielten in den Provinzen des Reiches Lehen, die nicht vererbbar waren. Ein lokaler Machthaber der Hohen Pforte war also bemüht, in kurzer Zeit so viel Geld und Wohlstand wie nur möglich dem Landstrich oder der Stadt abzupressen, die ihm unterstand. Dies lähmte die wirtschaftliche Dynamik des Osmanischen Reiches zu einer Zeit, in der in Europa die ersten Manufakturen entstanden und die industrielle Revolution einsetzte.

Die Hochzeit der Weltmacht Islam währte vom 8. bis zum

11. Jahrhundert. Damals erkannten die Muslime, dass Macht und Fortschritt einhergehen mit der Bereitschaft, sich Wissen anzueignen und dem Wandel der Zeit mit Offenheit, Neugierde und Toleranz zu begegnen. Als „Gewinner" der frühen Weltgesellschaft stellten sie sich den Herausforderungen der Zeit. In dem Maße, wie sich Araber und Muslime als „Verlierer" zu fühlen begannen, nahm ihre Bereitschaft, sich Neues anzueignen ab, hielten sie fest am Althergebrachten und Vertrauten, flüchteten sie in ihre zunehmend idealisierte und verklärte Vergangenheit, als Mohammed in Medina wirkte.

Von Anfang an taten sich die Muslime ausgesprochen schwer, die Botschaft des Korans zu interpretieren. Seit dem Sieg der Orthodoxie über die Mutasiliten gilt der Koran als unmittelbare Rede Gottes, die sich jeder historischen Einordnung oder Textexegese entzieht. Parallel zum Niedergang der islamischen Hochkultur verhielten sich die orthodoxen Rechtsgelehrten zunehmend wie Hohepriester, als wären sie allein befugt, die heilige Schrift zu deuten. Bis zum heutigen Tag lehnen sie es ab, den „ewigen und unerschaffenen Koran" als Produkt der Gesellschaft zu betrachten, in der Mohammed gelebt hat. Die historischen Umstände der Offenbarung sind aus Sicht der Orthodoxie, vor allem der sunnitischen, ohne Bedeutung. Was im 7. Jahrhundert galt, soll für alle Zeiten gelten, ungeachtet der gewaltigen Umbrüche seither. Dieser ideologisierende Zugriff auf den Koran ist umso problematischer, als die Offenbarung zur Hauptquelle der Rechtssprechung und somit der Scharia wurde. In dem Maße, wie sich die Stagnation der islamischen Welt über Jahrhunderte verfestigte, wurde auch die Scharia ein Instrument von Dogma und Fortschrittsfeindlichkeit, das den Gläubigen und insbesondere sein Denken dauerhaft knebelte. Solange es nicht gelingt, die Fixierung der Schriftgelehrten auf das 7. Jahrhundert zu lösen, solange eine historisch-analytische oder literaturwissenschaftliche Lesart des

Koran als Gotteslästerung gilt, ist ein zweites „Goldenes Zeitalter" in der islamischen Welt kaum vorstellbar. Auch Reformation oder Aufklärung sind angesichts solcher Rahmenbedingungen auf lange Sicht nicht zu erwarten.

Die koloniale Provokation:
Islamische Antworten

Mohammed Ali (1805–1849) war einer der weitsichtigsten Herrscher (Khedive), die es je in Ägypten gab. Nominell war das Nilland dem Osmanischen Reich unterstellt, tatsächlich aber kontrollierten die Briten die Zivilverwaltung und die Staatskasse. Dennoch verfolgte Mohammed Ali das ehrgeizige Ziel, Ägypten zu industrialisieren und insbesondere die Landwirtschaft mit Hilfe eines expansiven Baumwollanbaus für den Export zu rüsten. Um seine ehrgeizigen Pläne zu verwirklichen, schickte er Studenten nach Europa, die sich dort die neuesten Techniken aneigneten. Die Briten allerdings, die ihrerseits eine florierende Baumwollindustrie unterhielten und an ägyptischer Konkurrenz nicht interessiert waren, ruinierten Mohammed Alis Unternehmungen in kürzester Zeit durch politischen und militärischen Druck. Die Nachfolger Mohammed Alis versorgten sie anschließend großzügig mit Krediten für die Staatskasse, wohl wissend, dass die Khediven, die Vizekönige, niemals in der Lage sein würden sie zurückzuzahlen. Parallel dazu zogen Heerscharen europäischer Unternehmer und Händler nach Kairo und Alexandria, um von den nahezu unbegrenzten Verdienstmöglichkeiten in Ägypten und im Nahen Osten zu profitieren, gefolgt von Arbeitern, die für den Bau des Suezkanals benötigt wurden. Als ausländische Staatsbürger zahlten sie faktisch keine Steuern und konnten von der ägyptischen Justiz nicht belangt werden. Um den Bau des Suezkanals zu finanzieren, wurden stattdessen die Steuern für Ägypter mehrfach erhöht. 1869 wurde der Kanal unter Anwesenheit zahlreicher europäischer Könige und Fürsten feierlich eröffnet. Giuseppe Verdi hatte zu diesem Anlass eigens die Oper „Aida" komponiert. Ägypten war nunmehr das Kronjuwel im britischen Empire, denn der Suezkanal stellte die schnellste Verbindung nach Ostafrika, Indien und in den Fernen Osten dar.

Den Preis zahlten die Ägypter. Während sich die Khediven in ihr Schicksal fügten, und zunehmend wie Operettenkönige auftraten, versank das Land in tiefer Armut und gesellschaftlicher Stagnation. Abgesehen von einer kleinen Gruppe von Großgrundbesitzern und europäisierten Ägyptern, die überwiegend im Dienst der Briten standen, setzte sich die überwältigende Mehrheit der Bevölkerung aus ungebildeten Bauern und Landbewohnern zusammen, die vielfach in der Hoffnung auf ein besseres Leben in die Städte emigrierten. In der Regel endeten sie als Tagelöhner. Die billigen Importe aus Europa ruinierten das lokale Handwerk. Der Staat lebte überwiegend von europäischen Krediten und war in der Schuldenfalle gefangen. Wiederholt kam es zu Aufständen und Unruhen, die den Briten als Vorwand dienten, ihre Kontrolle über die Bevölkerung weiter zu festigen.

Ägypten ist nur ein Beispiel von vielen. Es zeigt, wie das koloniale System bestehende Ökonomien und gesellschaftliche Strukturen zerschlug, um auf den Trümmern eine neue imperiale Ordnung aufzubauen. Nach der Eroberung weiter Teile des islamischen Zentralasiens durch Russland, die unter Katharina der Großen im 18. Jahrhundert ihren Anfang nahm, der französischen Besetzung Algeriens (1830) und Tunesiens (1881), der brutalen Niederschlagung eines Aufstandes in Indien durch britische Soldaten 1857 mit Tausenden Toten, nach dem Einmarsch britischer Truppen in Ägypten 1882 und der zunehmenden Finanzkontrolle des Osmanischen Reiches durch die europäischen Mächte, wurde muslimischen Denkern endgültig klar, wie gefährlich der europäische Imperialismus war. Gleichzeitig suchte die entrechtete Bevölkerung nach Gemeinsamkeiten, um sich zu organisieren. Für viele Muslime wurde der Islam ein tragendes Merkmal ihrer eigenen Identität und Kultur, die es gegen äußere Angriffe zu verteidigen galt. Die traditionelle Vorstellung, der Islam sei Gottesglaube, verleihe dem Leben Ziel und Sinn und verkörpere die ideale Gesellschaftsordnung, wurde verdrängt von der Sehnsucht, die Eindringlinge zu bekämpfen und ein selbstbestimmtes Leben zu führen, nach eigener Macht und Größe zu streben. Doch wie sollte das gelingen, wie konnte man angesichts der europäischen Allmacht und der eigenen Unterwerfung stolz sein auf das Eigene?

Eine Antwort war der Blick zurück auf Ruhm und Glanz des islamischen Mittelalters und weiter in Richtung „Mohammed in Medina". Gleichzeitig stand die Frage nach den Ursachen der eigenen Rückständigkeit im Raum. Sie wurde zunehmend wie folgt beantwortet: Die Muslime hätten die Gunst Gottes verloren, weil sie sich von den Lehren des Islam, wie in Koran und Sunna festgeschrieben, entfernt hätten, moralisch haltlos geworden seien. Allein die kollektive Läuterung, die Umkehr zu einem gottgefälligen Lebenswandel, zu den Sitten und Gebräuchen der Vorväter werde eine „islamische Renaissance" erlauben. Damals, in der zweiten Hälfte des 19. Jahrhunderts, entstand jenes Gedankengebäude, das bis heute mit unterschiedlicher Gewichtung das Denken der meisten Muslime prägt, seien sie nun Fundamentalisten, Traditionalisten oder Orthodoxe. Auch das Verständnis, der Islam sei ein ganzheitlicher *Way of life* wurde verstärkt aufgegriffen und entwickelte sich später zum Nährboden des islamischen Fundamentalismus.

An dieser Stelle sei ein kleiner Einschub erlaubt, der sich einer ganz anderen Lesart von Islam und Kolonialismus zuwendet. Der rechtskonservative israelische Historiker Efraim Karsh argumentiert in seinem vielbeachteten Buch „Imperialismus im Namen Allahs. Von Muhammad bis Osama bin Laden" (München 2007) genau entgegengesetzt. Die Geschichte des Islam ist laut Karsh eine Geschichte von Aufstieg und Niedergang imperialer Aggressivität, des Strebens nach muslimischer Weltherrschaft. Der europäische Kolonialismus sei zwar zu kritisieren, in letzter Konsequenz aber Ausdruck von Selbstverteidigung nicht zuletzt wider das Osmanische Reich gewesen. Insofern gebe es keinen Anlass zu überzogener Selbstkritik seitens des Westens. Auch die heutige Ablehnung amerikanischer Politik in weiten Teilen der islamischen Welt sei vor dem Hintergrund koranisch begründeten Expansionsstrebens zu verstehen, verhinderten doch namentlich die USA die Rückkehr zur „verlorenen Herrlichkeit" des Kalifats. Die westliche Wertegemeinschaft sei gut beraten, Washington darin zu unterstützen.

Als der Historiker Ernst Nolte 1986 die These aufstellte, der Nationalsozialismus inklusive Holocaust sei eine Reaktion auf die Weltbedrohung durch den Bolschewismus gewesen, kam es zum sogenannten „Historikerstreit". Viele namhafte Gelehrte, darunter Jürgen Habermas, bezichtigten Nolte der Geschichtsklitterung. Ohne Äpfel mit Birnen vergleichen zu wollen, vernachlässigt Karsh ähnlich wie Nolte historische Analyse zugunsten ideologischer Behauptung. Im Gegensatz zu Nolte muss er allerdings nicht mit öffentlicher Gegenrede oder gar vernichtender Kritik seitens eines Habermas rechnen. Seine Apologie westlichen Imperialismus' in Geschichte und Gegenwart kommt an, weil sie in die Zeit passt: Weltbedrohung Islam. Würde ein ernstzunehmender Historiker oder Politologe eine deutsche Geschichte „Von Adolf Hitler bis Angela Merkel" schreiben und dafür auch noch Beifall ernten? Allein der Untertitel seines Buches „Von Muhammad bis Osama bin Laden" ist eines Historikers gelinde gesagt unwürdig. Der Prophet und der Terrorist in einem Atemzug – Polemik ersetzt hier den differenzierenden Blick.

Doch zurück nach Ägypten. Zunächst schlug als Reaktion auf den europäischen Kolonialismus die Geburtsstunde des islamischen Modernismus. Ihr wichtigster Vertreter war der gebürtige Perser Dschamal ad-Din al-Afghani (1838–1897), der seine zweite Lebenshälfte überwiegend in Kairo verbrachte. Für ihn war der Islam weitaus mehr als Gesetz und Theologie. Er sah im Islam eine Zivilisation, die der europäischen überlegen war. Für den Niedergang der islamischen Hochkultur machte er die orthodoxen Rechtsgelehrten, die Ulama, verantwortlich. Sie, die selbsternannten Hüter des Islam, hätten unabhängiges Denken und wissenschaftlichen Fortschritt verhindert, während Europa Reformation und Aufklärung durchlebte. Durch ihr Verbot einer rationalen Erörterung von Rechtsfragen und somit einer zeitgemäßen Anwendung der Scharia sowie ihrer Abneigung, Religion und Vernunft miteinander zu versöhnen, seien sie zu wahren Feinden des Islam geworden. Al-Afghani, mehr politischer Aktivist als systematischer Denker, zog vor allem zwei Schlüsse aus der Unterlegenheit der Araber: Die Stärke Europas beruhe auf Handlungswillen, Unternehmensgeist und Rationalismus. Diese Tugenden seien Voraussetzung für den verbrecherischen Kolonialismus gewesen, aber auch für den wissenschaftlichen und technischen Fortschritt Europas, für militärische und politische Stärke, individuelle Freiheiten und moderne Erziehung. Die Muslime, so seine Botschaft, hätten allen Grund, von den Europäern so viel wie möglich zu lernen. Gleichzeitig forderte er die politische Einheit der Muslime, einen Panislamismus, um dem europäischen Kolonialismus entgegenzutreten.

Sein Engagement in Richtung auf einen modernen aufgeklärten Islam wurde insbesondere von den beiden Ägyptern Mohammed Abduh (1849–1905) und Raschid Rida (1865–1935) fortgesetzt. Sie und andere Reformer sahen in der Religion den Hebel für den erforderlichen gesellschaftlichen und politischen Wandel. Ihr Ziel war es, den Islam aus der Erstarrung einer unzeitgemäß gewordenen Gesetzesreligion sowie von Aberglauben und volkstümlicher Heiligenverehrung zu befreien. Die Reformbewegung wollte die klassischen Texte neu interpretieren, um Islam und Moderne miteinander zu versöhnen. Wer diese Idee teilte, nannte sich „salafi" (wörtlich: „den Altvorderen zugewandt"). Die Salafisten gibt es auch heute noch, vor allem in Ägypten, Syrien und Marokko. Sie sind allerdings längst keine Reformbewegung mehr, sondern nur noch in der Wolle gefärbte Fundamentalisten, deren Weltbild sehr an das evangelikaler Freikirchen in den USA erinnert.

Die islamische Reformbewegung im 19. und frühen 20. Jahrhundert konnte sich gegen die Orthodoxie nicht durchsetzen. Und sie blieb auf intellektuelle Kreise beschränkt. Ihre Vordenker verstanden es nicht, die Gefühle der Bevölkerung anzusprechen. Die Azhar-Universität in Kairo, Hochburg der sunnitischen Orthodoxie, wartete nur auf eine passende Gelegenheit gegen die Reformdenker vorzugehen. Das zeigt das Schicksal von Ali Abd al-Razik (1888–1956). Er war Richter am Scharia-Gerichtshof und hatte 1925 ein Buch mit dem Titel „Der Islam und die Grundlagen der Staatsmacht" veröffentlicht. Darin schreibt er, weder der Koran noch die Hadithe (die wörtlichen Überlieferungen der Aussagen Mohammeds) hätten das Kalifat als notwendige Institution angesehen. Der Prophet habe seine Aufgabe als eine rein geistliche verstanden. Seine politischen Aktivitäten seien Ausdruck der Erfordernisse seiner Zeit gewesen und hätten mit dem Wesen des Islam nichts zu tun. Wie das Verhältnis von Staat und Religion zu gestalten sei, habe Gott gänzlich dem menschlichen Verstand überlassen. Mit anderen Worten: Staat und Religion sind keineswegs notwendig und zwangsläufig eine Einheit – die Säkularisierung des Islam durchaus möglich. Das Buch löste einen Proteststurm aus wie Jahrzehnte später Salman Rushdies Roman „Die satanischen Verse". Ein Tribunal namhafter Rechtsgelehrter der Azhar verurteile den Autor und erklärte ihn für ungeeignet, ein öffentliches Amt zu bekleiden. Den Rest seines Lebens verbrachte Ali Abd al-Razik im inneren Exil.

Es gelang der Reformbewegung auch nicht, eine panislamische Bewegung ins Leben zu rufen, die dem Imperialismus Widerstand entgegengesetzt hätte. Zwar kam es wiederholt zu Attentaten, Aufständen oder Unruhen, doch blieben sie regional begrenzt und wurden von den Kolonialherren in der Regel ohne größere Probleme unterdrückt. Dennoch wurden Briten wie auch Franzosen nicht müde, vor der „islamischen Gefahr" zu warnen und den Islam zu dämonisieren. Sie argumentierten nicht anders als kirchliche Stimmen im Mittelalter und die heutigen Apologeten des „Krieges gegen den Terror": der Islam sei fanatisch, gewalttätig, strebe mit Hilfe des Dschihad nach der Weltherrschaft, sei rückständig und – Stichwort Harem – „lasterhaft" – ein Begriff, der zwischenzeitlich ersetzt wurde durch „frauenfeindlich". Der Islam und die Muslime wurden – und werden – als minderwertig und zurückgeblieben beschrieben. Die eigene koloniale Unterdrückung und Ausbeutung erschien hingegen als zivilisatorische Mission; die Briten klagten über „die Bürde des weißen Mannes", die damit einhergehe. Heute ist die Rede von der Notwendigkeit, „Freiheit und Demokratie" in den Nahen Osten zu exportieren. Gemeint ist jedoch nicht mehr und nicht weniger als die eigene Vormachtstellung, damals seitens Großbritanniens und Frankreichs, heute seitens der USA.

Einem jungen Grundschullehrer blieb es vorbehalten, die enttäuschten Hoffnungen islamischer Größe und arabischer Einheit neu zu beleben. Hassan al-Banna (1906–1949) gilt als der erste namhafte Ideologe des islamischen Fundamentalismus. 1928 gründete er in Ägypten die Muslimbruderschaft, deren Einfluss auf die islamische Welt gar nicht hoch genug veranschlagt werden kann. Bis heute ist sie in zahlreichen arabischen Ländern aktiv, vor allem in Ägypten. Ideologisch und organisatorisch ist der Werdegang der Muslimbrüder charakteristisch für zahlreiche islamistische Bewegungen der Gegenwart. Entstanden aus Protest, war sie als radikale und gleichzeitig karitativ tätige Massenbewegung erfolgreich und wurde für die Machthaber zur Gefahr. Unter Nasser wurde sie zunächst verboten, dann wieder indirekt zugelassen (nunmehr gewandelt), und eine gemäßigte Opposition, der islamische Staat nur noch eine ferne Utopie. Hassan al-Banna ist der Begründer des politischen Islam, und seine Lehre, so dürftig sie ist, prägt bis heute das Weltbild islamischer Fundamentalisten, auch wenn sie sich in der Regel nicht auf ihn berufen, sondern auf nachfolgende Vordenker und Aktivisten oder schlichtweg „den Koran".

Hassan al-Banna war überzeugt, dass der Islam eine umfassende Lebensordnung sei, einzigartig und unvergleichlich, weil von Gott selbst enthüllt. Der wahre Gehalt des Islam könne nur durch Gottes Verkündung selbst, also den Koran und die Worte des Propheten, erschlossen werden. Islamische Fundamentalisten lehnen jedwede Exegese ab, denn sie bedeutet, heilige Texte zu deuten, zu interpretieren. Ein islamistischer Führer aber, angefangen mit al-Banna, wird argumentieren, dass diese Texte wortwörtlich zu verstehen seien – sollten dennoch Fragen offen bleiben, gibt der jeweilige Führer gerne Auskunft. Das hat für ihn den Vorteil, dass er seine Macht und Autorität gegenüber den eigenen Anhängern festigen kann. Genau aus diesem Grund bekämpft die sunnitische Orthodoxie den Islamismus, weil er ihren eigenen Machtanspruch in Frage stellt. Das politische Hauptanliegen von al-Banna und seinesgleichen liegt in der Befreiung der arabisch-islamischen Welt vom Westen und seinem Einfluss. Damals in Ägypten ging es um den Kampf gegen die britischen Kolonialherren, heute ist Amerika der große Islamfeind: die USA und ihr nahöstlicher Verbündeter Israel. Das bedeutet, nach außen konsequent den Befreiungskampf fortzuführen und nach innen die Gesellschaft zu „islamisieren"; angefangen mit der entsprechenden Kleiderordnung: Vollbart für die Männer. Kopftuch oder Schleier für die Frauen. Das Endziel ist die Errichtung eines islamischen Staates, von einem Kalifen regiert. Dieser Staat würde die Scharia befolgen, konsequent missionieren und einen Kampf notfalls auch mit Waffen für die Gerechtigkeit und das gemeinsame Erbe der Menschheit führen.

Soweit die Theorie des Islamismus, der wie alle Ismen totalitäre Züge trägt. In der Praxis sind die meisten islamistischen Bewegungen der Gegenwart pragmatisch bis zur Selbstverleugnung und passen sich ihrem gesellschaftlichen Umfeld an, falls sie nicht im Untergrund wirken oder aus ihrer Sicht Widerstand gegen Ungerechtigkeit leisten.

Lawrence of Arabia und „die große Verschwörung"

Gelegentlich gerät Geschichte zu einer Art Kabinettstück, getreu dem Motto der Chaos-Theorie, wonach der Flügelschlag eines Schmetterlings in Hongkong einen Wirbelsturm in Amerika auslösen könne. 1908 kam es zu einem Putsch türkischer Nationalisten, die das erstarrte Osmanische Reich neu zu beleben versuchten. Diese „Jungtürken" genannten Reformer aus Militär und Politik vertraten eine chauvinistische großtürkische Ideologie, die sich gegen die nichttürkischen Völker richtete. Zu ihren Opfern zählten insbesondere die Armenier, die im Ersten Weltkrieg zu Hunderttausenden niedergemetzelt oder in die Wüsten Syriens und des Irak vertrieben wurden, wo sie elendig umkamen. Die repressive Politik der Jungtürken führte in den Jahren 1916 bis 1918 zu einer arabischen Revolte im Hidschas, dem westlichen Landesteil des heutigen Saudi-Arabiens, damals eine Provinz des Osmanischen Reichs. Getragen wurde sie von einem einflussreichen Stammesführer, dem Scherifen Hussein von Mekka, Großvater des späteren jordanischen Königs Hussein. („Scherif" ist ein Ehrentitel und bedeutet „ehrenvoll".) Nachdem er erkannt hatte, dass die mit Schwertern und Gewehren ausgestatteten Beduinen gegen die Kanonen der Türken nichts auszurichten vermochten, bot er sich den Briten als Verbündeter an. Die schickten aus Kairo den Verbindungsoffizier Thomas Edward Lawrence (1888–1935), der als „Lawrence of Arabia" noch zu Lebzeiten eine Legende wurde.

Ein tragischer Held

Lawrence war ein bürgerlicher Rebell, der im Hidschas für einige Monate die Weltpolitik beeinflusste. Seinem diplomatischen Geschick war es zu verdanken, dass sich verfeindete arabische Stämme unter seiner indirekten Führung vereinten. In der Hochzeit der arabischen Revolte kämpften etwa 5000 arabische Guerilleros mit britischer Waffenhilfe gegen die Türken. Sie zerstörten die von den Deutschen gebauten Gleisanlagen der Hidschas-Bahn und nahmen die heute jordanische Stadt Akaba ein. Später gelang es den arabischen Kämpfern, die syrische Hauptstadt Damaskus noch vor dem britischen General Allenby zu erobern. Scherif Hussein erklärte sich bereits 1916 zum König von Arabien, obwohl er nur Teile des Hidschas beherrschte. Sein Sohn Faisal ließ sich 1919 in Damaskus von einem arabischen Nationalkongress zum König Großsyriens proklamieren, das aus Syrien, dem Libanon, Palästina und Transjordanien (dem heutigen Jordanien) bestand. Vergebens, denn die Siegermächte des Ersten Weltkriegs vereitelten die arabische Unabhängigkeit und teilten den Nahen und Mittleren Osten in Mandatsgebiete und Einflusssphären auf: Frankreich erhielt den Libanon und Syrien, Großbritannien Palästina, Transjordanien und den Irak.

Zur Legende wurde Lawrence, ein früher Medienstar, weil er europäische Sehnsüchte nach Abenteuer und Exotik befriedigte. Da er mit seinen unkonventionellen Methoden Erfolg hatte, erhielt er hohe Auszeichnungen, wurde aber nach dem Krieg aus der Armee entlassen. Lawrence „arabisierte" sich im Laufe seiner Kampagne zunehmend, kleidete sich wie ein Beduine und entwickelte große Sympathien für arabische Sitten und Gebräuche. Er wusste, dass die Briten ein doppeltes Spiel mit den Arabern trieben. Und er musste ohnmächtig erkennen, dass die arabischen Stammesführer unfähig waren eine Nation zu bilden und zu führen. Lawrence war eine zutiefst gespaltene Persönlichkeit, wie seine noch immer lesenswerten Memoiren „Die sieben Säulen der Weisheit" nahe legen. Als tragischer Held, der bei einem Verkehrsunfall umkam, ist T. E. Lawrence unsterblich geworden.

Auf arabischer Seite gedieh eine ganz andere Legende, das Wort nämlich von der „großen Verschwörung". Bis heute lernen arabische Schulkinder die offizielle Version der Geschichte vom arabischen Aufstand. Demzufolge hatten die Briten dem Scherifen von Mekka die arabische Unabhängigkeit als Gegenleistung für den Aufstand gegen die Türken versprochen, dann aber die Araber schmählich verraten. Tatsächlich aber spielte auch der Scherif ein doppeltes Spiel. Einerseits suchte er britische Unterstützung gegen die Türken, andererseits diente er sich den Türken an, um gegen die Briten zu kämpfen. Von beiden Seiten kassierte er Geld, für die Briten allerdings wurde der Einsatz weitaus kostspieliger. Anders als vom Scherifen angekündigt, konnte er keineswegs bis zu 200 000 Kämpfer gegen die Türken mobilisieren, sondern gerade einmal 5000. Die Briten mussten zusätzliches Kriegsgerät in den Hidschas schaffen und eigene Soldaten mobilisieren, um eine Niederlage der Beduinen abzuwenden. Beide Seiten, die Briten wie auch der Scherif, versuchten sich wechselseitig über den Tisch zu ziehen. Am Ende erwiesen sich die Briten gemeinsam mit den Franzosen als strategisch geschickter und militärisch besser gerüstet. Für die Araber war das bitter, aber dieser Lauf der Dinge war nicht Ausdruck einer „großen Verschwörung" des Westens, vielmehr das Ergebnis von Ränkespielen, an denen auch die arabische Seite beteiligt war. Der Scherif von Mekka wurde schließlich von anderen Stammeskriegern, den Sauds, die 1932 Saudi-Arabien begründeten, aus dem Hidschas vertrieben. Er floh mit allen in Mekka verfügbaren Gold- und Juwelenschätzen nach Zypern und starb schließlich in geistiger Umnachtung in Amman. Sein Sohn Abdallah wurde in Transjordanien von den Briten als König eingesetzt, sein zweiter Sohn Faisal im Irak. Beide wurden später ermordet.

Ungeachtet historischer Tatsachen hält sich bis heute die Überzeugung von der „verratenen" arabischen Revolte. Allenthalben sieht die arabische Öffentlichkeit seither eine „große Verschwörung". Die Balfour-Erklärung von 1917, die den Juden eine „nationale Heimstätte" in Palästina zusicherte, die Staatsgründung Israels 1948, die nachfolgenden israelisch-arabischen Kriege, der amerikanisch-britische Sturz Saddam Husseins, der Kampf gegen die Taliban in Afghanistan, die Sorge um die Atompolitik Teherans: Stets handelt es sich um intrigante Winkelzüge auf dem Schachbrett einer „großen Verschwörung" des Westens – immer mit dem Ziel, die Araber und die Muslime zu demütigen, zu entrechten und ihnen den gebührenden Platz unter den Völkern vorzuenthalten. Anhänger solcher Verschwörungstheorien finden sich gleichermaßen in den Reihen der Islamisten, wie auch unter weltlich eingestellten Arabern und Muslimen. So ist eine wirkungsmächtige Projektionsfläche entstanden, die ihrerseits dazu beiträgt, die eigene kritische Selbstbefragung zu vermeiden. Die weitverbreitete Schicksalsergebenheit wird dadurch noch verstärkt.

Arabische Einheit:
Die Lampe, der ein Geist entfuhr

Vor einiger Zeit besuchte ich den Jemen, darunter auch die Hafenstadt Mukalla im Süden. In Mukalla gab es damals zwei Hotels. Eines trug den stolzen Namen Asch-Scha'ab („Das Volk"), das die Angestellten offenbar eher gering schätzten. Das Gebäude hatte ein sehr eigenwilliges Ambiente aus zerfallendem Putz, blätternden Farben und dösenden Bediensteten in schmutzigen Hemden. Ein Ventilator durchschnitt die feuchte Luft in der Lobby. Der Fernseher lief, ein ägyptischer Film zeigte Beduinen, die eine Touristin überfielen. Niemand nahm Notiz von mir und es erschien sinnlos, die Anwesenden nach einem Zimmerschlüssel zu fragen. Ich folgte dem Schild „Generaldirektor", das an der Tür hinter dem Fernseher in schwarzen Lettern prangte. Um einzutreten, musste ich zunächst das Gerät verrücken, und erstaunlicherweise halfen mir zwei Angestellte dabei. Einen Augenblick hielt ich das für eine Geste der Gastfreundschaft, aber wahrscheinlich war es ein häufig geübtes Entgegenkommen bei unerwünschten Besuchern.

Der Generaldirektor saß an einem ausladenden Tisch, der übersät war mit handgeschriebenen Zetteln und Rechnungen, vor sich einen Stapel Bücher. Auf seinem Schoß ein kleiner Junge, dem er in selbstversunkener Hingabe die spannende Geschichte von Antar erzählte, dem arabischen Ritterroman schlechthin. Antar hat einen riesenhaften Wuchs und enorme Kräfte, immer ist er hungrig und vor allem unsterblich verliebt in seine Kusine Abla. Deren Vater jedoch hält Antar für seiner Tochter unwürdig, weswegen er dem Helden eine Reihe schwerer Prüfungen auferlegt, bevor er Abla heiraten darf. Antars

Abenteuer führen ihn nach Syrien, Persien und in den Irak, er wird zum Freund von Fürsten und Königen, deren Gunst er durch seine überragenden beduinischen Tugenden gewinnt: Mut, Freude am Kampf, Freigiebigkeit, Güte und Verlangen nach Ruhm.

Der Sohn des Generaldirektors musterte mich mit wachsender Neugier, vielleicht hielt er den fremden Besucher für einen fränkischen Kreuzfahrer, den sein Vater Antar beiläufig zermalmen würde.

„Ich habe ein Zimmer reserviert."

Der Generaldirektor fuhr zusammen.

„Sie haben – ein Zimmer reserviert?"

Sein Blick war vorwurfsvoll, als sei ich verantwortlich für Antars Odyssee.

„Sie meinen Sie wollen hier übernachten?"

„Bitte sehr."

„Das geht nicht." Er lehnte sich über den Schreibtisch und schob mir sein kantiges Kinn entgegen.

„Warum nicht?"

„Weil es nicht geht."

„Ich habe reserviert."

„Wir sind voll."

„Ich habe reserviert."

„Wir sind voll."

„Ich habe reserviert."

„Was soll ich Ihnen sagen?"

Und so fuhr er fort mit dem traurigen Finale, wie Antar den Meucheltod stirbt, ermordet von dem blinden Wesir, einem ehrlosen Schurken.

„Was ist mit meinem Zimmer?"

„Natürlich. Wir werden das Unmögliche versuchen."

Er schlug mit der flachen Hand auf eine Klingel und sah durch mich hindurch. Als der Dienstbote erschien, erhob sich der Generaldirektor von seinem Papierberg und begleitete mich persönlich die zwei Schritte zur Tür. Er wünschte mir alles Gute und versicherte, man werde mein Anliegen mit Nachdruck prüfen. Im Weggehen hörte ich noch die Anfänge einer weiteren wundersamen Geschichte: die Lampe, der ein Geist entfuhr.

Der Generaldirektor ist mir nie aus dem Sinn gegangen. Anfangs sah ich in ihm den Inbegriff eines grundsätzlichen Unvermögens, jenseits großer Worte auch nur die schlichteste Handlung vorzunehmen. Heute dagegen halte ich ihn eher für einen Weisen. Warum sollte er etwas tun? Alle Hoffnungen der Araber haben sich als Trugschluss erwiesen, weder der arabische Nationalismus noch der politische Islam vermochten ihre Probleme zu lösen. Zu viele Menschen mussten die beiden großen arabischen Ideologien des 20. Jahrhunderts mit ihrem Leben oder ihrer Zukunft bezahlen. Beide, die Nationalisten wie auch die Islamisten, wollen dasselbe: Gerechtigkeit und ein Ende westlicher Dominanz. Befördert haben sie Repression und Gewalt. Deswegen verhält sich der Generaldirektor durchaus rational: Die Welt da draußen ist der Mühe nicht wert.

Mein jemenitischer Begleiter und ich mussten allerdings im Landrover übernachten.

Die Araber auf der Suche nach Größe

Ein Generaldirektor ganz anderer Art, aus einer anderen Zeit war der Ägypter Gamal Abdel Nasser (1918–1970), der größte arabische Volkstribun seit Saladin, dem Bezwinger der Kreuzfahrer. Viele sehen in ihm einen Demagogen und Kriegstreiber, und in der Tat ist die Zahl seiner politischen Fehler immens. Dennoch wird der erste ägyptische Präsident in der arabischen Welt bis heute gleichsam kultisch verehrt. Und selbst seine größten Widersacher räumen ein, dass er einer Vision folgte, die ihn beseelte und umtrieb. Das unterscheidet ihn von den meisten arabischen Staatschefs der Gegenwart, denen es in erster Linie um den eigenen Machterhalt geht. Nasser wollte die arabische Welt unter seiner Führung einen, sie zu einer treibenden Kraft in der Bewegung der Blockfreien machen, die ihn 1955 auf der legendären Konferenz im indonesischen Bandung mit großer Geste in ihren Reihen aufnahm. Letztendlich ging es ihm um „Würde", „Ehre" und „Gerechtigkeit", jene im Orient hoch angesehenen Tugenden und Werte, die das Denken und Empfinden der meisten Menschen in der Region prägen. Nach 150 Jahren Fremdherrschaft und Demütigung, angefangen mit Napoleons Expedition nach Ägypten 1798, sollten die Araber endlich ihren Platz unter den Großen der Welt finden. Nasser war ihr Bannerträger, ein charismatischer Führer und brillanter Redner, dem die Menschen zujubelten, dem sie glaubten und ergeben waren, die Intellektuellen ebenso wie einfache Menschen und selbst die ehemals königstreue Aristokratie, die sich schnell mit den neuen Verhältnissen zu arrangieren verstand.

Nach dem Zweiten Weltkrieg also endete die Ära des Kolonialismus. Paradoxerweise wurde sich die arabische Welt ihrer Identität erst bewusst, als sie unter der kolonialen Vorherrschaft litt. Nacheinander wurden die arabischen Staaten unabhängig. Diejenigen, die an die Macht gelangten – sei es durch einen blutigen Staatsstreich (oder wie Nasser 1952 durch einen unblutigen), sei es nach dem Unabhängigkeitskrieg, wie in Algerien – suchten nach einer Ideologie, die sie einte und die jeweiligen Herrscher legitimierte. Was lag näher, als von der Einheit der arabischen Nation zu träumen? Die arabische Einheit, „al-wahda al-arabiyya", wurde zum geflügelten Wort, zu einem politischen Manifest, mehr noch: zu einer Marke, einem frühen Lifestyle-Code, vergleichbar Coca Cola oder Dschihad, Ayatollah oder Microsoft.

Allerdings blieb es beim Traum, der in der Realität keine Entsprechung fand. Alle redeten von der arabischen Einheit, aber im politischen Alltag fand sie jenseits von Rhetorik nicht statt – abgesehen von einer kurzen und unbedeutenden Episode der staatlichen Vereinigung Ägyptens und Syriens in den Jahren 1958 bis 1961. Es konnte nicht funktionieren. Jenseits von Sprache, Geschichte und der einigenden Religion des Islam (die Christen stellen nur in Ägypten, im Sudan, im Libanon, im Irak, in Syrien sowie unter den Palästinensern relevante Minderheiten) sind die kulturellen und ethnischen Unterschiede innerhalb der arabischen Welt gewaltig. Auch die politischen Gemeinsamkeiten, etwa zwischen Algerien und Saudi-Arabien oder zwischen Tunesien und dem Irak, sind äußerst gering. Warum auch sollten Staaten, die gerade erst unabhängig geworden waren, ihre Macht wieder abtreten im Namen der arabischen Einheit? Daran war niemand interessiert, was auch die politische Bedeutungslosigkeit der Arabischen Liga erklärt. Sie ist seit ihrer Gründung 1945 immer ein Papiertiger geblieben, weit davon entfernt, ein arabisches Gegengewicht etwa zur Europäischen Union zu bilden.

Der Suezkrieg und seine Folgen

Nasser war kein antiwestlicher Politiker, wurde aber im Westen als solcher angesehen – mit Folgen bis heute. Um Ägypten wirtschaftlich zu entwickeln, beschloss Nasser, in Assuan einen Staudamm zu bauen. Gleichzeitig wollte er die damals bereits schwelende Palästinafrage lösen – möglichst friedlich, wie er in diplomatischen Kreisen betonte, ungeachtet seiner oft donnernden Rhetorik. Doch Nasser stand im Westen unter Generalverdacht. Anthony Eden, damals britischer Premierminister und ein Kolonialist alter Schule, bezeichnete Nasser als „zweiten Hitler". Der Grund war die britische Sorge, Nasser könnte den Suezkanal, die Lebensader des Empire, verstaatlichen. 1951 hatte bereits der iranische Premier Mossadek die Erdölindustrie verstaatlicht, an der die Briten zu 85 Prozent beteiligt gewesen waren. Der israelische Premier David Ben Gurion wiederum sah in Nasser den Staatsfeind Nummer eins, weil er die arabischen Massen von Marokko bis zum Golf für sich einzunehmen verstand. Als Nasser 1955 die Volksrepublik China anerkannte, galt er auch in den USA endgültig als Kommunist. Washington übte auf die Weltbank Druck aus, um sie daran zu hindern, für den Bau des Assuan-Staudamms Kredite zur Verfügung zu stellen und lehnte Nassers Wunsch nach Waffenkäufen in den USA ab. Daraufhin wandte er sich an Moskau und erhielt von dort sowohl Waffen als auch Kredite.

Angesichts der britischen und amerikanischen Brüskierung sah Nasser keinen Grund mehr für diplomatische Höflichkeiten und verstaatlichte den Suezkanal im Juli 1956 tatsächlich. Mohammed Hassanein Haykal, enger Vertrauter Nassers und jahrzehntelang einer der einflussreichsten Publizisten der arabischen Welt, sagte in einem Interview, im Falle einer „versöhnlicheren Politik" Washingtons und Londons wäre Nasser nicht ins sowjetische Lager gewechselt und hätte einer politischen Lösung für den Suezkanal gegenüber der Verstaatlichung den Vorzug gegeben. Stattdessen kam es zu einem der letzten Kolonialkriege, dem Suezkrieg.

Im Pariser Vorort Sèvres hatten die Siegermächte des Ersten Weltkrieges einst beschlossen, das Osmanische Reich aufzulösen. Nun traf man sich dort erneut zu einer „großen Verschwörung", die in diesem Fall tatsächlich eine war, weder von den USA noch von Nasser vorhergesehen. Eden, der französische Außenminister Guy Mollet und David Ben Gurion verständigten sich darauf, Ägypten zu überfallen. Israel sollte den Sinai und die Kanalzone besetzen, Paris und London sollten anschließend ein Ultimatum stellen, um einen Waffenstillstand herbeizuführen. Wohl wissend, dass Nasser gar keine andere Wahl hätte als abzulehnen, würden anschließend britische und französische Truppen in der Kanalzone landen, um „Frieden zu stiften".

Frankreich wollte mit dem Feldzug gegen Nasser eine zweite Front im Algerienkrieg eröffnen. Wäre Nasser geschlagen, könnte Ägypten den algerischen Widerstand nicht länger mit Waffen versorgen, so das Kalkül. Beteiligt an der Ausarbeitung der Kriegspläne gegen Ägypten war auch der spätere Friedensnobelpreisträger Schimon Peres, damals Generalsekretär im israelischen Verteidigungsministerium. Auch Ariel Scharon nahm als Brigade-Kommandeur an der israelischen Sinai-Invasion teil. Israelisches Kriegsziel war die Annexion des Sinai. Der Krieg begann am 29. Oktober 1956 und endete mit einer militärischen Niederlage Ägyptens: Israelische Truppen rückten bis an den Suezkanal vor, die Briten bombardierten Port Said.

Doch aus der Niederlage wurde ein politischer Sieg Nassers. Die Amerikaner waren ungehalten, weil sie in die Pläne nicht einbezogen worden waren. Präsident Eisenhower stand vor Neuwahlen und wollte die arabischen Ölstaaten nicht verärgern. Der sowjetische Präsident Chruschtschow wiederum hatte Anfang November den ungarischen Volksaufstand niederschlagen lassen und versicherte Nasser seiner Unterstützung, um auch im Nahen Osten Stärke zu demonstrieren. Gleichzeitig sahen sich die Briten mit einem beginnenden Guerillakrieg der Ägypter konfrontiert. Auf Initiative Eisenhowers verabschiedeten die Vereinten Nationen eine Resolution, die alle drei Interventionsmächte zum Abzug aufforderte. Noch vor Weihnachten 1956 verließen die letzten britischen Truppen Ägypten, Israel zog sich bis März 1957 aus dem Sinai zurück.

Der Suezkrieg ist in mehrfacher Hinsicht lehrreich und prägt nahöstliche Politik bis heute: Er beendete die Ära des europäischen Kolonialismus und machte die USA zur führenden Hegemonialmacht im Nahen und Mittleren Osten. Einer Region, die ihrerseits zu einem Schauplatz des Kalten Krieges wurde. Allerdings fanden die Sowjets dauerhaft nur in Syrien einen zuverlässigen Verbündeten, während sich Ägypten nach dem Tod Nassers und der Machtübernahme Anwar al-Sadats 1970 von Moskau abwandte und einen prowestlichen Kurs einschlug. Washington begann, aktiv auf die arabische Politik Einfluss zu nehmen. Im Juli 1957 landeten amerikanische Truppen im Libanon, um den prowestlichen Präsidenten Camille Chamoun gegen Nasser-freundliche Kräfte zu unterstützen. Im Irak kam es 1958 zum Militärputsch: König Faisal II., der den Suezkrieg befürwortet hatte, wurde getötet, die Monarchie gestürzt. Im Sechstagekrieg 1967 besetzte Israel erneut den Sinai, den es erst 1979 im Rahmen des Friedensvertrags von Camp David wieder an Ägypten zurückgab. 2003 stürzten Amerikaner und Briten gemeinsam das Regime von Saddam Hussein, um die Vorherrschaft des sunnitischen Militärs zu beenden, das den Irak seit dem Sturz der Monarchie unter seiner Kontrolle hatte. Alles hängt mit allem zusammen – und militärische Interventionen, damals wie heute, haben ihr gewünschtes Ziel stets verfehlt. Stattdessen wurden neue Probleme geschaffen, die sich als noch gravierender erwiesen als jene, die zu beseitigen westliche Politik zuvor angetreten war. Nur die Feindbilder haben sich im Laufe der Zeit geändert.

Als massenmobilisierende Ideologie wurde der arabische Nationalismus mit dem Sechstagekrieg 1967 zu Grabe getragen, der eher ein Sechsstundenkrieg war. Länger brauchten israelische Kampfflugzeuge nicht, um fast die gesamte ägyptische Luftwaffe noch am Boden zu zerstören. Der Grund für diese katastrophale Niederlage, die zur israelischen Besetzung Ost-Jerusalems, des Westjordanlandes, des Gazastreifens, des Sinai und der Golanhöhen führte, war vor allem die Selbstüberschätzung Nassers. Der politische Sieg, den der Suezkrieg ihm beschert hatte, verdankte sich dem Dilettantismus der Verschwörer von Sèvres und einer für Ägypten günstigen weltpolitischen Konstellation. In der nasseristischen Propaganda aber war es ein Sieg „der arabischen Volksmassen" über die Unterdrücker, war es „al-wahda al-arabiyya", die arabische Einheit, welche die „Aggressoren" in die Flucht geschlagen hatte. Am Ende ist Nasser seiner Selbstüberschätzung erlegen. Anders ist die gewaltige Kluft zwischen der offiziellen Rhetorik und der vernichtenden Niederlage von gleich drei arabischen Armeen (Ägyptens, Syriens und Jordaniens) innerhalb weniger Tage kaum zu erklären. Ohne Not hat sich Nasser durch seine aggressive Rhetorik in den Sechstagekrieg ziehen lassen – einen Krieg, den die israelische Regierung ebenso wollte wie Preußen den Krieg mit Frankreich 1870. Allerdings waren Bismarck wie auch die Verantwortlichen in Israel sehr darum bemüht, das Verhalten des Gegners als Casus belli darzustellen. Im Falle Bismarcks mit Hilfe der Emser Depesche, im Falle Israels galt die ägyptische Drohung, israelischen Schiffen die Durchfahrt durch den Golf von Akaba nach Eilat zu verweigern, als Kriegsgrund. Der Konflikt hätte auch diplomatisch gelöst werden können, aber Israel wollte endlich den verhassten Nasser besiegen, das Idol der Araber.

Die Israelis erwiesen sich als Machiavellisten, die Araber als Träumer, die mehr ihren politischen Wunschbildern folgten als erfahrbarer Wirklichkeit. Militärisch waren sie dem jüdischen Staat hoffnungslos unterlegen. Aber sie glaubten an die arabische Einheit wie an eine zweite Religion und bezahlten einen hohen Preis für ihren Unwillen, den Tatsachen ins Auge zu blicken. Kaum war der Krieg verloren, war die Ära des arabischen Nationalismus sang- und klanglos vorübergegangen, ohne dass es je eine kritische Selbstbefragung über die Ursachen der Niederlage gegeben hätte. Stattdessen trat der islamische Fundamentalismus seinen Siegeszug an.

Ich herrsche, also bin ich.
Über den langen Weg zur Demokratie

Der Aufstieg der Islamisten wäre mit Sicherheit nicht so erfolgreich gewesen, wenn die Staaten der arabisch-islamischen Welt Demokratien wären. Da es, von Ausnahmen abgesehen, keine Pressefreiheit und keine unabhängigen Parteien gibt, die Zivilgesellschaft überdies schwach entwickelt ist, konnten und können islamistische Bewegungen weitgehend ungestört agieren. Eine westlich-moderne, liberal-reformorientierte Gegenöffentlichkeit besteht nur in Ansätzen und sieht sich gleichermaßen im Visier der Geheimdienste wie der Islamisten.

Gemeinsames Schicksal der Region ist ihre blockierte Entwicklung von einer ländlich geprägten Feudal- in eine städtische Industriegesellschaft. Äußerlich haben vor allem die ölreichen Golfstaaten den Sprung in die Moderne längst vollzogen. Die Skyline von Städten wie Dubai, Dschidda oder Kuwait-City unterscheidet sich nicht wesentlich von der amerikanischer Metropolen. Diese Entwicklung ist umso erstaunlicher, wenn man sich Fotos aus Dubai von vor fünfzig Jahren ansieht. Damals gab es nur Lehmhütten entlang des Creek, des Meeresarmes, der in die Wüste hineinreicht und die Lebensader der Stadt bildet. Gerade einmal 2000 oder 3000 Menschen lebten zu der Zeit in Dubai, es gab nur ein einziges Gebäude aus Stein: die Niederlassung der Barclays Bank. Heute zählt Dubai mehr als eine Million Einwohner und gilt als eine der weltweit am schnellsten wachsenden Städte: kaum ein Superlativ, der dort nicht verwirklicht wurde oder wird, von dem luxuriösesten Hotel und dem höchsten Gebäude weltweit bis hin zu dem ehrgeizigen Projekt, Dubai zum wichtigsten Finanzplatz zwischen Frankfurt und Singapur zu machen. Das Gesicht der Stadt ändert sich im Schnitt alle fünf Jahre, weil neue Gebäude und Straßenzüge entstehen, an denen gemessen der Potsdamer Platz in Berlin wie ein architektonischer Schrebergarten wirkt.

Dennoch darf dieser entfesselte Kapitalismus nicht darüber hinwegtäuschen, dass Dubai, die Stadt wie das gleichnamige Emirat im Staatenbund der Vereinigten Arabischen Emirate, durch und durch feudale Züge aufweist. Wertesystem, Verhaltenskodex und politische Strukturen beruhen auf Stammestraditionen. Alle Macht liegt in Händen der herrschenden Dynastie, der Al-Maktum, und sie beteiligt die einheimische Bevölkerung, abhängig von deren sozialer Stellung, am gesellschaftlichen Reichtum. Wohlgemerkt nur die einheimische; die Bevölkerungsmehrheit aus zugereisten Gastarbeitern, vom westlichen Ölexperten bis zum pakistanischen Dienstboten, besitzt keinerlei Rechte und kann jederzeit ausgewiesen werden. Abgesehen von den Experten werden sie erbärmlich schlecht bezahlt. Politische Parteien, Gewerkschaften, Nichtregierungsorganisationen – verboten. Was wiederum nicht tragisch ist – jedenfalls aus Sicht der Einheimischen. Machthaber, die ihre Untertanen qua Geburt zu Millionären machen, haben keine Opposition zu fürchten. Dieses Modell funktioniert freilich nur in den kleineren Golfstaaten. Schon in Saudi-Arabien nicht mehr, weil der Ölreichtum dort nicht ausreicht, um die mehr als 20 Millionen Einheimischen zu versorgen. In Kuwait und Bahrain hat es relativ freie Parlamentswahlen gegeben, vor allem als Ventil für innenpolitische Spannungen zwischen Sunniten und Schiiten (Bahrain) und den Imageverlust des Emirs durch den irakischen Einmarsch 1990 (Kuwait). Insgesamt aber legitimieren sich die Herrscher der kleineren Golfstaaten in erster Linie über ihre Stammesgenealogie, ihren wirtschaftlichen Erfolg, oder wie der Emir von Katar, mit Hilfe des weltweit bekannten Nachrichtensenders Al-Jazeera (arabisch: „Die Insel"), den er aus der Staatskasse finanziert.

Es fehlt der Sprung nach vorn

Legitimation ist das Schlüsselwort zum Verständnis arabischer Politik. In demokratischen Gesellschaften wird Herrschaft über Wahlen und Parlamente legitimiert, über Parteien- und Gewaltenteilung, Meinungs- und Demonstrationsfreiheit. In der arabischen Welt dagegen lassen sich die Regierungssysteme in drei Kategorien fassen:

Traditionelle Monarchien, deren Legitimation auf Stammesherrschaft oder religiösem Führungsanspruch beruht. Dazu zählen sämtliche Golfstaaten, Jordanien und Marokko. Der dortige König Mohammed VI. sieht sich als direkter Nachkomme des Propheten Mohammed und leitet daraus die Berechtigung zur Alleinherrschaft ab. Zwar gibt es in Marokko wie auch in Jordanien und einigen anderen arabischen Staaten Parteien und ein Parlament, doch kommt ihnen bestenfalls eine beratende Funktion zu. In Saudi-Arabien trägt König Abdallah den selbstverliehenen Ehrentitel „Hüter der beiden Heiligen Stätten", nämlich Mekka und Medina.

Säkulare Einparteiensysteme, die von einer zivilen Partei getragen werden (Tunesien) oder aber von einem Bündnis zwischen Zivilisten und Militärs, wie in Algerien, wo in den letzten Jahren mit Hilfe manipulierter Wahlen eine demokratische Fassade errichtet worden ist. De facto aber liegt die Macht noch immer in Händen der alten FLN-Nomenklatura (oder in den Händen der Söhne und Enkel), die das Land 1962 in die Unabhängigkeit führte. Bemerkenswert ist, dass sich auch in arabischen Republiken Macht zunehmend vererbt. So wurde Bashar al-Assad 2000 Präsident Syriens als Nachfolger seines verstorbenen Vaters Hafis. Der ägyptische Präsident Husni Mubarak, seit 1981 im Amt, bereitet die Machtübergabe an seinen Sohn Gamal vor. Auch der Libyer Ghaddafi, seit 1969 an der Macht und somit einer der dienstältesten Diktatoren weltweit, hat einen seiner Söhne zum Nachfolger erkoren; ebenso der jemenitische Präsident Ali Abdallah Salih, Regierungschef seit 1978.

Und schließlich ist da noch die *despotische Militärdiktatur*, wie sie am sinnfälligsten von Saddam Hussein verkörpert wurde. Aber auch Libyen und der Sudan sind in dieser Reihe zu nennen.

Warum gibt es in der arabischen Welt demokratische Strukturen nur in Ansätzen? Die Blockade in der Entwicklung von einer Feudal- zu einer Industriegesellschaft ist nicht allein von den Arabern selbst zu verantworten, sie verdankt sich gleichermaßen europäischer und westlicher Intervention. So wurden die Grenzen vieler arabischer Staaten – besonders im Irak ist das offensichtlich – von den ehemaligen Kolonialmächten Frankreich und Großbritannien willkürlich mit dem Lineal gezogen. Ein wirkliches „Staatsvolk" ist seit der Unabhängigkeit nach dem Zweiten Weltkrieg in keinem arabischen Land entstanden – mit Ausnahme der historischen Sonderfälle Ägypten und Libanon. Was jedoch unterscheidet einen jordanischen Beduinen von einem irakischen oder saudischen Beduinen? Aus seiner Sicht allein die Stammesgenealogie, nicht der Reisepass. Die Grenzen der Stämme sind mit den Landesgrenzen nicht identisch. Die politische Loyalität gilt daher weniger dem jeweiligen Regime als vielmehr dem jeweiligen Stamm, beziehungsweise im städtischen Kontext der Familie, dem Clan oder aber der religiösen Gruppe, vor allem bei den Minderheiten.

Die arabischen Staaten sind also überwiegend künstliche Gebilde ohne nationale Geschichte und Mythologie. Für die Herrscher sind Machterhalt und Eigenstaatlichkeit weitgehend identisch. Zwang, Gewalt und Unterdrückung gehören vor diesem Hintergrund zum Repertoire arabischer Herrschaft, ausgeübt vom Militär und den Geheimdiensten. Das Spektrum reicht dabei vom „weitsichtigen Autokraten", wie ihn etwa König Abdallah in Jordanien verkörpert, bis hin zu Saddam Hussein. Keinem arabischen Land ist bislang die Transformation traditioneller patriarchalisch geprägter Gesellschaftsformen in die technisch-rationale Moderne gelungen. Auch in arabischen Ländern mit komplexeren sozialen Verhältnissen und einer tiefer wurzelnden Urbanisierung als in den Golfstaaten ist in den letzten Jahrzehnten keine dem europäischen Bürgertum vergleichbare Klasse entstanden. Es fehlt somit die soziale Basis, die politische Reformen bis hin zu einer umfassenden Demokratisierung einfordern könnte. Der Anteil der arabischen Mittelschichten an der Gesamtbevölkerung ist allenthalben minoritär. Die Gesellschaft setzt sich in etwa wie folgt zusammen: Fünf bis zehn Prozent Superreiche, 20 bis 30 Prozent überwiegend schlecht bezahlte Angestellte und Beamte – die arabischen Mittelschichten –, der Rest entfällt auf Armut und Subsistenzwirtschaft, den sogenannten informellen Sektor. Eine Art millionenfacher Ich-AG, von einem Tag auf den anderen lebend. Der Straßenverkäufer oder fliegende Händler, der selbsternannte Parkplatzwächter, der nervende Touristenführer, der jedem Ausländer seine Dienste anbietet, der Mann vom Kebab-Stand an der Ecke, der Bauer, der sein Obst auf dem Eselskarren feilbietet: allesamt Menschen ohne Perspektive, ohne soziale Absicherung, ohne Chance auf ein besseres Leben.

Das städtische Bürgertum ist nicht nur zahlenmäßig schwach ausgeprägt, es läuft zudem ständig Gefahr, ebenfalls in Arbeitslosigkeit und Armut abzugleiten. Nur wer in bestimmten Nischen der stark reglementierten Privatwirtschaft erfolgreich ist, beispielsweise in der boomenden Internet-Branche von Beirut, Kairo oder Casablanca, hat eine Chance auf gesellschaftlichen Aufstieg. Ansonsten gilt: Wer nicht in die herrschende Elite hineingeboren wird, kommt auch nicht hinein. Die meist gelenkte Wirtschaft liegt in den Händen einer Staatsklasse, die sich überwiegend aus dem Militär und der aufgeblähten Bürokratie rekrutiert. Das bedeutet, dass auch die autoritäre Clan- und Klientelpolitik arabischer Regime andauern dürfte, solange diese die Schlüsselstellen der Wirtschaft besetzen. Und daran wird sich auf absehbare Zeit mit Sicherheit nichts ändern.

Warum sollten Diebe ihre Beute teilen?

Die Ausbeutung des Staates durch seine in der Regel von Korruption und Nepotismus geprägte Machtelite, folgte in der Vergangenheit überwiegend dem Modell sozialistischer Planwirtschaft, gepaart mit der Inkompetenz lokaler Entscheidungsträger – zum Beispiel der verdiente General, der nunmehr die Betonfabrik leitet, aber keine Ahnung von Ökonomie hat. Heute hingegen verschaffen sich Angehörige der Nomenklatura Marktmonopole, erhalten den Zuschlag bei staatlichen Ausschreibungen oder sind Rentiers (insbesondere in den Golfstaaten). Das heißt: Sie leben von den Zinsen, die ihre Vermögen abwerfen, oder fungieren als lokale Agenten ausländischer Investoren und kassieren dafür einen entsprechenden Anteil des Umsatzes. Das System Marktmonopol funktioniert wie folgt, Beispiel Algerien: Der Sohn eines früheren Generals, der in Paris Volkswirtschaft studiert hat, erhält das Monopol für den Import von Zucker. In der Sache ist das gleichbedeutend mit einer Lizenz zum Gelddrucken. Konkurrenz hat er nicht zu fürchten, Preiserhöhungen kann er jederzeit durchsetzen. Gleichzeitig erhält er vom zuständigen Minister – idealerweise ein Onkel oder Cousin – die Auflage, ein Drittel des importieren Zuckers zu staatlich subventionierten Preisen zu verkaufen, damit die ärmeren Schichten der Bevölkerung sich den Zucker überhaupt noch leisten können. Der Sohn des früheren Generals kassiert also vom Staat Subventionsgelder, über deren Höhe er sich mit seinem Onkel, dem Minister, zügig und einvernehmlich verständigt. Anschließend teilen sie diese Gelder brüderlich miteinander. Die 100 Tonnen Zucker, für die der Sohn des Generals gerade Subventionen eingestrichen hat, kommen nur zum Teil preisgünstig in den Handel, vielleicht gerade einmal zehn Tonnen. Die übrigen 90 Tonnen verkauft er im regulären Handel und streicht den Mehrwert zusätzlich ein.

Nehmen wir an, der glückselige Unternehmer gönnt sich daraufhin eine Flasche Champagner und fährt anschließend mit seinem Maserati betrunken einen Passanten zum Krüppel. Wird er dafür zur Rechenschaft gezogen? Selbstredend nicht. Die Justiz nimmt die Ermittlungen gar nicht erst auf. Entweder, weil sie Anweisung von oben erhält, oder weil der Justizminister ebenfalls zur Großfamilie gehört. Sollte die Familie des Unfallopfers sich beschweren, können ihre Angehörigen von Glück reden, wenn sie auf der Polizeiwache nicht ihrerseits zu Krüppeln geschlagen werden.

Parallel zur kriminellen Selbstbereicherung der Machtelite verfällt die Infrastruktur arabischer Staaten, steht das Bildungswesen vor dem Kollaps oder erreicht selbst auf universitärer Ebene kaum das Niveau einer deutschen Realschule. Die Schüler und Studenten lernen nicht kritisches Denken, sie lernen zu gehorchen und Texte auswendig wiederzugeben. Der katastrophale Bildungsnotstand (Analphabetenquoten von rund 50 Prozent in Ägypten, 70 Prozent im Sudan und im Jemen, 30 Prozent in Algerien und Marokko) interessiert die Machtelite nicht. Ihre eigenen Söhne und Töchter schickt sie ohnehin auf Eliteschulen in Europa oder den USA oder auf einheimische Privatschulen. Gleichzeitig schaffen die Reichen ihr Geld in der Regel ins Ausland. Im Inland wird kaum investiert, bestenfalls in Immobilien. Nüchtern besehen organisieren arabische Regierungen mit Ausnahme der Golfstaaten nicht viel mehr als den Diebstahl an der eigenen Bevölkerung.

Deswegen konnte und kann die vielbeschworene „arabische Einheit" als politisches Modell nicht funktionieren. Zum Vergleich: Das Projekt europäischer Einheit ist nicht allein ein emotionales Bekenntnis, sondern ein konkretes politisches und wirtschaftliches Projekt, entstanden vor dem Hintergrund der Globalisierung und von den europäischen Mittelschichten mehrheitlich gewollt. Wer aber könnten die gesellschaftlichen Träger arabischer Einheit sein? Ungebildete analphabetische Tagelöhner? Die Machthaber jedenfalls sind jenseits von Rhetorik an einem Vereinigungsprojekt nie interessiert gewesen. Warum sollten Diebe ihre Beute teilen?

Weiten Teilen der Bevölkerung bleiben allein die Moscheen, um ihren Unmut über die Herrschenden und ihre bedrückenden Lebensverhältnisse zu kompensieren. Die Islamisten sind ihrerseits beliebt, weil sie nicht nur reden, sondern auch handeln. Vor allem bieten sie soziale Dienstleistungen, versorgen kostenlos Alte, Kranke, Arbeitslose und Schwache. Sie ersetzen damit die völlig unzureichende, in der Regel gar nicht vorhandene staatliche Fürsorge.

Die Regime gehen äußerst ungern gegen die Islamisten vor. Zum einen, weil die Machtelite bisweilen große Sympathien für ihre Ziele empfindet, allen voran in Saudi-Arabien. Zum anderen, weil sich die Herrschenden nach Möglichkeit mit dem islamischen Fundamentalismus arrangieren. Wenn er allerdings offen die Machtfrage stellt, wie mit der Ermordung Sadats in Ägypten 1981 oder in Algerien in den neunziger Jahren, dann wird er gnadenlos militärisch bekämpft, ohne Rücksicht auf Verluste in der Zivilbevölkerung.

Die blockierte Entwicklung der arabischen Welt von einer feudalistischen Stammes- zu einer Industriegesellschaft erklärt auch, warum es Reformation und Aufklärung im Islam nicht gegeben hat – unabhängig von der Frage, wie viel von beiden die Muslime für sich selbst verwirklicht sehen wollen. Die Trennung von Staat und Kirche war auch in Europa nicht das Ergebnis eines diskursiven Wettstreites, an dessen Ende sich namentlich die katholische Kirche argumentativ geschlagen gegeben hätte. Sie war vielmehr die Folge bürgerlicher Emanzipation von Adel und Klerus, die ihren gewaltsamen Höhepunkt in der französischen Revolution fand. Im Verlauf dieses revolutionären Umbruchs hatte die Kirche gar keine andere Wahl, als ihrer eigenen Entmachtung und der Säkularisierung von Staat und Gesellschaft zuzustimmen. Einen modernen, aufgeklärten, nicht in Dogmen und Vergangenheitsprojektionen erstarrten Islam kann es unter den gegebenen Umständen jenseits von einzelnen Vordenkern in der arabischen Welt kaum geben – wo wäre seine gesellschaftliche Basis?

Wie also die blockierte Entwicklung vorantreiben, wie den Pfropfen auf der Flasche lösen? Soviel ist sicher: Die Einflussnahme westlicher Politik im Nahen und Mittleren Osten, insbesondere die Unterstützung noch der rückständigsten Regime, solange sie nur prowestlich sind, der ungelöste Nahostkonflikt, die Kriege im Irak und in Afghanistan, die Dämonisierung des Islam in westlichen Gesellschaften – sie alle tragen dazu bei, dem islamischen Fundamentalismus immer wieder neu den Boden zu bereiten und ihm stetig neue Anhänger zuzuführen.

Was wollen islamische Fundamentalisten? Eine Spurensuche zwischen Utopie und Gewalt

Zunächst erscheint es ratsam, den Begriff zu klären. „Islamischer Fundamentalismus" und die synonym verwendete Bezeichnung „Islamismus" bezeichnen eine späte Sonderentwicklung der islamischen Religion, der es um die Erringung von Macht und ihre Ausübung auf der Grundlage des islamischen Gesetzes geht. Religiöse Glaubensinhalte werden dabei politisch instrumentalisiert und massenwirksam eingesetzt. Fundamentalismus ist kein Phänomen der islamischen Welt allein, es gibt ihn in allen Religionen. Fundamentalisten vertreten andere Ideale der Lebensführung und gesellschaftlicher Ordnungsprinzipien als beispielsweise Modernisten. In erster Linie verteidigen sie eine als bedroht angesehene patriarchalische Autorität in Wirtschaft, Politik und vor allem in der Familie. Fragen der Stellung der Frau und der Moral sind demzufolge nicht Ersatzthemen für „eigentliche" Ursachen, sondern stehen tatsächlich im Zentrum der Auseinandersetzung.

Der islamische Fundamentalismus ist zu unterscheiden von der islamischen Orthodoxie, wie sie insbesondere die Azhar-Universität in Kairo verkörpert, die höchste Autorität im sunnitischen Islam. Er ist auch zu unterscheiden vom Volksislam mit seiner religiösen Mystik (Sufismus) und Heiligenverehrung, seinen Wanderpredigern und Wahrsagern. Vor allem aber ist er zu unterscheiden vom traditionalistischen Islam, dem die große Mehrheit der 15 Milliarden Muslime im weiten Raum zwischen Marokko und Indonesien, Schwarzafrika und Zentralasien anhängt. Also von jenem Islam, wie er seit alten Zeiten von seinen Bekennern gelebt worden ist, vorgelebt und interpretiert von

Theologen und Rechtsgelehrten, von Philosophen und Wissenschaftlern, von Künstlern und Dichtern. Recht und Kultur, soziale Strukturen, das Werteempfinden allgemein, die Weltanschauung sind zutiefst von diesem traditionalistischen religiösen Verständnis beeinflusst.

Der Islamismus findet dort seinen größten Rückhalt, wo die Modernisierung am wenigsten fortgeschritten ist, wie in Afghanistan, oder von religiösem Rigorismus überlagert wird, wie in Saudi-Arabien. Er bietet kein Modell zur Überwindung der gesellschaftlichen und politischen Krisen der islamischen Welt, er ist ganz im Gegenteil ein Krisensymptom, ein ideologisches und identitätsstiftendes Modell vor allem für sozial Deklassierte. Nicht zu vergessen allerdings eine bedeutsame Minderheit aus „narzisstisch gekränkten" Angehörigen der Mittel- und Oberschichten, die sich angesichts des rasanten gesellschaftlichen Wandels, etwa in den Golfstaaten, nach „Nestwärme" sehnen. Häufig bewundern und verachten sie den Westen gleichermaßen, vor allem seine freizügigen Lebensformen, und fragen sich, warum nicht sie selbst die Weltgesellschaft prägen, wie einst ihre Vorfahren im Mittelalter. In den Führungspositionen islamistischer Bewegungen finden sich viele Hochschulabsolventen, vor allem dann, wenn sie für sich persönlich keine Karrieremöglichkeiten im Umfeld der jeweils herrschenden Oligarchie sehen. Ausgehend von ihrem Unbehagen an der Moderne – abgesehen von technischen Errungenschaften wie Computer oder Internet – flüchten islamische Fundamentalisten in eine idealisierte Vergangenheit, die als vollkommen angesehene Frühzeit des Islam: als der Prophet Mohammed mit nur wenigen Getreuen auszog, ein Weltreich zu begründen. Aus der Sicht von Islamisten ist der Westen politisch und kulturell dominant, weil die Muslime weltlichen Versuchungen erlegen sind und die Reinheit ihres Glaubens längst nicht mehr leben. Aus diesem Grund konnten die Ungläubigen das zur „Hure Babylon" verkommene „Haus des Islam" schwächen und nach ihren Vorstellungen unterwerfen.

Islamisten leben von Parolen

Bemerkenswert ist, dass der islamische Fundamentalismus jenseits von wenig konkreten Gerechtigkeitsidealen und Vergangenheitsbeschwörungen keinerlei soziale Vision anzubieten hat. Fragt man seine Vordenker und Anhänger, wie der ideale islamische Staat auszusehen habe, lautet die Antwort in der Regel: Umsetzung der Scharia. Aber was heißt das? Welche Wirtschaftsordnung ist damit gemeint, wie steht man zur Globalisierung, welche Pläne zur Überwindung von Armut und Analphabetismus gibt es, soll es ein Gottesstaat nach iranischem oder saudischem Vorbild sein oder ein gemäßigter, parlamentarisch eingebundener politischer Islam, wie in der Türkei? Auf konkrete Fragen geben Islamisten selten konkrete Antworten. Ihre Stärke ist die Opposition, die moralische Anklage. Ob sie fähig sind, ein Gemeinwesen jenseits von Repression in die Zukunft zu führen, darf angesichts der gesellschaftlichen Realitäten in Saudi-Arabien, im Iran oder zu Zeiten der Talibanherrschaft in Afghanistan bezweifelt werden. Es sei denn, sie gehen den türkischen Weg. Dort ist die regierende „Partei für Gerechtigkeit und Entwicklung" unter Premierminister Recep Tayyip Erdogan auf dem besten Weg, zu einer „islamischen CDU" zu werden.

Begründer des islamischen Fundamentalismus, konkret der bis heute in vielen arabischen Staaten aktiven Muslimbruderschaft, war, wie bereits erwähnt, der Grundschullehrer Hassan al-Banna. Er wurde 1949, vermutlich im Auftrag der Briten, ermordet. Sein ideologischer Nachfolger war der Publizist und Sozialaktivist Sayyid Qutb (1906–1966), der wie al-Banna aus

116

Oberägypten stammte. 1950, nach einem Aufenthalt in den USA, schloss er sich der Muslimbruderschaft an. Er sah in der Trennung von Religion und gesellschaftlichem Leben, wie im Westen vollzogen, die Ursache für soziale Spannungen, für Rassendiskriminierung und fehlende Solidarität. Gleichzeitig lehnte er die einsetzende kulturelle Verwestlichung der arabischen Welt ab. Nasser bot ihm einen Regierungsposten an, den er aber zurückwies, um sich stattdessen bei der Muslimbruderschaft zu betätigen. Eine verhängnisvolle Entscheidung, denn nach einem gescheiterten Attentatsversuch der Muslimbrüder auf Nasser wurde er mit vielen anderen ins Gefängnis geworfen. Dort schrieb er ein politisches Pamphlet mit dem Titel „Wegmarken". Seine Kernthese: Nur mit Hilfe der Revolution könne soziale Ungleichheit überwunden werden, sofern sich der Islam als eine ganzheitliche, alle Bereiche der Gesellschaft umfassende Lebensform durchsetze. Der islamische Staat brauche keinen Präsidenten oder König, vielmehr sei Gott der Herrscher und das alleinige Gesetz die Scharia. Damit hatte er gewissermaßen das Manifest des Islamismus geschrieben, das bis heute gültig ist. Nach dem Erscheinen der „Wegmarken" wurde Qutb erneut verhaftet und 1966 hingerichtet. Daraufhin ging die von Nasser nunmehr verbotene Muslimbruderschaft in den Untergrund, ihre Kader und zahlreiche Anhänger flüchteten nach Saudi-Arabien, wo sie bereitwillig aufgenommen wurden. Der Wüstenstaat stand auf Grundlage der weltweit größten Erdöl-Ressourcen am Vorabend eines beispiellosen Wirtschaftsbooms. Vermutlich hätte sich der islamische Fundamentalismus als Massenbewegung nicht bis heute halten können, wäre er nicht von der saudischen Führung in jeder Beziehung gefördert worden, aus ideologischen und machtpolitischen Gründen.

Saudi-Arabien entstand 1932, aber die moderne Geschichte des Landes begann im 18. Jahrhundert mit der Allianz zwischen dem Stammesführer Mohammed Ibn Al-Saud und dem Erweckungsprediger Mohammed Ibn Abd al-Wahhab (1703–1791). Die von ihm begründete Lehre des Wahhabismus, bis heute Staatsdoktrin in Saudi-Arabien und letztlich eine frühe Variante des islamischen Fundamentalismus, beruht auf drei maßgeblichen ideologischen Lehrsätzen, die sich an dem mittelalterlichen Theologen Ibn Taimiyya orientieren. Erstens: Die Ulama, die religiösen Rechtsgelehrten, sind verantwortlich für die Umsetzung der Scharia. Eine Regierung gilt dann als islamisch, wenn sie die Ulama darin unterstützt. Ein Herrscher, der die Scharia befolgt, verdient Loyalität. Zweitens: Koran und Sunna sind die Grundlagen des islamischen Gesetzes, und zwar ausschließlich unter Berücksichtigung der Jurisprudenz (Fiqh), wie sie unter den ersten drei der „rechtgeleiteten Kalifen" Anwendung fand. (Unter Ausschluss also von Ali, dem Stammvater der Schiiten.) Mit anderen Worten: Es gelten allein die Rechtsnormen aus dem 7. Jahrhundert. Drittens: Jede Form des Volksislam, insbesondere die Verehrung von Heiligen oder deren Gräbern, gilt als Blasphemie.

Mohammed Ibn Al-Saud übernahm die Lehren Abd al-Wahhabs, im Gegenzug wurde er von dessen Anhängern und Ulama als legitimer und gerechter Herrscher anerkannt. Es war ein Bündnis zu beiderseitigem Nutzen. Der Wahhabismus hatte nunmehr Rückhalt durch eine starke Stammesdynastie gefunden, umgekehrt konnten die Sauds ihre alsbald beginnende Unterwerfung der übrigen arabischen Stämme bis hin zur Machtübernahme in dem nach ihnen benannten Königreich Saudi-Arabien religiös legitimieren. Bis heute bilden die wahhabitischen Ulama das Rückgrat der saudischen Dynastie.

Ohne die Allianz mit dem Clan der Al-Saud wäre der Wahhabismus eine unbedeutende und kurzlebige sektiererische Bewegung geblieben, eine Fußnote der Geschichte. Stattdessen sollte er nicht nur den weiteren Verlauf islamischer Theologie maßgeblich bestimmen, sondern auch auf die Weltpolitik Einfluss nehmen.

1802 überfielen die Wahhabiten die ihnen verhassten schiitischen Pilger in Kerbela im Irak, töteten 2000 Gläubige und zerstörten die Gräber von Hussein, dem „Herrn der Märtyrer", und von Fatma, einer der Töchter des Propheten. Vor rund 90 Jahren eroberten sie Mekka und Medina und vertrieben den Scherifen, den Bündnispartner von Lawrence of Arabia. Bei dieser Gelegenheit ließ Abd al-Aziz Ibn Saud (1880–1953), der Begründer Saudi-Arabiens, 40 000 Gegner des Wahhabismus öffentlich hinrichten. Gleichzeitig zerstörten die Wahhabiten die Gräber des Propheten und seiner Gefährten, auch die Geburtsstätte Mohammeds und seiner Familie, die zu einem Wallfahrtsort geworden war. Sie plünderten den Schatz der Prophetenmoschee in Medina und verbrannten bis auf den Koran alle Bücher, die sie dort fanden. Sie verboten Musik und Blumen, Tabak und Kaffee. Unter Androhung der Todesstrafe mussten sich Männer Bärte wachsen lassen, Frauen sich verschleiern und sich aus dem öffentlichen Leben zurückziehen. Das alles erinnert sehr an die Taliban, die in der Tat stark vom Wahhabismus beeinflusst sind und bis heute aus Saudi-Arabien unterstützt werden, bis zum 11. September 2001 auch offiziell. Mit seiner schlichten Botschaft, seinem Sendungsbewusstsein und seiner rigiden Moral – ganz zu schweigen von den schier unermesslichen finanziellen Möglichkeiten – ist der Wahhabismus bis in die hintersten Winkel der islamischen Welt vorgedrungen. Liberale und aufgeklärte Lesarten des Koran haben es angesichts seiner Wirkungsmacht zusätzlich schwer, in der Gesellschaft Wurzeln zu schlagen.

Der Siegeszug des islamischen Fundamentalismus nach 1967 war zunächst ein innenpolitisches Phänomen in verschiedenen arabischen Staaten, das im Westen wenig Beachtung fand. Anwar al-Sadat, Nachfolger des 1970 verstorbenen Nasser, hofierte die Muslimbrüder in Ägypten und ebnete ihnen den Weg in Führungspositionen. Offiziell sind sie bis heute eine illegale Organisation, doch dürfen sie sich politisch betätigen – nur nicht unter ihrem richtigen Namen. Im Gegenzug mussten sie der Gewalt entsagen und die bestehenden Machtverhältnisse akzeptieren. Mit Hilfe der Muslimbrüder wollte Sadat die Nasseristen verdrängen, insbesondere an den Universitäten. Verschiedene arabische Herrscher, sogar israelische Regierungen, haben immer wieder geglaubt, sie könnten Islamisten für ihre Zwecke instrumentalisieren. Ist aber der Geist erst einmal aus der Flasche, ist er kaum noch zu kontrollieren. Sadat selbst wurde 1981 von der „Islamischen Gruppe" ermordet, einer radikalen Abspaltung der Muslimbruderschaft – als Vergeltung für den 1978 im amerikanischen Camp David geschlossenen Friedensvertrag Ägyptens mit Israel.

Erst die schiitische Revolution und die Machtübernahme Ayatollah Khomeinis 1979 im Iran machte aus dem islamischen Fundamentalismus einen Machtfaktor internationaler Politik. Zwar ließ sich das schiitische Modell nicht in die sunnitischen Staaten exportieren, doch wirkte Khomeinis revolutionäres Charisma weit in die arabische Welt hinein.

Als Reaktion auf die Ereignisse im Iran begann das Herrscherhaus in Saudi-Arabien, das für sich die Führung innerhalb des sunnitischen Islam beansprucht, einen Heiligen Krieg auszurufen und maßgeblich zu finanzieren. In enger Abstimmung mit Washington versuchte die Familiendynastie der Al-Saud, den Iran in revolutionärer Hinsicht zu überbieten, aus Sicherheitsgründen weitab der eigenen Grenzen: Afghanistan wurde zum Schlachtfeld, der Dschihad gegen die sowjetische Besatzung (1979–1989) zum Fanal – ein Instrument saudischer Eigenlegitimation und amerikanischer Machtpolitik im Wettstreit mit Moskau und mit Khomeini. Radikale Islamisten von Algerien bis Pakistan strömten zu Tausenden nach Afghanistan und kämpften dort gegen das Böse.

Nach dem Golfkrieg 1990/91 zur Befreiung des irakisch besetzten Kuwait richtete sich die Ventilfunktion des Dschihad jedoch gegen seine Urheber. Die „heiligen Krieger", größtenteils in ihre Heimatländer zurückgekehrt, sahen nunmehr in den Kriegsgegnern Saddam Husseins, in den USA und ihrem wichtigsten Verbündeten Saudi-Arabien, den Hauptfeind des Islam. Teilweise gingen die Dschihad-Kämpfer in den Untergrund und überzogen die prowestlichen Regierungen ihrer Länder mit terroristischer Gewalt: in Algerien, Ägypten, Saudi-Arabien, im Jemen, in Pakistan. 1993 wurde das World Trade Center in New York erstmals Ziel eines Attentats. Die erste Hälfte der neunziger Jahre wurde zur Blütezeit des Islamismus – auch dort, wo er keine Gewalt anwandte, prägte er maßgeblich den politischen Diskurs.

Algerien: Staatskrise ohne Ende

Sehen wir uns diese Entwicklung am Beispiel Algeriens näher an. Algerien, neben Libyen der größte Produzent von Erdöl und Erdgas in Nordafrika, ist potentiell ein reiches Land. Inkompetenz, Missmanagement und ein endemisches Ausmaß an Vetternwirtschaft und Korruption haben dem Land allerdings eine politische und wirtschaftliche Dauerkrise beschert. Ihre Ursprünge reichen zurück in das Jahr 1962, als Algerien von Frankreich unabhängig wurde. Die Kader der Widerstandsbewegung FLN (Front der Nationalen Befreiung) übernahmen sämtliche Führungspositionen in der Armee, dem Staatsapparat und der verstaatlichten Wirtschaft. Eine neue Machtelite entstand, die sich mit mafiösen Methoden schamlos bereicherte, während das Gros der Bevölkerung bis heute in Armut lebt – wie am Beispiel der wunderbaren Geldvermehrung mit Hilfe eines Zuckermonopols bereits deutlich wurde. 1988 führte die katastrophale Wirtschaftslage zu schweren Unruhen. Die FLN-Nomenklatura trat die Flucht nach vorn an und erlaubte freie Wahlen. Die „Islamische Heilsfront" FIS gewann 1990 die Regional- und Kommunalwahlen, ein Jahr später den ersten Wahlgang der Parlamentswahlen. Daraufhin putschte die Armee im Januar 1992 und verhängte den Ausnahmezustand, um eine Machtübernahme der Islamisten zu verhindern. Die FIS wurde verboten und ging in den Untergrund. Ein blutiger Bürgerkrieg mit über 200 000 Toten folgte, der sowohl von Seiten der Regierung, wie auch von Seiten der Islamisten mit beispielloser Grausamkeit gegen die eigene Bevölkerung geführt wurde.

Der eigentliche Grund für den Wahlsieg der Islamisten war nicht die Sehnsucht der überwiegend säkular eingestellten Algerier nach einem Gottesstaat. Vielmehr wollten sie mit der FLN-Mafia abrechnen, die das Land an den Rand des Abgrunds geführt hatte. Die Wichtigkeit dieser Feststellung kann gar nicht genug hervorgehoben werden: Der Erfolg der Islamisten, ob in Algerien oder anderswo, hängt weniger mit „dem Islam" zusammen als vielmehr mit der Wut und dem Hass der einheimischen Bevölkerung auf die jeweiligen Machthaber. Der Islam ist dabei in erster Linie das Ventil für Unzufriedenheit und Kritik, nicht Selbstzweck.

Der als integer angesehene, vom Militär als Präsident eingesetzte Mohammed Boudiaf versuchte, das Regime zu öffnen und zu liberalisieren. Im Juni 1992 wurde er jedoch ermordet, und nur wenige Algerier zweifeln, dass der oder die Urheber der Tat aus den Reihen der Nomenklatura kamen. Die Desillusionierung über die gewaltbereiten Islamisten und die Resignation der meisten Algerier führten zu einer allmählichen innenpolitischen Beruhigung. Der feudalistischen altneuen Machtelite gelang sukzessive die Rückeroberung der Macht, ohne die dem Bürgerkrieg zugrundeliegenden Probleme auch nur ansatzweise zu lösen.

Während säkulare Regimekritiker, etwa aus den Reihen der wenigen unabhängigen Zeitungen, jederzeit mit Verhaftung oder Drangsalierung rechnen müssen, wurden die Islamisten umworben. Zwar ist die FIS bis heute verboten, sitzen ihre Führer im Gefängnis, aber bereits 1995 erfolgte das erste Amnestieangebot an Islamisten, die im Untergrund kämpften. Sie richteten sich insbesondere an die zahlreichen Abspaltungen der FIS, die mit terroristischen Untaten auf sich aufmerksam machten, allen voran die „Bewaffnete Islamische Gruppe" (GIA). Sie unterhielt enge Kontakte zu al-Qaida. Staatstreue Islamisten sind mittlerweile im Parlament vertreten, die steigenden Ölpreise erlaubten zudem Wahlgeschenke an die Bevölkerung. Abdelaziz Bouteflika, Präsident seit 1999, hat eine Reihe von weiteren Amnestiegesetzen erlassen, zuletzt 2006. Damit solle endgültig „ein Schlussstrich" unter den Bürgerkrieg gezogen werden, erklärte er. Kritiker werfen ihm vor, damit zahlreiche namentlich bekannte Schlächter aus den Reihen der Armee und der Geheimdienste vor der Strafverfolgung bewahrt zu haben.

Die wachsende Bedeutung Algeriens als Erdöl- und Erdgaslieferant für die Europäische Union und der Schulterschluss des Regimes mit Washington im „Krieg gegen den Terror" sichern auf absehbare Zeit den Fortbestand des Regimes, egal was die Bevölkerung denkt. Man kann sich vorstellen, dass der Glaubwürdigkeit westlicher Versprechen wie „Demokratie", „Menschenrechte", „Freiheit" angesichts solcher Realitäten enge Grenzen gesetzt sind.

Der islamische Fundamentalismus bekämpft also gleichermaßen den politisch-kulturellen Einfluss des Westens wie auch das Machtmonopol undemokratischer Machteliten, die ihrerseits uneingeschränkt von westlichen Regierungen unterstützt werden, auch militärisch – sofern diese Machteliten nicht antiamerikanisch eingestellt sind oder aus israelischer Sicht eine Bedrohung darstellen, wie etwa in Syrien. Auf diese Weise „kontrollieren" die USA und, in geringerem Maß, Großbritannien vor allem die Golfregion, Frankreich hingegen den Maghreb, insbesondere Algerien – und stets geht es dabei um den Zugang zu Öl- oder Erdgasreserven. Dennoch richtete sich die Gewalt von Islamisten bis Mitte der neunziger Jahre nahezu ausschließlich gegen die verhassten Regime selbst oder gegen die israelische Besatzungsmacht (Hamas, Hisbollah). Terroranschläge auf westliche, auf amerikanische Einrichtungen sind, von Ausnahmen abgesehen, erst seit der zweiten Hälfte der neunziger Jahre zu verzeichnen und fanden ihren Höhepunkt am 11. September 2001.

In den neunziger Jahren vollzog sich eine Zweiteilung des Islamismus. Zunächst war es fundamentalistischen Bewegungen gelungen, gleichermaßen die Unterschichten vor allem in den Städten wie auch das „gottesfürchtige Bürgertum" anzusprechen. Gewalt und Terror seitens der Islamisten führten jedoch nicht nur in Algerien, sondern in der gesamten islamischen Welt zu deren rapidem „Imageverlust". Die Mittelschichten gingen auf Distanz zu den gewaltbereiten Gruppen. Sie hatten Angst vor einer „Talibanisierung" der gesellschaftlichen Verhältnisse. Stattdessen versuchten sie, über Wahlen Einfluss auf die politische Entwicklung zu nehmen. Ohne nennenswerten Erfolg, aber Bürgerkrieg und Anarchie wollte das städtische Bürgertum erst recht nicht. Weil es selbst zu den Opfern gehört hätte, wie in Algerien. Oder, weil etwa Anschläge ägyptischer Islamisten auf europäische Touristen in Kairo und Luxor die Tourismusindustrie, von der Millionen Ägypter leben, vorübergehend einbrechen ließen. Weite Teile der Unter-

schichten allerdings blieben bei ihrer grundsätzlichen Ablehnung der jeweiligen Regime und kämpften weiterhin für den
islamischen Staat. Dabei wurden sie immer brutaler, ebenso
wie die jeweiligen Ordnungskräfte – ob in Algerien, Ägypten,
Saudi-Arabien, dem Jemen, in Pakistan oder sonst wo in der
arabisch-islamischen Welt – und verloren diesen Kampf. Ende
der neunziger Jahre war der gewaltbereite Islamismus politisch
wie „militärisch" am Ende und konnte nicht mehr auf die Sympathien der Mehrheit hoffen. Mit zwei Ausnahmen: einerseits
Hamas und Hisbollah, die beide ihren Kampf gegen israelische
Besatzung fortsetzten, andererseits al-Qaida unter Führung von
Osama bin Laden.

Al-Qaida und seine Wurzeln

Der meistgesuchte Terrorist der Welt wurde vermutlich 1957
im saudischen Dschidda geboren und stammt aus einer sehr
reichen Unternehmerfamilie. Als Student der Verwaltungslehre
in Dschidda las er die Schriften von Sayyid Qutb, die ihn
maßgeblich prägten. Nach dem sowjetischen Einmarsch in Afghanistan begab sich Osama bin Laden ins pakistanische Peshawar und wurde dort ein wichtiger Organisator des islamischen Widerstandes. 1986 beschloss er, eigene Lager und
Stützpunkte in Afghanistan einzurichten und eine eigene Gue-
rillagruppe aufzubauen. Militärisch blieben diese „arabischen
Afghanen" unbedeutend, obwohl sie in immer größerer Zahl
nach Peshawar strömten, betreut von Osama bin Laden.
Doch der Dschihad wurde in jener Zeit zum Mythos. In einem
Interview erklärte er: „In den Tagen des Dschihad verließen
Tausende hochmotivierte junge Menschen die Arabische Halbinsel und andere Teile der Welt, um sich dem Kampf in Afgha-
nistan anzuschließen. Hunderte von ihnen verloren ihr Leben.

Doch die Lehre, die wir aus diesem Krieg ziehen, ist eindeutig. Wenn der Wille nur stark genug ist, können wir auch eine Supermacht besiegen. Das ist eine Lehre für jeden, der gewillt ist sie zu verstehen."

Die „arabischen Afghanen" kamen und gingen, einige blieben nur kurz, andere machten den Dschihad zu ihrer Lebensaufgabe. Trotz ihrer wachsenden Zahl und Bedeutung wurden sie nirgendwo zentral erfasst und registriert. Osama bin Laden beschloss, ein Register einzurichten, das vor allem den Lebenslauf und die militärische Ausbildung der arabischen Freiwilligen erfasste. Nach kurzer Zeit hatte es ein solches Volumen angenommen, dass er und seine Getreuen nach einem Namen suchten, um ihr Projekt bekannt zu machen. Sie einigten sich auf „Basisregister", kurz „Die Basis", arabisch al-Qaida. Das war 1988, als Moskau bereits seine Truppen aus Afghanistan abzuziehen begann. Aber zu dem Zeitpunkt war Osama bin Laden längst entschlossen, den Dschihad in die arabische Welt zu exportieren. Mit dem Ziel, die dortigen prowestlichen Regime zu stürzen (angefangen mit seiner Heimat Saudi-Arabien) und ein Kalifat einzurichten – mit ihm selbst als Kalifen. Die weltweite Vernetzung von al-Qaida geht also zurück auf die Spätphase des Dschihad in Afghanistan und verdankt sich wesentlich der organisatorischen Weitsicht ihres Anführers, der den Wert einer umfassenden Datei mit radikalen Islamisten aus aller Herren Länder, auch aus Europa und Nordamerika, rechtzeitig erkannte. Es ist dabei nicht ohne Ironie, dass Osama bin Laden während seiner Jahre in Peshawar eng mit der CIA zusammenarbeitete und von den Amerikanern finanzielle Unterstützung ebenso erhielt wie modernste Waffen.

1989 kehrte er nach Saudi-Arabien zurück. Durch seine zunehmend subversiven Aktivitäten waren die saudischen Behörden auf ihn aufmerksam geworden und entzogen ihm seinen Reisepass. Nach dem Einmarsch irakischer Truppen in Kuwait im August 1990 wollte Osama bin Laden in der ihm eigenen Mischung aus Größenwahn und Selbstüberschätzung eine Armee aus arabischen Mudschahidin zusammenstellen, die das Land befreien sollten. Der ohnehin unrealistische Plan musste scheitern: Nicht die „Glaubenskämpfer" befreiten Kuwait, sondern eine internationale militärische Allianz unter Führung der USA. Für Osama bin Laden war es „der größte Schock seines Lebens", wie er in einem Interview sagte. Nunmehr lag die Vorherrschaft in der Region in den Händen „einer Armee von Ungläubigen". Die Stationierung amerikanischer Truppen auf der Arabischen Halbinsel bewirkte einen Gesinnungswandel. Osama bin Ladens diffuser Antiamerikanismus, sein emotionales Ressentiment gegenüber dem Westen, wurde zur offenen Feindschaft. Protest und Widerstand gegen die amerikanischen Truppen am Golf wurden Grundlage seiner politischen Theologie. Im Namen des Dschihad sagte er denjenigen den Kampf an, die ihm bei der Verwirklichung seines Zieles, nämlich der Errichtung eines islamischen Kalifats unter seiner Führung, im Weg waren. Wie sollte er denn die arabischen Regime stürzen, wenn sie unter dem militärischen Schutz der Amerikaner standen? Dieser Aspekt ist wesentlich, um die Logik von al-Qaida zu verstehen. Zwar erfolgten die Anschläge des 11. September 2001 in den USA, aber das eigentliche Kriegsziel liegt in den arabischen Staaten selbst, namentlich in Saudi-Arabien. New York und Washington wurden gewissermaßen als „Mittel zum Zweck" angegriffen. Nicht um den „Kampf der Kulturen" voranzutreiben – Osama bin Ladens Vision war stets das Kalifat. Als Folge von 9/11 stürzten die Amerikaner zunächst das Taliban-Regime in Afghanistan, das ihn und al-Qaida jahrelang beherbergt hatte. Dann das Regime Saddam Husseins im Irak, obwohl es keinerlei Verbindungen zu dem Terrornetz unterhielt. Vor allem das irakische Chaos hat den ideologisch und organisatorisch seit Mitte der neunziger Jahre weitgehend am Boden liegenden Islamismus neu aktiviert. Mittlerweile ist eine neue Generation von Dschihad-Kämpfern herangewachsen, über deren genaue Zusammensetzung, Stärke und Motivation sich die Geheimdienste weltweit den Kopf zerbrechen. Der „Krieg gegen den Terror" hat somit wider Willen einen Todgeweihten erneut zum Leben erweckt. Mit diesem Ergebnis dürfte selbst Osama bin Laden nicht gerechnet haben. Zwar wird es ein Kalifat unter seiner Führung niemals geben, doch haben die Ereignisse seit 9/11 zur Folge, dass der radikale Islamismus die Tagesordnung internationaler Politik auf absehbare Zeit mitbestimmen wird.

„Neofundamentalisten" machen sich auf den Weg

Parallel dazu ist eine Entwicklung zu bemerken, die einige Beobachter als „Neofundamentalismus" bezeichnen. Nachdem der gewalttätige Aufstand gegen die Machthaber gescheitert war, entstand eine neue „Bewegung". Gläubige Muslime vor allem in den Mittelschichten fanden sich mit dem Gedanken ab, die Macht politisch nicht erobern zu können. Stattdessen setzten sie darauf, die Gesellschaft insgesamt zu islamisieren. Sie trennten Staat und Religion – nicht im Sinn einer Säkularisierung, sondern als Ausdruck eines sinnstiftenden „Wertesystems". Die Kritik an den Machthabern verstummte. Stattdessen stand nunmehr – und steht bis heute – die Islamisierung der Gesellschaft auf dem Programm. Der Appell an die Gesellschaft, sich „islamisch" zu verhalten, versteht sich dabei als Weckruf an die Regierenden, diesen Schritt ebenfalls zu vollziehen. Salopp gesagt: Alle Muslime sind Brüder und Schwestern, oben wie unten in der Hierarchie. Die „Neofundamentalisten" sind keine homogene Gruppe, in ihren Reihen sind althergebrachte Islamisten ebenso zu finden wie Traditionalisten oder konservative Muslime. Gemein ist ihnen die Suche nach einer „islamischen Identität" als Antwort auf die Globalisierung, als Ausdruck kultureller Selbstbehauptung angesichts der fortschreitenden Verwestlichung, aber auch als Protest gegen die Politik, namentlich der USA im Nahen und Mittleren Osten. Zugute kommt den „Neofundamentalisten", dass arabische Gesellschaften in jüngster Zeit deutlich konservativer geworden sind. In Ägypten beispielsweise trugen vor zehn Jahren gerade einmal zehn Prozent der Frauen ein Kopftuch. Heute sind es zehn Prozent, die keines tragen. Muslime selbst verwenden in diesem Zusammenhang nicht den Begriff „Neofundamentalismus". Sie sprechen vom „Salafismus" – eine Bezeichnung, die wir bereits im Rahmen der Reformbewegung im 19. und 20. Jahrhundert kennengelernt haben.

Halten wir fest: Der islamische Fundamentalismus ist eine Protestbewegung, die sich gleichermaßen gegen die eigenen Regime wie gegen westliche Einflüsse und politische Hegemonie wendet. In den neunziger Jahren erlebte er seinen Niedergang, wurde jedoch durch den 11. September 2001 und seine Folgen, unter anderen Vorzeichen, wiederbelebt. Mit Ausnahme von al-Qaida gibt es keine islamistische Internationale. Islamistische Bewegungen sind sich in Motivation und Zielen ähnlich, agieren jedoch unabhängig voneinander und sind weder organisatorisch noch „militärisch" oder finanziell vernetzt. Es mag persönliche Kontakte und Begegnungen geben, mehr aber nicht. Eine algerische Gruppierung hat eine algerische Agenda, eine ägyptische eine ägyptische, eine marokkanische eine marokkanische. Allein zwischen Hamas und Hisbollah ist seit dem Libanon-Krieg im Sommer 2006 eine verstärkte Zusammenarbeit, unter syrischer und iranischer Beteiligung, zu beobachten. Beide sind gleichermaßen Widerstandsbewegungen (oder Terrorgruppen, je nach Perspektive) und politische Parteien mit einer nationalen Agenda, die islamisch legitimiert wird. Wo islamistische

Gruppierungen die Chance erhalten, sich politisch zu betätigen – etwa die Muslimbrüder in Ägypten oder die „Islamische Aktionsfront" in Jordanien – geben sie sich in der Regel pragmatisch und passen ihre Rhetorik den gegebenen Realitäten an. Gleichzeitig verlieren sie ihren Nimbus und ihr häufig selbstgerechtes Pathos; sie werden eine gewöhnliche Partei. Zugute kommt ihnen freilich, dass islamistische Politiker in aller Regel nicht korrupt und bestechlich sind.

Säkulare westliche Ideologien wie Liberalismus oder Sozialismus sind den meisten arabischen Gesellschaften fremd geblieben, auch wenn ihre Parolen zuweilen übernommen wurden. Eine emotionale Wirkung konnten sie allerdings nicht entfalten, das Denken der Menschen oder ihre Wertesysteme wurden davon nicht nachhaltig beeinflusst. Das besorgt vielmehr über alle sozialen Grenzen hinweg der Islam. Für viele Muslime ist die Religion das letzte Bollwerk gegen fremde, scheinbar unverständliche Einflüsse, gegen soziale Auflösungserscheinungen, gegen das Gefühl von Minderwertigkeit und Machtlosigkeit. Der Islamismus bedient Hoffnungen und Sehnsüchte, keineswegs ist er zwangsläufig ein Synonym für Gewalt. Das Spektrum reicht von al-Qaida bis zur türkischen Regierungspartei.

Hurra wir siegen – leider nicht.
Die Fehler westlicher Politik
im Schatten Allahs

Vom „Krieg gegen den Terror",
„Islamo-Faschisten" und anderen Irrtümern

Nach dem 11. September 2001 verkündeten nicht wenige Politiker und Kommentatoren die große Zeitenwende: Nichts werde nach diesem Tag mehr sein wie vorher. Doch gerade in den USA, dem Schauplatz von 9/11, hat sich überraschend wenig geändert, vor allem der Lebensstil nicht. Die Sorge oder Angst vor Terroranschlägen ist nach wie vor auch in Europa ein beherrschendes öffentliches Thema, ohne jedoch traumatisch zu wirken. Die großen Veränderungen, die wir heute spüren, haben mit der islamistischen Bedrohung nur indirekt zu tun. Die entscheidende Wende in der Weltpolitik hat erst die ideologisch geprägte Antwort der Regierung Bush auf die Terroranschläge eingeleitet. Der Sturz der Taliban in Afghanistan, der Gastgeber von Osama bin Laden, war noch eine legitime, vom Völkerrecht sanktionierte Antwort. Auch eine von Demokraten geführte Regierung in Washington wäre vermutlich diesen Weg gegangen. Die Unterstützung Europas war den Amerikanern in diesem Fall gewiss, auch in der arabisch-islamischen Welt hielt sich die Empörung in engen Grenzen.

Ein fataler Fehler mit katastrophalen Folgen war hingegen der Krieg im Irak. Anlass für den Sturz Saddam Husseins 2003 war neben geopolitischen Interessen, insbesondere mit Blick auf die Erdölressourcen der Region, die von Washingtons Neokonservativen getragene Fehleinschätzung, Demokratie ließe sich mit Waffengewalt exportieren. Saddam Hussein hatte bekanntlich mit den Anschlägen vom 11. September nichts zu tun, doch widersetzte er sich ähnlich wie das iranische Regime dem Führungsanspruch der USA im Nahen und Mittleren Osten.

Mit seinem Überfall auf Kuwait 1990 war der vormals enge Verbündete Washingtons in Ungnade gefallen. Doch die vermeintlich selbstlosen Motive der von Washington angeführten „Koalition der Willigen", einen völkerrechtswidrigen Krieg zu führen, erweisen sich rückblickend als das größte Desaster amerikanischer Außenpolitik seit Vietnam. Zunächst einmal hat er die arabisch-islamische Welt gegen die USA und den Westen allgemein aufgebracht und das transatlantische Bündnis ernsthaft beschädigt. Der Irak – vor dem Sturz Saddam Husseins ein säkularer, mit eiserner Faust geführter zentralistischer Nationalstaat – ist heute ein Mosaik regionaler Machtzentren, die entlang ethnischer und religiöser Konfliktlinien jederzeit in den Bürgerkrieg abgleiten können. Gleichzeitig entwickelte sich das Land zu einer Hochburg islamistischer Kräfte, wurde Heimat für Dschihad-Kämpfer aus allen Teilen der arabisch-islamischen Welt. Die Empörung über das amerikanische Vorgehen im Irak, am sichtbarsten verkörpert in den zu Ikonen gewordenen Folterbildern von US-Soldaten im irakischen Gefangenenlager Abu Ghreib, hat radikalen Islamisten weltweit Auftrieb verliehen. Säkulare, demokratisch gesinnte prowestliche Araber und Muslime haben in ihren Ländern kaum noch eine Chance, Gehör zu finden. Das Ansehen des Westens ist im Orient auf einen weiteren Tiefpunkt gesunken. Die selbst vom vormaligen UN-Generalsekretär Kofi Annan eingeräumte Tatsache, dass es den Irakern heute schlechter gehe als unter der Terrorherrschaft Saddam Husseins, hat westliche Werte, wie auch immer sie im Einzelnen zu verstehen wären, auf sehr lange Zeit in der gesamten Region diskreditiert. Nicht die Demokratisierung der arabischen Welt hat der Irakkrieg befördert, sondern ihre fortschreitende Radikalisierung im Namen des Islam.

Darüber hinaus hat Washington ein politisches Eigentor geschossen, das dem eigenen Selbstverständnis zufolge an Hochverrat grenzt. In Afghanistan, vor allem aber im Irak entstand nach dem Regimewechsel ein Machtvakuum, das maßgeblich von Teheran gefüllt wurde. Ausgerechnet die Islamische Republik Iran, aus Sicht der Regierung Bush ein „Schurkenstaat" auf der „Achse des Bösen", ist der geopolitische Gewinner im Nahen und Mittleren Osten. Der größte Widersacher der Mullahs, das verhasste Saddam-Regime, das von 1980 bis 1988 Krieg gegen den Iran führte, und die sunnitischen Taliban, militante Widersacher der Schiiten, wurden dank amerikanischer Intervention entmachtet. Ohne es zu wollen, hat Washington der Regierung in Teheran Tür und Tor in der Region geöffnet. Wie wir schon mehrfach gesehen haben, sind die dortigen Konflikte untereinander vernetzt und verbunden wie in einem System kommunizierender Röhren. Teheran nutzt seine neu gewonnene Macht, um einen „schiitischen Halbmond" zu schaffen, der über den mehrheitlich schiitischen Irak bis in den Libanon zur Hisbollah reicht. Der Libanonkrieg im Sommer 2006 zwischen Israel und der Hisbollah war gleichzeitig auch ein Stellvertreterkrieg der USA mit dem Iran. Die ungelöste Palästinafrage wiederum führte zu einer Annäherung der sunnitischen Hamas und der schiitischen Hisbollah – auch dies eine Entwicklung, die weder in Washington noch in Israel beabsichtigt war. Die gegenwärtige Lage im Nahen und Mittleren Osten gleicht einer Anhäufung von Pulverfässern mit mehreren glimmenden Zündschnüren. Niemand kann voraussagen, wo die nächste Explosion erfolgt. Aber sie wird erfolgen.

Jeder Krieg fordert unschuldige Opfer. Vor allem, wenn er gegen Terroristen und Guerilleros geführt wird. Diese bewegen oder verstecken sich in der Regel inmitten der Zivilbevölkerung. Deren fortgesetzte Demütigung etwa im Zuge nächtlicher

Razzien, nicht zuletzt die vielen Toten in ihren Reihen, führen zu Wut und Verbitterung unter Freunden und Verwandten der Opfer. Erinnert sei allein an die vielen Hochzeitsgesellschaften in Afghanistan wie auch im Irak, die im Zuge vermeintlicher Terroristenverfolgung bombardiert oder beschossen wurden. Das Gefühl von Ohnmacht und Zorn ist wiederum ein idealer Nährboden für radikale und terroristische islamistische Gruppen. Erst recht in einer Stammesgesellschaft, in der Blutrache zum Ehrenkodex gehört.

Ein weiteres Problem im „Krieg gegen den Terror" ist die fehlende Begriffsbestimmung: Welcher Terror ist gemeint, welche Definition liegt ihm zugrunde? Aus der Sicht Washingtons, der sich deutsche Politiker und Kommentatoren weitgehend angeschlossen haben, fallen alle Gruppierungen in die Kategorie Terror, die Gewalt anwenden und als antiwestlich oder antiisraelisch gelten – ungeachtet ihrer sehr unterschiedlichen Motive und Ziele: Al-Qaida, Hamas, Hisbollah, die sunnitischen Aufständischen ebenso wie die schiitische Mahdi-Armee im Irak. Die fehlende Differenzierung verhindert politische Lösungsansätze. Damit geht die Dämonisierung Syriens und des Iran einher, die als Unterstützer des Terrors gelten. Ohne diese beiden Länder in Verhandlungen einzubeziehen, ist eine Befriedung der Region allerdings schlichtweg nicht möglich.

Der „Krieg gegen den Terror" erhöht die Terrorgefahr, vernachlässigt geheimdienstliche Aufklärung und hat den eigentlichen Hauptfeind al-Qaida nicht besiegt. Ein entscheidender Schlag gegen ihre Führer, Osama bin Laden und seinen ägyptischen Stellvertreter Ayman al-Zawahiri, ist nicht gelungen. Anstatt sich auf al-Qaida zu konzentrieren, hat dieser „Krieg" neue Fronten eröffnet und neue Feinde geschaffen. Parallel dazu fördert er Denkschablonen und unterteilt die Welt in „sie" und „wir". „Wir", namentlich die Amerikaner, sind die unschuldigen Opfer, „sie" hingegen die Mächte des Bösen. „Wir" übersehen dabei allerdings, dass wir aufgrund unserer Selbst-gerechtigkeit in weiten Teilen der Welt mittlerweile ebenfalls zu den „Bösen" zählen. Selbst die Regierung Bush musste ein-räumen, dass die ersten fünf Jahre des „Krieges gegen den Terror" mindestens 70 000 Menschenleben gefordert haben, die meisten davon im Irak. Zum Vergleich: Am 11. September 2001 starben etwa 3000 Menschen. Der harte Kern von al-Qaida hat nach Geheimdienst-Angaben zu keinem Zeitpunkt mehr als einige Hundert Aktivisten umfasst.

Nüchtern besehen ist der „Krieg gegen den Terror" nicht zu gewinnen. Ein endloser Krieg jedoch gegen einen unsichtbaren Feind, mit hohen Opferzahlen unter der Zivilbevölkerung, be-schädigt nachhaltig Prestige und Diplomatie westlicher Staaten, führt zu einem spürbaren Machtverlust US-amerikanischer wie europäischer Politik und schränkt gleichzeitig demokratische Freiheiten im Inland, im Namen der Terror-Prävention, ein. Last not least wird der Wiederaufbau Afghanistans über der Terror-Obsession vernachlässigt, wichtige Themen der interna-tionalen Politik finden nicht die erforderliche Aufmerksamkeit. Das gilt gleichermaßen für die Weiterverbreitung von Nuklear-waffen wie auch für die Klimaerwärmung.

Ein Bestseller mit Nebenwirkungen

Die westliche Wahrnehmung der arabisch-islamischen Welt folgt zunehmend Denkschablonen, die vielschichtige Wirklichkeiten zu Schlagwörtern reduzieren. So hat sich in westlichen Medien, in der Politik und weiten Teilen der Öffentlichkeit die Überzeu-gung durchgesetzt, ein Muslim habe im Wesentlichen eine ein-zige, eine islamische Identität, die in Richtung Dschihad weise. Es ist dabei nicht ohne Ironie, dass ein radikaler Islamist, der zur Gewalt gegen Ungläubige aufruft, genauso argumentieren würde.

Terror und Gewalt im Namen des Islam werden gleichgesetzt mit dem Islam als Ganzem. Abgesehen davon, dass solche Verallgemeinerungen nichts erklären, haben Menschen in aller Regel nicht nur eine Identität, sondern mehrere, die sich überlagern und ablösen können. Der zeitgenössischen europäischen und amerikanischen Literatur liegt bekanntlich die Zerrissenheit des Individuums als ein zentrales Leitmotiv zugrunde. Umso erstaunlicher, dass auch Samuel Huntingtons Bestseller vom „Kampf der Kulturen" („Clash of Civilisations", 1998) der schlichten Formel „Ein Mensch – eine Identität" folgt. Seine Ansichten wären der Erwähnung nicht wert, hätte Huntington nicht ein konfrontatives Weltbild entworfen, das westliche Politik gegenüber dem Nahen und Mittleren Osten bis heute maßgeblich prägt. Dieses Islambild beruht wesentlich auf einem kulturellen Fundamentalismus, der das Entstehen von Feindbildern begünstigt.

Huntington unterteilt die Welt entlang „zivilisatorischer Linien", die sich an den jeweils vorherrschenden Religionen orientieren. Ihnen allein widmet er seine Aufmerksamkeit. Er stellt der „westlichen Zivilisation" die „islamische Zivilisation", die „buddhistische Zivilisation", die „hinduistische Zivilisation" etc. gegenüber. Dabei räsoniert er insbesondere über die „blutigen Grenzen" zwischen dem Westen und dem Islam, die sich beinahe naturgesetzlich über kurz oder lang in einem „Kampf der Kulturen" entlüden. Da dieser Slogan griffig ist und emotional anspricht, hinterließ er schnell Spuren im kollektiven Weltbild des Westens. Richtiger wird er dadurch nicht. Sind denn die Gewalt zwischen Israelis und Palästinensern, die Kämpfe im Irak und in Afghanistan Ausdruck eines Kulturkampfes? In erster Linie geht es um Macht, Territorium und Hegemonie – verschiedene islamistische Gruppen, auch terroristische, bekämpfen proamerikanische Regierungen und westliche Interessen oder fordern wie die Hamas einen palästinensischen Staat. Die dabei angewandten Methoden sind zu verurteilen, aber hier geht es um Politik, nicht um ganze Kulturen. Politische Konflikte können sich entlang religiöser Zugehörigkeiten entzünden oder zuspitzen, sind jedoch kein Streit um Offenbarungsschriften. Kein seriöser Historiker oder Politologe würde behaupten, der Konflikt in Nordirland sei ein „Kampf der Kulturen" zwischen Anhängern und Gegnern der Schriften Martin Luthers. Gleichermaßen ist der Konflikt zwischen Israelis und Palästinensern kein Kampf zwischen Judentum und Islam, auch wenn einige ihn gerne so sehen. Die Frage lautet vielmehr, ob und in welchen Grenzen die Palästinenser ihren eigenen Staat erhalten.

Unabhängig davon, dass es Unsinn ist, den Islam auf al-Qaida zu reduzieren, übersehen westliche Meinungsmacher häufig, dass der islamistischen Gewalt auch und zu einem erheblichen Teil Muslime in arabischen und islamischen Staaten zum Opfer fallen. In Form von Terroranschlägen, wie es sie etwa in Casablanca, Kairo, Istanbul oder Riad gegeben hat. Das gilt ebenso für die beinahe täglichen Attentate auf Zivilisten im Irak, die wechselseitig auf das Konto sunnitischer und schiitischer Extremisten gehen, oder für die Angriffe auf schiitische Moscheen in Pakistan. Auf diesen Zusammenhang hinzuweisen heißt nicht, die von Islamisten ausgehende terroristische Gefahr im Westen kleinzureden. Diese Gefahr besteht, und sie ist in Europa proportional dort am größten, wo die engste politische Anbindung an die Nah- und Mittelostpolitik der USA besteht: in Großbritannien.

Abgesehen von der auch in westlichen Staaten operierenden al-Qaida ist die islamistische Gewalt Ausdruck einer innerislamischen, brutal geführten und von Stammesdenken geprägten Auseinandersetzung um die Zukunft von Staat und Gesellschaft. Eine radikale Minderheit glaubt ihre Vision eines Gottesstaates der Bevölkerungsmehrheit aufzwingen zu können. Konkret geht es um verschiedene Gruppen meist arabischer Sunniten mit einer extremistischen Interpretation des Islam.

Sie versuchen, die Regierungen islamischer Staaten durch ein Kalifat zu ersetzen. Dabei bekämpfen sie als „fernen Feind" auch die USA und ihre europäischen Verbündeten, die diese Staaten unterstützen. Sie glauben, wenn sie dem Westen genügend Furcht einflößen, wird er sich zurückziehen und sie können ihr Ziel erreichen. Wenn wir unbedingt den Begriff „Kampf der Kulturen" verwenden wollen, so handelt es sich um einen innerislamischen Kulturkampf, in dem Dogmatiker ihre Ziele ohne Rücksicht auf die eigene Bevölkerung in klarer Abgrenzung zu Freiheit und Demokratie zu erreichen versuchen. Der eigentliche Feind ist dabei der liberal gesinnte Muslim – erst in zweiter Linie die USA oder ihr nahöstlicher Verbündeter Israel. Langfristig dürfte ihr Modell scheitern, weil es nicht menschlichen Bedürfnissen entspricht. Auf absehbare Zeit allerdings werden gewaltbereite Islamisten noch viel Unheil anrichten. Allein deswegen, weil der „Krieg gegen den Terror" Wasser auf ihren Mühlen ist.

Gäbe es einen „Kampf der Kulturen": Warum haben dann die frühen Muslime in den von ihnen eroberten Gebieten Christen und Juden nicht ähnlich behandelt wie beispielsweise die spanischen Eroberer Lateinamerikas die Maya oder die Inka? Oder fallen diese von der Kirche gebilligten Massaker nicht in die Kategorie Kulturkampf, wie Huntington und seine Anhänger ihn verstehen? Wahrscheinlich nicht, denn ihr Anliegen ist ein anderes. Sie suchen eine Legitimation für die nicht selten rücksichtslose Machtpolitik des Westens, die entsprechende Gegenreaktionen auslöst. Nun könnte man sachlich deren Ursachen ergründen und nach Alternativen suchen. Das Ergebnis wäre allerdings wenig schmeichelhaft für die Verantwortlichen in Washington. Auch nicht für die vielen „Kulturkämpfer" in Europa und in Israel, die von der eigenen moralischen Überlegenheit überzeugt sind und ihre Widersacher entsprechend dämonisieren: hier die Vernunft, dort die Gewalt, das Unberechenbare, die niederen Instinkte. Noch die größte außenpolitische Dummheit erscheint in diesem Licht als eine zivilisatorische Mission.

Die Notwendigkeit, das westliche Überlegenheitsdenken zu zügeln, darf natürlich nicht auf einen Kulturrelativismus hinauslaufen, der Zwang und Gewalt in anderen Gesellschaften übersieht oder die Missachtung von Menschenwürde und Rechtsstaatlichkeit als Ausdruck „kultureller Authentizität" schönredet. Gleichzeitig ist jedoch festzuhalten, dass gerade einmal neun Prozent der Weltbevölkerung „weiß" sind und immer weniger Menschen westliche Ideale als vorbildlich ansehen. Die Vorstellung, dass wir unsere Institutionen und Auffassungen anderen auferlegen könnten, ist nicht realistisch. Der stets mündiger und selbstbewusster werdende Andere verlangt einen Platz in unserem Weltbild – für andere Mentalitäten, andere Religionen, andere Gefühle, andere Ideen von Schönheit und Kultur. Es ist eine Frage des Eigeninteresses. Wir werden akzeptieren müssen, dass neue, nicht-westliche Werte alte westliche Werte beeinflussen werden. Die Globalisierung ist keine Einbahnstraße. Natürlich gibt es auch unter Muslimen hinlänglich antiwestliche Ressentiments. Wenn es uns aber in der gegenwärtigen explosiven Lage nicht gelingt, die Köpfe und Herzen der muslimischen Mehrheit zu gewinnen, wird auch weiterhin ein Konflikt aus dem nächsten geboren.

Der „Islamo-Faschismus" aus der Nähe besehen

Doch im Westen verstärken sich eher noch die Feindbilder. Wir scheinen Gefangene unserer emotionalen Ablehnung des Islam zu sein, die gleichzeitig Ausdruck von Angst ist. Ideologie prägt westliche Politik; Dialog, Pragmatismus und Augenmaß gelten als „Appeasement", als naive Friedensträumerei. Denn der

Feind ist zu allem entschlossen, wie der Begriff des „Islamo-Faschismus" suggeriert, der den „Krieg gegen den Terror" in der Ära Bush zusätzlich zu legitimieren suchte und besonders in den USA und Israel noch immer zum geläufigen politischen Vokabular gehört. Er geht maßgeblich auf den britischen Orientalisten Bernard Lewis zurück, einen Berater des Weißen Hauses, bekannt für seine feindselige Haltung gegenüber dem Islam. Der in den neunziger Jahren geprägte Begriff bezeichnet generell islamisch-fundamentalistische Bewegungen, die als „dritte totalitäre Bedrohung" nach Faschismus und Kommunismus angesehen werden. Al-Qaida ist damit ebenso gemeint wie Hamas, Hisbollah, marokkanische und algerische Islamisten oder die ägyptischen Muslimbrüder. Da Faschismus und Kommunismus im 20. Jahrhundert nur mit militärischer und politischer Entschlossenheit seitens der freien Welt zu besiegen waren, gelte dieser Erfahrungswert analog auch für den „Islamo-Faschismus" des 21. Jahrhunderts.

Um es noch einmal klar und deutlich in Erinnerung zu rufen: Der islamische Fundamentalismus ist ursprünglich eine Bewegung, die sich gegen westliche Einflüsse und ungerechte Herrscher in den arabisch-islamischen Ländern wendet. Er umfasst ein breites Spektrum, das von al-Qaida bis zur türkischen Regierungspartei reicht. Islamisten sind nicht per se gewaltbereit, nur ein Teil von ihnen sieht Terror und Gewalt als legitim an. In der zweiten Hälfte der neunziger Jahre war der Islamismus als Massenbewegung weitgehend diskreditiert und politisch in einer Sackgasse. Erst der „Krieg gegen den Terror" hat den Islamisten weltweit erneut Auftrieb verliehen und sie vielfach zusätzlich radikalisiert. Es gibt keine organisatorischen Verbindungen oder politische Gemeinsamkeiten zwischen al-Qaida einerseits und Hamas, Hisbollah oder den Muslimbrüdern andererseits. Wer hier Dinge gleichsetzt, die inhaltlich nicht gleichzusetzen sind, könnte in Bezug auf deutsche Verhältnisse auch argumentieren, RAF und SPD seien die beiden Seiten derselben Medaille.

Islamistische Bewegungen instrumentalisieren die Religion und benutzen sie als Ideologie, sie streben aber im Gegensatz zu Faschismus und Kommunismus nicht danach, einen neuen Menschen zu erschaffen. Hinzu kommt, dass islamistische Bewegungen nicht notwendigerweise aufgrund ihrer Weltanschauung einflussreich werden, vielmehr sind sie ein Ventil für bestehende gesellschaftliche Spannungen. Selbst dort, wo der Islamismus de facto an der Macht ist, in Saudi-Arabien und im Iran, ist ein Minimum an gesellschaftlicher Pluralität gewährleistet, herrschen nicht Ein-Parteien-Systeme, gibt es keinen schrankenlosen Führerkult, keine transnationale Ideologie, keine staatlich gelenkte und dominante Rüstungsindustrie, keine Allianzen zwischen Bürgertum oder „Proletariat" einerseits und dem militärisch-industriellen Komplex andererseits. Weder al-Qaida noch die Taliban sind als Reaktion auf schwache Demokratien entstanden (wie der Faschismus) oder als „revolutionäre" Antwort auf ein historisch überlebtes Feudalsystem (wie der Sowjetkommunismus).

Das heißt nun nicht, dass es innerhalb islamistischer Bewegungen keine Berührungspunkte mit faschistischem oder rechtsextremen Gedankengut gäbe. Demokratiefeindlichkeit, Verachtung von Homosexualität, antisemitische Einstellungen, Drohungen gegenüber Abweichlern bis hin zum Fememord, um einige Beispiele zu nennen, sind auch bei ihnen zu verzeichnen. Darüber hinaus gibt es in der islamischen Welt eine Reihe von Regimen, die als totalitär zu bezeichnen sind und sich insbesondere einen kaum noch zu steigernden Führerkult leisten. Allerdings sind diese Diktaturen enge Verbündete der USA im „Krieg gegen den Terror" und spielen im Kontext des „Islamo-Faschismus" keine Rolle: Aserbaidschan, Usbekistan, Kasachstan und vor allem Turkmenistan.

Ideologie prägt die westliche Wahrnehmung des Islam. Kein seriöser westlicher Politiker oder Publizist käme auf die Idee, etwa mit Blick auf fanatisierte und oft genug gewaltbereite jüdische Siedler im Westjordanland, von einem „Judeo-Faschismus" zu sprechen. Oder angesichts des Einflusses evangelikaler fundamentalistischer Kreise in Washington einen „christlichen Faschismus" zu bemühen. Die Rede vom „Islamo-Faschismus" dagegen bietet griffige Erklärungen, schürt Ängste und zeugt von Entschlossenheit.

Mit dem Wahlsieg Barak Obamas bei den US-Präsidentschaftswahlen 2008 haben sich die Akzente amerikanischer Politik gegenüber der arabisch-islamischen Welt deutlich verschoben. Der neue Präsident ist erkennbar bemüht, einen neuen Ton anzuschlagen. In seiner vielbeachteten Grundsatzrede in Kairo im Sommer 2009 bekannte er sich ausdrücklich zum Dialog mit dem Islam und erteilte pauschalen Verdächtigungen gegenüber Muslimen eine Absage. Diese Rückkehr zum Pragmatismus nicht allein in den transatlantischen, sondern auch in den Beziehungen zum Nahen und Mittleren Osten stellt einen klaren Bruch mit der Linie seines Vorgängers George W. Bush dar. Damit ist allerdings weder die Islamophobie westlicher Gesellschaften überwunden noch eine neue Geopolitik geschaffen. Die Realitäten sind geblieben: das Chaos im Irak und in Afghanistan, die Bedrohung durch al-Qaida, das Reizthema Iran, der ungelöste Nahostkonflikt. Doch wird der Begriff „Krieg gegen den Terror" nach Möglichkeit vermieden, ist das Wort „Islamo-Faschismus" seltener geworden.

Afghanistan.
Wie die Nato gegen die Taliban verliert

Als Reaktion auf die Terroranschläge vom 11. September 2001 begannen die USA einen Monat später einen Feldzug in Afghanistan mit dem Ziel, die Taliban, die Gastgeber von al-Qaida und Osama bin Laden, aus Kabul zu vertreiben und ihr Regime zu stürzen. Im November bereits hatten sie ihr Ziel erreicht. Dabei setzten sie, anders als 2003 im Irak, nur in begrenztem Maß eigene Bodentruppen ein. Stattdessen überließ das Pentagon den jahrelangen Kriegsgegnern der Taliban, der Nordallianz, den eigentlichen Vorstoß auf Kabul. Die Amerikaner beschränkten sich weitgehend darauf, Taliban-Stellungen zu bombardieren und die Nordallianz logistisch zu unterstützen.

Damit begannen die Probleme: Afghanistan ist eine Stammesgesellschaft, ein Vielvölkerstaat, in dem die Paschtunen mit rund 60 Prozent die Bevölkerungsmehrheit stellen. Die Taliban rekrutieren sich überwiegend aus Paschtunen, hauptsächlich aus den Reihen der afghanischen Landbevölkerung, aber auch aus dem Millionenheer paschtunischer Flüchtlinge in Pakistan. Bis zum Beginn der amerikanischen Angriffe kontrollierten die Taliban rund 90 Prozent Afghanistans. Die Nordallianz setzte sich vor allem aus Tadschiken und Usbeken zusammen und beherrschte lediglich zehn Prozent des Landes im Norden. Nachdem sie in Kabul einmarschiert war, riss sie sogleich die Macht an sich. Parallel dazu verständigte sich die internationale Gemeinschaft auf einen politischen Neuanfang in Afghanistan. Auf einer Konferenz im Hotel Petersberg bei Bonn legten die USA und ihre Verbündeten im Dezember 2001 die Strukturen der neuen Staatsordnung fest. Übergangspräsident wurde der amerikanischen Neokonservativen nahestehende Paschtune Hamid Karzai, der 2004 bei den ersten freien Präsidentschaftswahlen im Amt bestätigt wurde. Im Jahr darauf folgten Parlamentswahlen, fragwürdig wie auch die nächsten, 2010. Parteien sind in Afghanistan verboten, stattdessen wurden Einzelkandidaten gewählt, darunter viele ehemalige Kriegs- und Drogenfürsten. Ihre Rivalen schalteten sie häufig bereits im Vorfeld durch Drohungen oder Mord aus.

2009 ließ sich Karzai mit Hilfe einer massiv gefälschten Stimmauszählung erneut im Amt bestätigen. Mangels Alternative erkannten die westlichen Verbündeten das Ergebnis an.

Ein neuer Staat – auf Sand gebaut

Drei entscheidende Fehler begingen die Teilnehmer der Petersberg-Konferenz. Sie wirken bis heute fort und erklären maßgeblich, warum sich der Westen in Afghanistan in einer Sackgasse befindet. Zum einen wurde die Machtübernahme der Nordallianz in Kabul de facto bestätigt. Zwar ist Hamid Karzai Paschtune, die eigentlichen Machthaber sind aber seither Tadschiken. Sie kontrollieren die Schlüsselministerien und haben somit Zugriff auf staatliche Ressourcen, namentlich die Milliardenbeträge an ausländischen Hilfszahlungen, von der die afghanische Wirtschaft maßgeblich lebt. Die Wahlen änderten nichts an der Dominanz der Tadschiken, da die eigentlichen Entscheidungen nicht im Parlament fallen, sondern in Hinterzimmern. Afghanische Politik ist weitgehend ein Patronagesystem, in dem einzelne regionale Führer über unterschiedlich einflussreiche Netze und Seilschaften gebieten. Betrachtet man die moderne Geschichte Afghanistans seit der Mitte des 18. Jahrhunderts, so hat es nur ein einziges Mal einen Herrscher in Kabul gegeben, der nicht Paschtune war – und der wurde ermordet. Es ist völlig undenkbar, dass die Paschtunen auf Dauer die tadschikische Vorherrschaft in Afghanistan anerkennen. Indem die Petersberg-Konferenz die von den Tadschiken geschaffenen Fakten akzeptierte, hat sie indirekt der Wiederaufnahme von Bürgerkrieg und Staatszerfall den Weg bereitet. Sowohl in Afghanistan wie auch im Irak zeigt sich, dass die vom Westen, namentlich den USA forcierte politische Neuordnung von einem fast schon messianischen Glauben an die heilende Kraft der Demokratie beseelt war. Man hat dabei allerdings übersehen, dass es in beiden Fällen keine soziale Basis für einen Westminster-Parlamentarismus gibt. Beide Staaten sind Stammesgesellschaften, in denen die Loyalität in erster Linie der eigenen Gruppe gilt – nicht dem Zentralstaat.

Womit wir beim zweiten Fehler wären: Nach dem Abzug der sowjetischen Truppen aus Afghanistan haben sich die Mudschahidin, die von den USA und Saudi-Arabien unterstützten „Glaubenskämpfer", untereinander bis aufs Messer um die Macht in Kabul bekämpft. Dabei haben sie Anfang der neunziger Jahre die Hauptstadt in Schutt und Asche gelegt, aber auch in den übrigen Landesteilen große Verheerungen angerichtet. Anstatt diese Kriegsfürsten, die für den Tod Zehntausender verantwortlich sind, zur Rechenschaft zu ziehen, wurden sie auf dem Petersberg hofiert und anschließend von der Regierung Karzai mit Gouverneurs- oder Ministerposten eingebunden. Man hat folglich den Bock zum Gärtner gemacht. Auf deutsche Verhältnisse übertragen wäre das ungefähr so, als hätte die Regierung Adenauer Goebbels oder Himmler zum Innenminister ernannt. Gleichzeitig wurden aber die Taliban dämonisiert. Obwohl sie auch nach ihrem Sturz der entscheidende Machtfaktor unter den Paschtunen geblieben sind, hat sich maßgeblich Washington strikt geweigert, zumindest einige ausgewählte gemäßigte Talibanführer oder den Taliban nahestehende Stammesvertreter in die Neuordnung einzubeziehen. Emotional mag das verständlich sein, politisch war es eine ähnlich folgenschwere Fehlentscheidung wie die Auflösung der irakischen Armee nach dem Sturz Saddam Husseins – in beiden Fällen wurden damit gewissermaßen per Federstrich Zehntausende „Widerstandskämpfer" geboren.

In diesem Zusammenhang sei erwähnt, dass die Paschtunen die Taliban nicht mit den Kriegsfürsten gleichsetzen. Die Taliban, wörtlich übersetzt: „Religionsstudenten", entstanden im September/Oktober 1994 in der Region Kandahar unter Führung des charismatischen Mullah Omar. Sie traten an, die landesweite Gewaltherrschaft und Gesetzlosigkeit der Mudschahidin-Warlords zu beenden und einen „wahrhaft" islamischen Staat zu errichten. Ungeachtet ihrer steinzeitlichen Ideologie wurde dieses Anliegen von den meisten Paschtunen geteilt, und in kürzester Zeit gelang es den Taliban – unterstützt vom pakistanischen Inlandsgeheimdienst ISI –, eine Provinz nach der anderen zu erobern, bis sie knapp zwei Jahre nach ihrer Gründung schließlich Kabul einnahmen.

Der dritte Fehler ergibt sich aus dem zweiten. Die westlichen Teilnehmer der Petersberg-Konferenz gingen davon aus, dass die Feindseligkeiten der unterschiedlichen Ethnien, Stämme, religiösen Gruppen und insbesondere der Mudschahidin untereinander mit der Neuordnung überwunden wären. In vollständiger Verkennung afghanischer Verhältnisse und Mentalitäten glaubten Amerikaner wie Europäer, der Sturz der Taliban sei eine historische Zäsur, die der Demokratie zum Durchbruch verhelfen und gleichzeitig den seit 1978/79 ununterbrochen geführten Krieg in Afghanistan wie von magischer Hand beenden werde. Demzufolge sah die Konferenz auch keine Veranlassung, einen Waffenstillstand auszuhandeln oder die Entwaffnung der diversen Gruppen einzufordern. Ein verhängnisvoller Irrtum, wie sich bald zeigen sollte.

Ausländische Interventionsmächte, die politische Veränderungen mit Hilfe des Militärs erreichen wollen, haben nur relativ wenig Zeit, bis sie als Besatzungsmacht angesehen werden. In Afghanistan wie auch im Irak hat die Bevölkerung den Neuanfang zunächst begrüßt. Doch erwies es sich für Afghanistan als fatal, dass die Regierung Bush keinerlei Interesse zeigte, sich am langwierigen und zweifelsohne schwierigen Projekt des „nation-building" zu beteiligen. Aus ihrer Sicht hatte sich das afghanische Problem mit dem Sturz der Taliban erledigt. Sie wollte ihre Kräfte und Ressourcen nicht über Gebühr am Hindukusch binden, weil sie bereits den nächsten Einmarsch, den Krieg im Irak vorbereitete. Für Washington war Afghanistan zunächst wenig mehr als ein strategischer Außenposten im „Krieg gegen den Terror", der es zudem erlaubte, auch in Zentralasien US- und Nato-Stützpunkte einzurichten, vor allem in Kirgistan. Damit wurde die Nato ein geostrategischer Rivale Russlands und Chinas im Wettlauf um die Erdöl- und vor allem Erdgasvorräte der GUS-Staaten. Moskau reagierte, indem es die zentralasiatischen Staaten politisch und wirtschaftlich hofierte. Heute verfügt die Nato nur noch über eine einzige Militärbasis, in Usbekistan. Alle anderen Verträge wurden gekündigt.

Amerikaner und Europäer verständigten sich zunächst auf eine Arbeitsteilung für Afghanistan. Amerikanische Truppen (maßgeblich unterstützt von britischen) setzten ihre mit dem Feldzug in Afghanistan begonnene Operation „Enduring Freedom" („Fortgesetzte Freiheit") im Süden und Osten des Landes fort, um dort die Taliban und al-Qaida zu bekämpfen. Diese Operation hat ihr Hauptquartier in Tampa/Florida und ist Teil jener „Koalition der Willigen" die auch den Irak-Krieg zu verantworten hat. Gleichzeitig wurde die ISAF gegründet, die „Internationale Truppe zur Unterstützung der Sicherheit". Sie ist eine vom Sicherheitsrat genehmigte UN-Schutztruppe unter Nato-Kommando, die aus freiwillig gestellten Soldaten und finanziellen Mitteln der beteiligten Staaten besteht. Ihre Aufgabe ist die Herstellung und Sicherung der inneren Ordnung Afghanistans. In der ISAF vertreten sind vor allem europäische Staaten, insbesondere Großbritannien, Deutschland, die Niederlande und die Türkei, auch Kanada stellt ein großes Kontingent. Die ursprüngliche Idee war, die Terrorbekämpfung klar vom militärisch geschützten zivilen Wiederaufbau zu trennen. Vereinfacht gesagt: Die Amerikaner jagen Terroristen, die Europäer bauen das Land wieder auf. Der Einsatz der ISAF war zunächst allerdings auf Kabul beschränkt. 2003 wurde er auf den Norden ausgeweitet, anschließend auf den Westen, 2006 auf das ganze Land. Parallel dazu verwischten die Grenzen zwischen den Missionen von ISAF und „Enduring Freedom". Heute spielen sie keine Rolle mehr.

Mehr und mehr wurde die Nato in einen Krieg ohne klar definierte Zielsetzung, ohne Zeitrahmen und ohne „exit option" hineingezogen. Gleichzeitig ist der Krieg am Hindukusch, der mittlerweile länger dauert als der Erste und der Zweite Weltkrieg zusammengenommen, weder in der deutschen noch in der europäischen Öffentlichkeit populär – und vor allem ist er nicht zu gewinnen.

Auch deswegen nicht, weil von den internationalen Hilfsgeldern für Afghanistan in Milliardenhöhe außerhalb der Hauptstadt Kabul viel zu wenig angekommen ist. Korruption und Vetternwirtschaft sorgen dafür, dass ein Großteil der Gelder verschwindet oder nur der jeweiligen Klientel der zuständigen Gouverneure, Minister und Beamten zugute kommt. Noch immer sind 60 Prozent des Landes ohne Elektrizität und 80 Prozent ohne Trinkwasser, während die (offizielle) Arbeitslosenquote bei 30 Prozent liegt. Gleichzeitig brachte die massive Unterstützung Washingtons für Hamid Karzai diesem in der afghanischen Bevölkerung den Vorwurf ein, ein Handlanger der

Amerikaner zu sein. Es gelang ihm aber nicht, eine Machtbasis unter den Paschtunen aufzubauen. Selbst sein eigener Stamm, aus dessen Reihen mehrere Könige Afghanistans kamen, unterstützt ihn eher halbherzig. Karzai, lange Zeit ein Medienliebling im Westen, ist ein Herrscher ohne Volk, dessen Einfluss kaum über Kabul hinausreicht. Ließen ihn die Amerikaner fallen, wäre er höchstwahrscheinlich binnen eines Tages nicht mehr im Amt oder tot.

Keine Macht den Drogen?

Die seit der Petersberg-Konferenz umworbenen Kriegsfürsten und ehemaligen Mudschahidin-Kommandanten haben die Spielregeln der neuen Ordnung schnell verstanden. Sie haben freie Hand in ihren jeweiligen Hochburgen, sofern sie keine Sympathien für die Taliban oder al-Qaida erkennen lassen. Diese Freiheit nutzten sie, indem sie den Drogenanbau, ihre wesentliche Einkommensquelle, nach Kräften förderten. Es ist nicht ohne Ironie, dass zur Zeit der Talibanherrschaft der Anbau von Rohopium für einige Jahre zum Erliegen kam. Seit ihrem Sturz ist er dagegen regelrecht explodiert. Heute ist Afghanistan mit 40 000 Tonnen jährlich (2009) Marktführer in Sachen Heroin – diese Menge deckt 90 Prozent der weltweiten und fast 100 Prozent der europäischen Nachfrage. Auch im Süden und Osten, im Einflussbereich der Taliban, ist der Drogenanbau mittlerweile eine Haupteinnahmequelle. Nur dort, wo die Taliban Rückhalt in der paschtunischen Bevölkerung genießen, werden die Rohopium-Felder, angeführt von US- und britischen Truppen, systematisch zerstört. In den übrigen Landesteilen nicht.

Das Unvermögen der afghanischen Regierung, sich Respekt und Autorität zu verschaffen, hat ebenso wie ihre sichtbare Abhängigkeit von amerikanischen Vorgaben in eine politische Sackgasse geführt. Hinzu kommen die schlechte Regierungsführung der Verantwortlichen und die traditionellen afghanischen Grundübel Vetternwirtschaft, Korruption und Stammesdenken. Diese Rahmenbedingungen haben das Comeback der Taliban erleichtert. Ebenso die zunehmend antiwestliche und antiamerikanische Stimmung in Afghanistan als Folge des Irak-Krieges und von Guantanamo, wo viele nachweislich unschuldige Afghanen über Jahre einsitzen mussten und zum Teil noch immer einsitzen. Überdies wurde der „Krieg gegen den Terror" ohne Rücksicht auf Verluste in der Zivilbevölkerung auf der Jagd nach al-Qaida- und Taliban-Anführern in die paschtunischen Stammesgebiete getragen. Nach dem Ehrenkodex eines Stammes müssen getötete Angehörige gerächt werden. Wenn also bei einer Anti-Terror-Operation beispielsweise im Rahmen einer Hochzeitsgesellschaft versehentlich 50 Zivilisten getötet werden und die Opfer aus fünf verschiedenen Stämmen kommen, so hat dieser Irrtum zur Folge, dass fünf Stämme mit Tausenden Angehörigen nunmehr den Westen allgemein als Feind ansehen und sich dem Widerstand anschließen. Dieselbe Entwicklung hat später auch im Irak, in den dortigen sunnitischen Stammesgebieten, stattgefunden.

Mit ihrer verfehlten Politik haben die USA und ihre Verbündeten die Menschen geradezu in die Hände der Taliban getrieben. Eine vor allem militärisch ausgerichtete Strategie, zu wenig Entwicklungshilfe und eine Anti-Drogen-Politik, die sich gegen paschtunische Bauern richtet, sie Hunger und Armut überlässt – hier liegen die Hauptfehler.

So wurden in der Zeit von 2002 bis 2006 in Afghanistan 825 Milliarden Dollar für Militäroperationen ausgegeben, aber nur 73 Milliarden Dollar für den Wiederaufbau. Die Militärausgaben übersteigen die Hilfsgelder somit um 1000 Prozent. Einen messbaren Erfolg hat die Terrorbekämpfung gleichwohl nicht vorzuweisen, weder die Anführer der Taliban noch die von al-Qaida wurden dadurch ausgeschaltet, auch nicht ihre Infrastruktur.

US-Präsident Barak Obama, der den Krieg im Irak stets abgelehnt hat, glaubt an einen Sieg in Afghanistan. Mit Hilfe von 30 000 zusätzlichen Soldaten will er die Taliban bis 2012 soweit in die Defensive treiben, dass sie politisch keine oder nur noch eine marginale Rolle spielen. Nicht alle Verbündeten glauben an den Erfolg dieser Strategie. Namentlich Kanada und die Niederlande haben angekündigt, ihre Truppen unwiderruflich 2011 aus Afghanistan abzuziehen. Die Bundesregierung dagegen folgt dem Kurs Washingtons. Bei einer Militäraktion unter deutschem Kommando starben im September 2009 mehr als 140 Menschen, darunter zahlreiche Zivilisten. Dieser folgenreichste deutsche Militäreinsatz seit dem Zweiten Weltkrieg erschütterte die Bundesregierung über Monate hinweg und führte zum Rücktritt des damals verantwortlichen Verteidigungsministers.

Was die Geschichte lehrt

Nichts deutet darauf hin, dass der Westen Afghanistan zu befrieden vermag. Die unter Obama verfügten verstärkten Bodenoffensiven im Süden des Landes, in den Hochburgen der Taliban, haben keine dauerhaften Siege erbracht. Klare Fronten zwischen „gut" und „böse" sind kaum noch auszumachen. Ob ein afghanischer Kriegsherr sich für oder gegen die Taliban entscheidet, hat nichts mit „Werten" zu tun, sondern allein mit der Frage, aus welcher Allianz er den größeren Nutzen zieht. Das grundsätzliche Dilemma des Westens, vor allem der Nato, besteht darin, eine Niederlage gegen die Taliban unmöglich einräumen zu können. Müsste sich das westliche Militärbündnis einer Guerillatruppe geschlagen geben, wäre es hinfällig. Vermutlich wird der Krieg solange weitergeführt, bis der US-Präsident oder der Nato-Oberbefehlshaber einen vermeintlichen Sieg verkünden, der einen Abzug ohne Gesichtsverlust erlaubt.

Zur Zeit der sowjetischen Besatzung kämpften 100 000 sowjetische und noch einmal 100 000 afghanische Soldaten gegen die Mudschahidin. Am Ende besiegten die „Glaubenskämpfer" Moskau, was wiederum den Untergang des sowjetischen Imperiums beschleunigte. Heute kämpfen 50 000 „Enduring Freedom"- und noch einmal knapp 40 000 ISAF-Soldaten in Afghanistan (plus 30 000 Mann bis 2012), unterstützt von 44 000 afghanischen Soldaten, auf die allerdings nur bedingt Verlass ist. Gibt es einen rationalen Grund für die Annahme, dem Westen könne in Afghanistan gelingen, was den Sowjets misslang? Die Geschichte scheint sich zu wiederholen: Damals kontrollierten die Sowjets die Städte, nicht aber das Land. Den westlichen Truppen könnte es bald schon ähnlich gehen.

Historisch besehen war Afghanistan Kreuzungspunkt mehrerer alter Karawanenrouten wie der Seidenstraße und immer auch Grenz- und Transitland für ausländische Eroberer, darunter schon für Alexander den Großen. Im 19. Jahrhundert prallten hier die Einflussbereiche Russlands und Britisch-Indiens aufeinander. Drei Kriege führte Großbritannien in Afghanistan mit dem Ziel, das Land zu unterwerfen und den russischen Einfluss zurückzudrängen. Das erste Expeditionskorps umfasste 16 000 Soldaten. Sie wurden 1841 bis auf einen einzigen Mann von afghanischen Stammeskriegern getötet. Den letzten ließen sie leben, damit er Bericht erstatte. Nach dem Zweiten Weltkrieg suchten die USA die politische Nähe zu Pakistan und Indien, was wiederum Afghanistan veranlasste, sich an Moskau zu orientieren. Für Afghanistan ist der östliche Nachbar Pakistan ein großer strategischer Rivale. Vor allem fürchtete Kabul stets, Islamabad könne mit Hilfe der Paschtunen, die beiderseits der Grenze leben, Einfluss auf die afghanische Innenpolitik nehmen. Eine sehr berechtigte Sorge, wie der Werdegang der Taliban bezeugt. Ohne Rückendeckung aus Pakistan hätten diese ihren Siegeszug nicht antreten können.

Nach dem 11. September 2001 schloss sich Islamabad formal dem „Krieg gegen den Terror" an, sieht aber in der von Tadschiken dominierten Regierung in Kabul einen Widersacher. Tatsächlich sind die Beziehungen der Regierung Karzai zum pakistanischen Erzfeind Indien weitaus besser als zu Pakistan. Es dauerte nicht lange, bis Islamabad seine Unterstützung der Taliban wieder aufnahm – auch als Antwort auf die enger werdenden Beziehungen zwischen den USA und Indien. Vor allem Washingtons Anerkennung Indiens als Atommacht bei gleichzeitiger Kritik am pakistanischen Atomarsenal irritiert Islamabad. Gewissermaßen als Faustpfand lassen die pakistanischen Behörden die Taliban in den Grenzgebieten zu Afghanistan weitgehend ungestört agieren. Auch Osama bin Laden und die Führung von al-Qaida sollen sich auf der pakistanischen Seite der Grenze aufhalten, offiziell ohne Wissen der Behörden. Wieder einmal zeigt sich, dass alles mit allem zusammenhängt – und der „Krieg gegen den Terror" zu einer Lösung der Probleme nicht beiträgt.

Irak.
Der unaufhaltsame Weg in den Abgrund

Die Tragödie des modernen Irak, einst die Wiege einer der ersten Hochkulturen der Menschheit, beginnt bereits mit seiner Staatsgründung 1920. Nunmehr geriet das Land, dessen Grenzen von den Briten willkürlich mit dem Lineal gezogen worden waren, in den Sog der Weltpolitik, nachdem es zuvor ein Schattendasein als unbedeutende Provinz im Osmanischen Reich geführt hatte. Ursache war vor allem das Erdöl – der Irak verfügt nach Saudi-Arabien über die weltweit größten Erdölreserven. Doch die irakische Nation bestand nur auf dem Papier, die eigentlichen Machthaber waren und blieben örtliche Stammesfürsten und religiöse Führer. Kaum war er gegründet, begann im Irak ein landesweiter Aufstand gegen die britische Besatzung, der rund 10 000 Einheimische und 2000 Briten das Leben kostete. Um die Lage zu beruhigen, entschied sich London für ein System indirekter Herrschaft („indirect rule") ähnlich wie in Indien und setzte 1921 Faisal, den Sohn des Scherifen von Mekka, in Bagdad als König ein. Gleichzeitig teilten sich Großbritannien, Frankreich, die USA und die Niederlande die Rechte an der irakischen Erdöl-Förderung. An die irakische Regierung zahlte sie Abgaben, die aber nur Bruchteile der erzielten Gewinne ausmachten.

1958 schließlich die Zäsur: Unter General Abdel Karim Kassem putschte die Armee und stürzte die Monarchie. Die irakische Republik wurde ausgerufen. Die Putschisten beendeten die privilegierten Beziehungen zum Westen. Sie verkündeten eine Bodenreform, verstaatlichten Teile der Erdölindustrie und orientierten sich außenpolitisch an Moskau. Ein kurzer Frühling der Freiheit brach an, die Pressefreiheit wurde eingeführt, die Kurden im Norden galten nunmehr als gleichberechtigte Partner der Araber. Doch mangels gesellschaftlicher Basis, infolge einer fehlenden Mittelschicht, geriet die irakische Politik in einen Sog rivalisierender Machtinteressen, löste ein Putsch den nächsten ab, starben die Ministerpräsidenten bis auf einen nach wenigen Monaten im Amt durch die Kugeln ihrer jeweiligen Nachfolger. 1968 putschte sich die Baath-(Wiedergeburts-)Partei an die Macht, erlebte blutige Säuberungen, bis Saddam Hussein 1979 die Herrschaft an sich riss, die Führung in der Partei übernahm und das Land bis zur amerikanisch-britischen Invasion 2003 mit äußerster Brutalität regierte.

Irak ist ein künstlich geschaffener Staat ohne einheitliches Staatsvolk. Drei Bevölkerungsgruppen sind prägend: im Norden die überwiegend sunnitischen Kurden, die keine Araber sind, sich aber wie diese in zahlreiche Stammesverbände und Clans aufteilen. Sie stellen etwa 20 Prozent der Gesamtbevölkerung, ebenso die arabischen Sunniten im Zentrum Iraks. Rund 60 Prozent der Bevölkerung entfallen auf arabische Schiiten, die überwiegend im Süden leben. Es gibt andere ethnische und religiöse Gruppen, darunter Turkmenen und Christen, die aber quantitativ und politisch unbedeutende Minderheiten sind. Um den Zentralstaat zu stärken und seine eigene Macht zu festigen, setzte Saddam Hussein auf das Militär und die Geheimdienste. Gleichzeitig wurde die ursprünglich arabisch-nationalistische Baath-Partei ein Sammelbecken seiner Anhänger und Günstlinge. Fast alle Führungspositionen besetzte er mit Angehörigen seines eigenen Stammes. Mit eiserner Faust hielt er das Land zusammen und terrorisierte gleichermaßen Kurden und Schiiten, während die Sunniten ihre bis in osmanische Zeit zurückreichende Vorherrschaft im Irak auch unter Saddam beibehielten.

Saddam und die Folgen

Ohne Zweifel war Saddam Hussein einer der übelsten Despoten des 20. Jahrhunderts. Allerdings wäre seine Karriere nicht denkbar gewesen ohne die maßgebliche Unterstützung, die er vor allem seitens der USA, aber auch von europäischen und arabischen Staaten erfuhr. Zum einen aufgrund der irakischen Erdölvorkommen, zum anderen aufgrund des von ihm 1980 entfesselten Krieges gegen den Iran. In Verkennung der Realität glaubte Saddam, als Folge der Revolutionswirren sei das Nachbarland schwach und leichte Beute. Er wollte den Grenzverlauf im Schatt al-Arab zugunsten Iraks verändern und die ölreiche, mehrheitlich von Arabern bewohnte iranische Provinz Khusistan erobern – ganz im Sinne seiner westlichen und arabischen Förderer, die in der Islamischen Republik eine Bedrohung sahen. Saddams Kalkül ging nicht auf. 1988 endete der Krieg mit einem Waffenstillstand entlang der alten Grenzen. 250 000 Iraker und mehr als eine Million Iraner hatten den Krieg mit ihrem Leben bezahlt. Besaß der Irak 1979 noch Geldreserven in Höhe von 35 Milliarden Dollar, war Bagdad nach dem Krieg mit mehr als 80 Milliarden Dollar verschuldet.

In Ungnade fiel Saddam im Westen jedoch erst nach seinem Überfall auf Kuwait im August 1990. Von dort wurden die irakischen Truppen im Februar 1991 von einer internationalen Allianz unter Führung der USA im Zweiten Golfkrieg wieder vertrieben. Mit dem Einmarsch in Kuwait gefährdete er unmittelbar westliche geopolitische Interessen, namentlich die Erdölversorgung. Erst von diesem Zeitpunkt an galt er als skrupelloser Diktator, wurde der Einsatz von (amerikanischem) Giftgas gegen Kurden 1988 angeprangert, ebenso die Niederschlagung einer schiitischen Revolte 1991 im Süden des Irak. Als Folge des irakischen Überfalls verhängten die Vereinten Nationen Sanktionen gegen das Land, die zur Verelendung weiter Teile der Bevölkerung führten. Hunderttausende Iraker starben aufgrund fehlender medizinischer Versorgung oder an Unterernährung, vor allem Kinder. Das 1995 eingeführte UN-Programm „Öl gegen Lebensmittel" reichte nicht aus, die Not zu lindern. Zudem wurde es sowohl vom irakischen Regime wie auch von der US-Regierung immer wieder manipuliert und als Druckmittel eingesetzt. Die Bereitschaft, über Leichen zu gehen, war auf beiden Seiten gleich stark ausgeprägt.

Der – völkerrechtswidrige – Krieg gegen den Irak, zum Sturz Saddam Husseins im März/April 2003, wurde seitens der Regierungen Bush und Blair mit Hilfe bewusster Manipulationen der Weltöffentlichkeit, bis hin zur medienwirksam inszenierten Lüge, gerechtfertigt. In die Geschichte eingehen dürfte der Auftritt des damaligen US-Außenministers Colin Powell, der im Februar 2003 vor den Vereinten Nationen gefälschtes Beweismaterial über angebliche irakische Massenvernichtungswaffen vorlegte. Waffen, von denen schon damals jeder, der es wissen wollte, auch wissen konnte, dass es sie nicht gab. Gleiches gilt für die angeblichen Verbindungen Saddam Husseins zu al-Qaida. Und schon vor dem Krieg war offenkundig, dass nicht der Sturz des Regimes die eigentliche militärische und politische Herausforderung sein würde, sondern die Zeit danach.

Im Vorfeld des Irak-Krieges wurden dessen Apologeten nicht müde, die zu erwartende historische Neuordnung hervorzuheben. So wie in Deutschland und Japan nach dem Zweiten Weltkrieg die Demokratie habe Einzug halten können, werde auch der Irak einen politischen Frühling erleben, würden die neuen Verhältnisse die Demokratisierung des gesamten arabischen Raumes beflügeln und auch den Nahostkonflikt wie mit Zauberhand beenden – allein deswegen, weil die Hamas doch nunmehr ihren maßgeblichen „Terror-Sponsor" verlöre. Ich habe selbst an vielen Talk-Shows und Diskussionsrunden teilgenommen, in denen vergleichsweise intelligente Menschen an diesem Mantra unerschütterlich festhielten. Der Verweis auf die schlichte Tatsache, dass die gesellschaftlichen Verhältnisse und politischen Rahmenbedingungen in Deutschland und Japan nach 1945 mit jenen im Irak 2003 nicht zu vergleichen seien, wurde überhört, überspielt oder mit herablassender Geste kommentiert. Mein Eindruck ist, dass die vielbeschworene westliche Rationalität regelmäßig aussetzt, wenn es um den Nahen und Mittleren Osten geht. Nicht Augenmaß und Realitätssinn prägen dann die Agenda, vielmehr Ideologie und Überlegenheitsdenken – der felsenfeste Glaube, die Menschen dort warteten nur darauf, von „uns" befreit zu werden, sich „unserem" machtpolitischen Kalkül zu unterwerfen. Die Naivität und Demagogie vieler dieser Sandkasten-Strategen ist erschütternd und gefährlich zugleich. Sie verstehen nichts von arabischer oder islamischer Geschichte, Mentalität und Kultur, und sie wollen sich damit auch nicht auseinandersetzen, weil Sachlichkeit ihr Weltbild in Frage stellen würde. Nur vollständige Ignoranten konnten ernsthaft annehmen, Amerikaner und Briten würden im Irak als Befreier angesehen und eine von außen verordnete „Demokratisierung" könnte die dortige Neigung zu Stammesdenken und Gewaltanwendung überwinden.

Die Fehler der Amerikaner

Welche Fehler haben die USA nach dem Sturz Saddams konkret begangen? Die Frage ließe sich mit Hilfe der Gegenfrage schneller beantworten: Welche haben sie ausgelassen? Drei Kardinalfehler:

Zum einen begünstigte das Machtvakuum unmittelbar nach dem Einmarsch in Bagdad die Ausbreitung von Anarchie und Chaos. Einen Plan für die Zeit nach der Machtübernahme gab es nicht. Unter den Augen von Amerikanern und Briten wurden – mit Ausnahme des von den Besatzern gesicherten Erdölministeriums – alle Ministerien, Banken, Museen und sonstige öffentlichen Einrichtungen geplündert. Anstatt sich den Alltagsbedürfnissen der Iraker zu widmen, Sicherheit und Ordnung sowie eine funktionierende Wasser- und Stromversorgung wiederherzustellen, hegte der amerikanische Zivilverwalter Paul Bremer, im Mai 2003 von Präsident Bush eingesetzt und bis zu den Parlamentswahlen im Januar 2005 im Amt, ganz andere Pläne. Er wollte jenseits aller Niederungen des Alltags aus dem Irak einen neoliberalen Modellstaat schaffen, in dem öffentliche Dienstleistungen weitgehend von privater Hand angeboten würden – unter amerikanischer Regie. Wer aber hätte dafür das Geld gehabt in einem Land, in dem mehr als die Hälfte der Bevölkerung unter der Armutsgrenze lebt? Gleichzeitig wurde die 1972 endgültig vollzogene Verstaatlichung der irakischen Erdölindustrie rückgängig gemacht. Die neu vergebenen Erdöl-Lizenzen erhielten anschließend vor allem US-Konzerne.

Der zweite große Fehler war der fehlende, nicht einmal in Ansätzen betriebene Versuch, religiöse, ethnische oder Stammesführer in einen „nationalen Dialog" für die Neuordnung einzubeziehen. Nach Gutsherrenart wählte Bremer einzelne Vertreter der jeweiligen Gruppen als Ansprechpartner aus, die er nicht als Iraker ansah, sondern als „Sunniten", „Kurden" oder „Schiiten". Quasi von seinem ersten Arbeitstag an spielte Bremer die „Stammeskarte", nicht die „irakische". Beraten ließ er sich dabei vornehmlich von dubiosen Exil-Irakern, die über keinerlei Glaubwürdigkeit oder Rückhalt in der Bevölkerung verfügten, aber den maßgeblichen amerikanischen Neokonservativen über Jahre hinweg erzählt hatten, was diese zu hören wünschten.

Der gravierendste Fehler war jedoch die Entscheidung, die irakische Armee aufzulösen und die Baath-Partei als „kriminelle

Vereinigung" zu verbieten. Damit verloren Hunderttausende Iraker, überwiegend Sunniten, ihren Job. Mehr noch: Sie waren auf schmähliche Weise entmachtet und gedemütigt worden. Für die Sunniten, über Jahrhunderte die Machtelite im Irak, ein nicht hinzunehmender Affront. Diese elementare Fehlentscheidung hat den sunnitischen Widerstand und Terror maßgeblich beflügelt, denn Abertausende ehemalige Saddam-Militärs gingen daraufhin in den Untergrund. Auch gemäßigte Sunniten verweigerten sich weitgehend dem neuen System, weil die politische Macht nunmehr an Schiiten und Kurden ging. Demografisch war das nicht zu verhindern, doch die Wahlen für ein irakisches Parlament 2005 beschleunigten ebenso wie die im selben Jahr verabschiedete Verfassung die Marginalisierung der Sunniten. Vor allem stören sich diese an dem dort festgeschriebenen föderalen System. Das bedeutet für die Sunniten, dass sie von der Verteilung der Erdöl-Einnahmen weitgehend ausgeschlossen sind – die Fördergebiete befinden sich entweder im Norden bei den Kurden oder im Süden bei den Schiiten. Die Sunniten haben somit keine wirtschaftliche oder politische Perspektive und sind konfrontiert mit den Rachegelüsten der von ihnen unter Saddam brutal verfolgten Kurden und Schiiten.

Der Aufstand und seine Hintermänner

Weder dem Zivilverwalter Bremer noch der irakischen Regierung ist es gelungen, das Land unter ihre Kontrolle zu bringen, Anarchie und Chaos zu beenden und ein Minimum an Sicherheit zu garantieren. Der Aufstand im Irak wurde und wird maßgeblich von Sunniten getragen und lässt sich in vier Phasen unterteilen. Zunächst, von Frühsommer 2003 bis in den darauffolgenden Winter, waren ehemalige Baathisten, darunter viele entlassene Militärs, hauptsächlich verantwortlich für Widerstand und Terror. Sie verfolgten, organisiert in verschiedenen lose vernetzten Gruppen, einen klassischen Guerillakrieg mit Anschlägen auf die Besatzer und ihre irakischen Mitarbeiter. Bald jedoch wurden die Aktivitäten der Saddam-Anhänger überflügelt von al-Qaida. Das Terrornetz nutzte das um sich greifende Chaos, um das Land als neue Basis aufzubauen. Erst der „Krieg gegen den Terror" verschaffte al-Qaida die Rahmenbedingungen für diese Expansion – und führt sich damit ein weiteres Mal ad absurdum. Der verheerende Autobombenanschlag auf das Hauptquartier der Vereinten Nationen in Bagdad im August 2003 war gewissermaßen der Auftakt von al-Qaida im Irak. Ihr Anführer war bis zu seiner Liquidierung im Juni 2006 der Jordanier Abu Musab al-Zarqawi. Durch aufsehenerregende Anschläge und Entführungen sowie eine vor allem im Internet betriebene „Öffentlichkeitsarbeit" verhalf Zarqawi seiner Organisation zu einem außerordentlichen Bekanntheitsgrad.

Al-Zarqawi bekämpfte nicht allein die Besatzer, sondern führte einen diffusen „Heiligen Krieg", dessen Terror sich zunehmend gegen irakische Zivilisten richtete, etwa durch Attentate auf Busse oder Märkte. Im Frühjahr 2005 begann daher eine dritte Phase des Aufstandes, getragen von sunnitischen Extremisten, die sich zwar ebenfalls als „Glaubenskämpfer" sehen, aber ihren Widerstand und Terror mit einer rein irakischen Agenda verbinden. Dieser nationalistische Flügel des Dschihad, organisiert vor allem in der „Islamischen Armee im Irak", nimmt gleichermaßen die Koalitionsgruppen und ihre irakischen Verbündeten ins Visier sowie die Schiiten. Ideologisch steht sie der Zarqawi-Gruppierung zwar sehr nahe, ist aber im Gegensatz zu ihren „Kollegen" nicht daran interessiert, etwa Anschläge in Jordanien durchzuführen oder sich mit Osama bin Laden zu verbrüdern. Wie viele Anhänger die beiden Terrorgruppen haben ist unbekannt.

Spätestens im Frühjahr 2006 (konkret: nach dem Anschlag auf ein schiitisches Heiligtum in Samarra im Februar) begann schließlich die vierte Phase des Aufstands: der zunehmend offene Bürgerkrieg zwischen Sunniten und Schiiten, wobei die Grenzen zwischen politisch motivierter Gewalt und gewöhnlicher Kriminalität, beispielsweise Entführungen zur Erpressung von Lösegeld, fließend verlaufen. Auch Stammesrivalitäten spielen dabei eine Rolle. Sowohl die al-Qaida-Gruppierung im Irak wie auch der nationalistische Flügel des Dschihad verfolgten beide das Ziel, das Land in einen Bürgerkrieg gegen die Schiiten zu stürzen. Sie glaubten: je größer das Chaos, je machtloser die Regierung in Bagdad, umso größer der Einfluss der Sunniten. Die Aufständischen militärisch zu bekämpfen gestaltete sich als schwierig. Die jeweiligen Gruppen waren und sind keine straff gegliederten Kommandos sondern eher Zweckbündnisse verschiedener regionaler Clanchefs und Bandenführer, die teilweise politische Ziele verfolgen, teilweise nur auf Beute aus sind.

Erst in der zweiten Jahreshälfte 2008 kam es zu einem politischen Kurswechsel und dem weitgehenden Zusammenbruch des irakischen Aufstands. Nach amerikanischer Lesart ist dafür vor allem die Entsendung zusätzlicher US-Truppen seit Anfang 2007 verantwortlich. Tatsächlich aber dürften andere Faktoren eine deutlich größere Rolle gespielt haben. So erkannten die Sunniten, dass sie sich mit ihrer Verweigerungshaltung gegenüber den neuen politischen Verhältnissen auf Dauer selber schaden. Gleichzeitig entstanden sunnitische Bürgermilizen, die gegen die Militanten in den eigenen Reihen vorgingen, vor allem gegen al-Qaida. Der wachsende Pragmatismus verdankte sich auch der Einsicht, dass Saudi-Arabien und andere sunnitische Staaten ungeachtet ihrer Lippenbekenntnisse nicht bereit waren, die irakischen Sunniten mit Waffen und Geld gegen die Schiiten zu unterstützen. Aufwind erhielten die Pragmatiker, nachdem sich gemäßigte Sunniten 2009 bei den Provinzwahlen durchsetzen konnten.

Umgekehrt übte Teheran zunehmend Druck auf militante Schiiten im Irak aus, ihre Übergriffe auf die Sunniten einzustellen. Damit ist die Gewalt nicht am Ende, noch immer sterben im Irak fast täglich Menschen. Doch sind dem Terror mittlerweile Grenzen gesetzt.

Die Macht der Schiiten

Unter Saddam Hussein war der Irak ein säkularer Nationalstaat. Heute ist das Land auf dem besten Weg, ein schiitischer Gottesstaat zu werden. Der Einfluss der Regierung in Bagdad, die nominell die Macht innehat, reicht über den „Grüne Zone" genannten festungsähnlich angelegten Sicherheitsbereich im Zentrum der Hauptstadt, wo sich auch die US-Botschaft und das Hauptquartier der Koalitionstruppen befinden, kaum hinaus. Während die Kurden im Norden ihre Gebiete weitgehend autonom verwalten und aus dem irakischen Chaos herauszuhalten versuchen, ist der Machtkampf unter den Schiiten längst nicht entschieden. Nicht die schiitisch dominierte Regierung bestimmt schiitische Politik, vielmehr Seilschaften im Hintergrund, deren Zentrum in der heiligen Stadt Nadschaf südlich von Bagdad liegt. Dort befindet sich die Grabmoschee von Imam Ali, dem Ahnherren der Schiiten. In Nadschaf residiert auch Großayatollah Ali al-Sistani, spirituelles Oberhaupt der irakischen Schiiten, gewissermaßen ihr Papst. Anders als Ayatollah Khomeini im Iran haben die schiitischen Kleriker im Irak die Einheit von Religion und Politik, von Islam und Herrschaft stets abgelehnt. Das heißt nicht, dass ihnen ein säkularer Staat vorschwebt – im Gegenteil. Auch sie fordern ein islamisch verfasstes Gemeinwesen, in dem die Kleriker allerdings im Hintergrund wirken, ohne selbst an den Schalthebeln der Macht zu sitzen. Sie wollen die moralischen Grundlagen von Staat und

Gesellschaft festigen, die Religion aber durch die Niederungen und Machenschaften der Politik nicht „entweihen". Fast alle namhaften und einflussreichen schiitischen Kleriker im Irak haben ihre Hausmacht in Nadschaf, in einer der dortigen Hawzas, der theologischen Seminare der Schiiten. Allerdings geben nur einige wenige namhafte und traditionsreiche Dynastien tatsächlich den Ton an. Dabei vertreten sie politisch ein weites Spektrum, von proamerikanisch bis proiranisch. Drei Bewegungen sind auf schiitischer Seite besonders hervorgetreten:

Erstens die „Islamische Dawa-(Missions-)Partei". Gegründet wurde sie Ende der fünfziger Jahre von einer Gruppe schiitischer Theologen unter Führung von Mohammed Bakr al-Sadr. Ihr Ziel war die Bekämpfung von Kommunismus, Säkularismus und sunnitischer Vorherrschaft. Unter Saddam wurde sie verfolgt, al-Sadr gemeinsam mit seiner Schwester und zahlreichen weiteren Anhängern 1980 hingerichtet. Nach dem irakisch-iranischen Krieg verlegte die Partei ihr Hauptquartier nach Teheran. Erst nach dem Sturz Saddams kehrten ihre Anführer in den Irak zurück. Die Partei unterhält enge Beziehungen zu der iranischen Regierung, ist jedoch stark nationalistisch orientiert und achtet darauf, sich nicht von der Islamischen Republik vereinnahmen zu lassen.

Zweitens der „Oberste Islamische Rat im Irak" (SCIRI), die wohl mächtigste politische Gruppierung des Landes. Gemeinsam mit der Dawa-Partei bildete sie das Rückgrat der ersten irakischen Regierung. SCIRI wurde, inspiriert von der islamischen Revolution, 1982 als Widerstandsgruppe gegen Saddam Husseins Regime in Teheran gegründet. Bis zu seiner Ermordung im August 2003 wurde der Rat von Ayatollah Mohammed Bakr al-Hakim geführt, seither von seinem Bruder Ayatollah Abd al-Asis al-Hakim. SCIRI ist unter den Schiiten einflussreicher als die Dawa-Partei – vor allem wohl deswegen, weil sie im Stil sunnitisch-fundamentalistischer Bewegungen Arme und Bedürftige finanziell unterstützt. Der Rat unterhält gute Beziehungen sowohl zu Teheran als auch zu Washington. Er unterhält einen bewaffneten Flügel, die „Badr-Brigaden", die ebenso wie die „Mahdi-Armee" verantwortlich waren – und teilweise noch immer sind – für brutale Übergriffe auf Sunniten.

Die Frage nach ideologischen oder programmatischen Differenzen zur Dawa-Partei ist im Übrigen eine europäische: Die Clans der al-Sadr und der al-Hakim sind untereinander versippt und verschwägert. In der irakischen Politik geht es nicht um Inhalte, sondern um Klientelismus. Um nicht in Verdacht zu geraten, Religion mit Politik zu vermengen, treten beide Gruppierungen innerhalb der Regierung nicht unter ihrem eigentlichen Namen auf, sondern im Rahmen eines breiteren, wenngleich losen Bündnisses, der „Vereinigten Irakischen Allianz". Bei den ersten Parlamentswahlen 2005 erhielt sie fast die Hälfte der Stimmen. Für den laut Verfassung stets schiitischen Ministerpräsidenten hat das zur Folge, dass er keine Beschlüsse fassen kann, die in Nadschaf abgelehnt werden. Die eigentliche Hauptstadt Iraks ist somit nicht Bagdad, sondern Nadschaf. SCIRI wie auch die Dawa-Partei sind keine Parteien im europäischen Sinn, sondern Sammlungsbewegungen, die sehr heterogene Interessengruppen vereinen. Machtkämpfe untereinander werden nicht selten auch mit Waffengewalt ausgetragen.

Drittens die „Mahdi-Armee" unter Führung von Muktada al-Sadr. Normalerweise sind religiöse Autoritäten der Schiiten gesetzte Herren im Rentenalter, die sich über Jahrzehnte hinweg ihre Anhängerschaft aufgebaut haben, vor allem als Ratgeber und Interpreten islamischen Rechts. Muktada ist die Ausnahme. Theologisch hat der vermutlich 1973 geborene Prediger keinerlei Referenzen vorzuweisen. Seine Legitimität leitet sich daraus ab Sohn zu sein – der Sohn des geachteten Schiitenführers Mohammed Sadik al-Sadr, der 1999 vom Saddam-Regime ermordet wurde. Gleichzeitig ist er ein Neffe des Begründers der Dawa-Partei. Vor der US-geführten Invasion war Muktada außerhalb Iraks nahezu unbekannt. Gleich nach dem Sturz des Diktators baute er das von seinem Vater begründete soziale Hilfswerk für Schiiten aus und schuf sich damit eine Machtbasis vor allem in der Unterschicht, der die Mehrheit der Schiiten angehört. Saddam City, den schiitischen Slum im Osten Bagdads, benannte er nach seinem Vater in Sadr City um. Hier liegt heute seine Hochburg.

In politischer Hinsicht gilt Muktada als erratisch. Zunächst bekämpfte er die Amerikaner. Seit sie im August 2004 vergeblich versuchten, seine Bewegung in Nadschaf militärisch zu zerschlagen, versucht er sich mit ihnen zu arrangieren. Seine Rhetorik ist anti-amerikanisch geblieben, mit Anschlägen auf die Koalitionstruppen hält sich die „Mahdi-Armee" allerdings zurück. Muktada vertritt eine Mischung aus irakischem Nationalismus und schiitischem Radikalismus. Von SCIRI und der Dawa-Partei wird er als Emporkömmling verachtet, infolge seiner enormen Popularität gerade unter schiitischen Jugendlichen aber auch gefürchtet. Weder sein fehlendes Charisma noch seine mangelnden rhetorischen Fähigkeiten verhinderten seinen Aufstieg zum Guru. Für die schiitischen Verlierer der politischen Neuordnung, die weder von den Amerikanern noch von dem Establishment in Nadschaf Wohltaten zu erwarten haben, ist er das Versprechen auf eine bessere Zukunft.

Muktada, Opportunist und geschickter Stratege, verehrt Khomeini und ist als einziger namhafter schiitischer Führer ein Befürworter des iranischen Modells der „Herrschaft der Rechtsgelehrten", also einer Islamischen Republik – wenngleich er das offen nicht sagt. Seine „Mahdi-Armee" hatte und hat wesentlichen Anteil an der inner-irakischen Gewalt. Aus Sicherheitsgründen hält sich Muktada überwiegend in Teheran auf. Seit 2008/2009 tritt die „Mahdi-Armee" als politische Partei auf und hat dem Terror weitgehend entsagt. In der Vergangenheit unterhielt sie Todesschwadronen, die gemeinsam mit Polizei und Geheimdiensten, beide schiitisch dominiert, Sunniten aus gemischten Wohnvierteln in Bagdad vertrieben.

Die Folgen des Krieges

Die zweiten Parlamentswahlen 2010 haben die politische Lage noch unübersichtlicher gestaltet. Der bisherige Premier, Nuri al-Maliki, der im Verlaufe seiner Amtszeit ein eigenes Klientelbündnis begründet hatte („Rechtsstaat"), unterlag knapp seinem Widersacher Ijad Allawi, ebenfalls ein Schiit, und dessen Gruppierung „Irakijja". Allawi, ein Parteigänger Washingtons, will den Einfluss Teherans zurückdrängen und verspricht den Sunniten eine größere Beteiligung an der Macht. Die neue Regierung blockiert sich jedoch in erster Linie selbst und ist noch schwächer als die vorherige. Auch sie ist zu zu korrupt, zu inkompetent und selbst viel zu sehr eingebunden in die ethnisch-konfessionellen Konflikte. Armee und Polizei sind ebenso wenig wie in Afghanistan verlässliche nationalstaatliche Akteure.

Das bestehende innenpolitische Vakuum wird noch immer vor allem von Teheran gefüllt. Aber auch andere Akteure, allen voran die USA, die Türkei, Syrien und Saudi-Arabien, suchen über ihre Stellvertreter Einfluss auf die politische Entwicklung zu nehmen. Als größter Konfliktherd erweist sich dabei die erdölreiche Provinz Kirkuk im Norden, die zwischen Kurden und Arabern umstritten ist.

Präsident Bush erhöhte 2007 die Zahl der US- Soldaten um weitere 20 000 auf insgesamt 160 000 Mann. Nach amerikanischer Auffassung war das die Voraussetzung für einen Sieg über die Aufständischen, doch ist diese Lesart wie ausgeführt zu schlicht. Sein Nachfolger Obama erklärte den amerikanischen Kampfeinsatz im August 2010 für beendet und will 2011 die letzten 50 000 US-Soldaten aus dem Irak abziehen. Ob das tatsächlich geschieht, hängt jedoch vom geopolitischen Umfeld ab. Insbesondere für den Fall eines Angriffs auf den Iran werden sich diese Pläne kaum verwirklichen lassen.

Die Bilanz des Irak-Krieges ist dramatisch. Nach Angaben des britischen Medizin-Journals „The Lancet" sind von März 2003 bis Ende 2006 rund 655 000 Menschen im Irak getötet worden. Fast eine Million Iraker sind innerhalb ihres Landes auf der Flucht, weitere zwei Millionen sind vor allem nach Jordanien, Syrien, Ägypten und in den Libanon geflohen. Jeden Monat kommen Abertausende Flüchtlinge hinzu. Es ist die größte Fluchtbewegung in der Region seit Vertreibung der Palästinenser 1948. Die amerikanischen Gesamtkosten des Irak-Krieges werden auf mindestens vier Billionen Dollar geschätzt. Diese immensen Kriegskosten haben ebenso wie die 2007 ausgelöste Weltwirtschaftskrise maßgeblich zur Schwächung der Hegemonialmacht USA beigetragen. Washington hat die eigenen Ressourcen am Golf so sehr überdehnt, dass es seine Politik im Nahen und Mittleren Osten künftig vor allem auf Schadensbegrenzung fokussieren dürfte. Selbstkritik in Sachen Irak-Krieg ist in den USA gleichwohl kaum zu vernehmen, wohl aber in Großbritannien, wo sich eine Regierungskommission der fragwürdigen Kriegspolitik Tony Blairs annahm.

Und die westlichen Schriftsteller, Essayisten und Gelehrten, die sich die Anliegen dieses Krieges emphatisch zu eigen gemacht hatten oder ihn als geringeres Übel und bittere Notwendigkeit guthießen? Auch von ihnen ist Selbstkritik kaum zu vernehmen. Mittlerweile habe viele von ihnen ein neues Thema gefunden: Die Warnung vor der Islamisierung Europas.

Ist die Konfrontation zu überwinden?
Fragen an Jean-Paul Sartre und
Mohammed Khatami

Im Nahen und Mittleren Osten nimmt eine Entwicklung ihren Lauf, die das Potential eines weltweiten Flächenbrandes hat. Ob Afghanistan oder der Irak, die Kriege im Libanon im Sommer 2006 und im Gazastreifen zum Jahreswechsel 2008/2009, die fehlende Perspektive für einen lebensfähigen palästinensischen Staat, die Konfrontation mit dem Iran – alle diese Konflikte sind von gemeinsamen Adern durchzogen, bedingen und ergänzen sich, verhalten sich zueinander wie ein System kommunizierender Röhren. Gleichwohl sind in westlichen Staaten noch immer ganze Denkfabriken damit befasst, sich ständig neue Pläne und Modelle für die künftige Gestaltung der Region auszumalen, denen sämtlich eines gemein ist: Sie lassen sich nicht umsetzen, sie scheitern an der Realität. Vor allem deswegen, weil sie in aller Regel einer hegemonialen Vernunft unterliegen, wahlweise bevormundend sind oder aber offen für imperiale Interventionen eintreten. Es wäre dabei zu einfach, westlicher Politik ein „neokoloniales" Denken zu unterstellen, wenngleich solche Züge vorhanden sind. Auch geht es nicht ausschließlich um geostrategische Erwägungen, die Sicherung der Energiezufuhr aus jenem Teil der Welt, wo sich die Erdöl- und Erdgasreserven nun einmal hauptsächlich befinden.

Letztlich spielt auch der Wunsch eine Rolle, „gut" und „böse" in der internationalen Politik wie auch mit Blick auf die eigene, die westliche Identitätsfindung klar zu unterscheiden. Dementsprechend schwindet die Bereitschaft, den Islam differenziert, geschweige denn mit Sympathie, zu betrachten. Die hässliche Fratze des Extremismus wird gleichgesetzt mit dem Gesicht des

Islam – gerade so, als gäbe es bei uns keine Extremisten. Wie aber kann man selbst nach Afghanistan, nach Irak noch immer die falschen Schlüsse ziehen? Man tut es, wenn man sich nach einfachen Wahrheiten und Abgeschlossenheit sehnt.

Der neue Antisemitismus

„Der vernünftige Mensch sucht unter Qualen, er weiß dass seine Schlüsse nur wahrscheinlich sind, dass sie durch andere Betrachtungen zu Zweifeln werden; er weiß nie genau, wohin er geht; er ist ‚offen', er kann als Zauderer gelten. Es gibt jedoch Menschen, die von der Beständigkeit des Steins angezogen werden. Sie wollen massiv und undurchdringlich sein, sie wollen sich nicht verändern. Wohin würde die Veränderung sie führen? Es handelt sich um eine Urangst vor sich selbst und um Angst vor der Wahrheit. Und was sie erschreckt, ist nicht der Inhalt der Wahrheit, den sie nicht einmal ahnen, sondern die Form des Wahren, jenes Gegenstandes unendlicher Annäherung. Das ist, als wäre ihre eigene Existenz ständig in der Schwebe. Sie wollen jedoch alles auf einmal und alles sofort leben. Sie wollen keine erworbenen Anschauungen, sie erstreben angeborene; da sie Angst vor dem Denken haben, möchten sie eine Lebensweise annehmen, bei der Denken und Nachforschen nur eine untergeordnete Rolle spielen, wo man immer nur nach dem forscht, was man schon gefunden hat, wo man immer nur wird, was man schon war. Es gibt nur eine solche Lebensweise, die Leidenschaft. Nur eine starke gefühlsmäßige Voreingenommenheit kann zu einer überwältigenden Gewissheit führen, nur sie kann das Denken an den Rand drängen, nur sie kann sich der Erfahrung verschließen und ein Leben lang fortbestehen."

Diese Ausführung von Jean-Paul Sartre aus dem Jahr 1946 charakterisiert den Antisemiten. Ich bin der Meinung, dass die offene Islamophobie in westlichen Gesellschaften, die auch unter gebildeten Menschen und im Gegensatz zu sonstigen Formen des Rassismus in höheren sozialen Schichten ebenfalls weit verbreitet ist, ähnlichen Mustern folgt wie jenen, die Sartre in seinem Essay „Überlegungen zur Judenfrage. Die Figur des Antisemiten" dargelegt hat. Aus guten Gründen wird der Antisemitismus heute in allen westlichen Gesellschaften geächtet. Ein Zugewinn an humanistischer Gesinnung ist damit aber keineswegs verbunden. Vielfach drängt sich der Eindruck auf, der alte antisemitische Ungeist habe sich lediglich einer neuen Zielgruppe zugewandt: dem Islam. Wer sich öffentlich antisemitisch äußert. wird juristisch belangt und zur Rechenschaft gezogen. Wer dagegen den Islam verhöhnt und verächtlicht macht oder ihm generell Fanatismus unterstellt und sich dabei auf die Meinungsfreiheit beruft, gilt als Verteidiger westlicher Werte. Was Sartre nachfolgend beschreibt, trifft in meinen Augen – unter anderen Vorzeichen – nicht minder auf die westlichen Hassprediger wider den Islam zu: „Die Antisemiten wissen, dass ihre Reden oberflächlich und fragwürdig sind; doch darüber lachen sie [...]. Sie spielen sogar gern mit dem Diskurs, denn indem sie lächerliche Gründe nennen, diskreditieren sie den Ernst ihres Gesprächspartners; sie sind genussvoll unaufrichtig, denn ihnen geht es nicht darum, durch gute Argumente zu überzeugen, sondern einzuschüchtern und irrezuleiten." Und gilt folgende Beobachtung Sartres nicht ebenso für den „Krieg gegen den Terror"? „Der Antisemit hat entschieden, was das Böse ist, um nicht entscheiden zu müssen, was das Gute ist. Je mehr ich mich darin verliere, das Böse zu bekämpfen, desto weniger bin ich versucht, das Gute in Frage zu stellen. [...] Wenn der Antisemit seine Mission als heiliger Zerstörer erfüllt haben wird, wird das verlorene Paradies von selbst neu erstehen."

Die Paradoxie westlicher Politik liegt doch gerade darin, dass sie ihre Feinde in der arabisch-islamischen Welt zu einem großen Teil selbst erschafft, deren Entstehen und Wachstum aber dem Islam zuschreibt, seinem angeblich im Koran angelegten „Gewaltpotential", seiner fehlenden Reformation und Aufklärung. Letztere hat es auch im Buddhismus, im Hinduismus oder Taoismus nicht gegeben, ohne dass man China oder Indien, Thailand, Malaysia oder Vietnam deswegen Fanatismus oder Fortschrittsfeindlichkeit vorwerfen würde. Zur Erinnerung: Mitte der neunziger Jahre war der islamische Fundamentalismus als Massenbewegung im Niedergang begriffen. Die westlichen Reaktionen auf den 11. September 2001 haben ihm jedoch ein neues und vermutlich langes Leben beschert. Ein Wirtschaftsführer, der ähnlich handelte, würde sein Unternehmen auf diese Weise ruinieren, sofern er seine Fehlinvestitionen nicht abschreibt und neu kalkuliert. Genau das aber geschieht in der westlichen Politik nicht. Präsident Bush mag ein Extrem verkörpert haben, das seinen Zenit überschritten hat; die Geschichte wird ihr Urteil fällen. Aber auch der Mainstream europäischer Politik ist nicht auf Pragmatismus und Ausgleich bedacht, sondern orientiert sich stark an ideologischen und strategisch fragwürdigen Modellen. Das betrifft einerseits die bevorzugte Behandlung Israels, dem jeder Verstoß gegen internationales Recht bis hin zur systematischen Zerstörung palästinensischer Infrastruktur, die gerade erst mit EU-Geldern aufgebaut worden war, nachgesehen wird. Und es betrifft andererseits die europäische Neigung, die Unterteilung des Nahen und Mittleren Ostens in „gut" und „böse" nach US-Muster zu übernehmen. „Gut" ist beispielsweise die Regierung Mubarak in Ägypten, weil sie prowestlich ist und Kairo Frieden mit Israel geschlossen hat. „Böse" ist dagegen die Regierung Assad in Syrien, weil sie enge Beziehungen zum Iran unterhält. Die eigene Bevölkerung unterdrücken Mubarak wie auch Assad gleichermaßen. Im Fall Mubaraks hält sich die europäische Kritik daran allerdings in sehr engen Grenzen. Und dies ungeachtet der Tatsache, dass er die Selbstbereicherung seines eigenen Clans deutlich schamloser betreibt als Assad.

Der fatale Glaube an Kanonenboote

Ein Araber, ein Muslim, der sich heute in seiner Gesellschaft offen zu Demokratie und Rechtsstaatlichkeit bekennen würde, liefe Gefahr sich lächerlich zu machen oder als „Agent des Westens" angesehen zu werden. Zur Illustration möchte ich ein Streitgespräch des Satellitensenders Al-Jazeera anführen, das Weihnachten 2006 ausgestrahlt wurde. Die Frage lautete: Ist eine entwicklungsorientierte Diktatur einer gescheiterten Demokratie wie im Irak vorzuziehen? Zwei Kontrahenten waren aufgeboten. Ein syrischer Politologe, der die Ideale der Aufklärung verteidigte, Demokratie und Rechtsstaatlichkeit als Voraussetzung für Wachstum und Entwicklung einer Gesellschaft charakterisierte und der These widersprach, es gebe „entwicklungsorientierte Diktaturen". Dieser Begriff sei zwar für die Golfstaaten durchaus angebracht, allerdings handele es sich dabei um einen dem Erdölreichtum geschuldeten Sonderfall. (China erwähnte er in diesem Zusammenhang nicht.) Ich fand diesen ruhig und sachlich argumentierenden Syrer sehr überzeugend. Abgesehen davon war er ausgesprochen mutig, da er die Inhaftierung von Oppositionellen in Syrien ebenso kritisierte wie die Meinungshoheit von Islamisten, die Andersdenkende gerne als „Ungläubige" ausgrenzen und bedrohen.

Sein Widerpart war ein ägyptischer Muslimbruder und Hochschullehrer mit „Rosinchen" auf der Stirn – einem kleinen braunen Fleck als Ausdruck häufiger Bodenberührung der Stirn beim Gebet. In Habitus und Ausstrahlung war er ein typischer Fundamentalist. Ein deklamierender, sich gelegentlich überschlagender Tonfall am Rande der Hysterie, die jeweiligen Argumente ohne Punkt und Komma vorgetragen, er selbst eine zornige Stimme der Entrechteten. Er argumentierte wie folgt: Demokratie sei lediglich ein anderes Wort für Unterdrückung. In der Praxis bedeute sie Krieg gegen Araber und Muslime. Anstatt westlichen Modellen nachzueifern, die ihnen ihre Würde und Identität raubten, müssten die Muslime dem Westen Widerstand entgegensetzen. Die Qualität eines arabischen Herrschers sei allein an der Frage zu messen, ob er über den Mut verfüge, sich diesem Kampf zu stellen. Daher sei Saddam Hussein für den Irak die weitaus bessere Alternative gewesen als die gegenwärtigen Handlanger der USA in Bagdad, die ihr Land ebenso wie ihre Religion verraten hätten.

Während der ägyptische Hochschullehrer seine Ansichten präsentierte, wurde in der unteren Bildhälfte eine Eilmeldung eingeblendet: Äthiopische Truppen seien soeben mit amerikanischer Unterstützung in Somalia einmarschiert, um die in Mogadischu herrschenden islamistischen Milizen zu vertreiben. (Im Januar 2007 übernahmen die zuvor von den Milizen verjagten Warlords tatsächlich wieder die Macht. Seither erlebt Somalia eine Neuauflage des Bürgerkrieges.) Als ich diese Eilmeldung in Verbindung mit dem Deklamator aus Kairo sah, wurde mir klar, warum westliche Politik in der islamischen Welt nur scheitern kann: Wir glauben an Kanonenboote und letztlich an die Macht des Stärkeren, die wir mit wohlklingenden Begriffen umschreiben – es geschieht ja alles zum Wohle der Menschen dort, auf dass sie endlich Freiheit, Demokratie und Meinungsvielfalt erfahren (sofern sie nicht Hamas wählen). Unsere Taten werden von den meisten Muslimen als Anmaßung und Bedrohung empfunden. Wir erreichen weder ihre Herzen noch ihre Köpfe. Stattdessen demütigen wir sie oder bekämpfen Pest mit Cholera und stellen unerfüllbare Bedingungen. Lassen sich die Akteure wie etwa die Regime in Damaskus und Teheran darauf nicht ein, reagieren wir ungehalten und stellen die Schmuddelkinder unter Hausarrest – weitere Zwangsmaßnahmen nicht ausgeschlossen. Macht läuft immer Gefahr, arrogant zu wirken, aber wenn sich Arroganz mit Dummheit und Ideologie verbindet, wird es gefährlich.

Man könnte natürlich auch entgegengesetzt argumentieren: Die Ereignisse in Afghanistan, im Irak und anderswo belegen ebenso wie der demagogische Unsinn des Ägypters, dass Araber und Muslime keine Vorstellung von Rationalität, Fortschritt und Moderne haben. Sie sind stark ideologisiert, vor allem im Nahen Osten. Israel ist für sie eine Obsession, die ablenkt von ihrem eigenen Versagen. Die einzige Sprache, die sie verstehen, ist Entschlossenheit und wenn nötig Gewalt, da sie andernfalls eine Bedrohung für sich selbst und andere werden. Über die politischen Fehler des Westens in der Region nachzudenken ist müßig – sie hassen uns sowieso. Wenn der Irak heute in sich zusammenfällt, müssen sich in erster Linie die Iraker selbst fragen, warum sie ihr Land zerstören. Offenbar sind sie jenseits von „Dschihad" zu konstruktiver Politik nicht fähig. Den Diktator Saddam Hussein gestürzt zu haben, bleibt ein Verdienst der Regierung Bush. Wäre er noch immer an der Macht, würde er die Welt heute möglicherweise mit Atomwaffen bedrohen. Die Amerikaner haben gehandelt, wo andere nur reden. Es ist schlimm genug, dass wir von dem Erdöl und dem Erdgas aus der Region abhängig sind. Umso wichtiger, dass wir uns nicht moralisch von Regimen erpressen lassen, die unsere Werte verachten und Israel vernichten wollen.

Diese Argumentation, gewissermaßen ein „Best of" der Kulturkampf-Prosa, ist nicht völlig von der Hand zu weisen. Natürlich sind Araber und Muslime für sich selbst verantwortlich, natürlich ist das Erscheinungsbild der arabisch-islamischen Welt eine Katastrophe, natürlich gibt es dort Menschen die „uns" hassen – egal was „wir" tun oder nicht tun. Und selbstverständlich ist es legitim, den Terror im Namen des Islam auch militärisch zu bekämpfen. Doch es reicht nicht, nur die Oberfläche zu betrachten, ohne den Dingen auf den Grund zu gehen. Auch die Aussage „Hitler hat sich um die Arbeitslosen gekümmert und Autobahnen gebaut" ist sachlich nicht völlig falsch. Allerdings greift sie zu kurz, gelinde gesagt. Nicht anders verhält es sich mit der Kulturkampf-Prosa, die der Frage nach der Verantwortung des Westens für Krieg, Staatszerfall und Gewalt im Nahen und Mittleren Osten ausweicht und stattdessen das Lied vom fanatischen Islam und dem „Islamo-Faschismus" anstimmt. Dieses Verhalten mag menschlich sein – es ist immer einfacher, andere für die eigenen Fehler verantwortlich zu machen. Es löst jedoch keine Probleme sondern schafft im Gegenteil immer neue. Die in arabischen Gesellschaften vorherrschende Unfähigkeit zur Selbstkritik gilt es zu überwinden, nicht zu kopieren.

Es wächst nicht zusammen, was zusammengehört

Der Westen einerseits und die arabisch-islamische Welt andererseits sind keine gleichwertigen Partner. Der Okzident kontrolliert die Weltgesellschaft, gestaltet sie nach seinen wirtschaftlichen, politischen und auch kulturellen Vorstellungen. Der Orient, von den Golfstaaten abgesehen, rechnet zu den Verlierern der Globalisierung und leidet unter seinen eigenen Minderwertigkeitskomplexen. Gleichzeitig vertreten die meisten Araber und Muslime einen Wertekodex, der uns fremd ist. Wir sprechen etwa von Freiheit, Demokratie, Emanzipation, zu den dortigen Werten gehören Gerechtigkeit, Gleichheit, Würde, Respekt. Da wächst nicht zusammen, was zusammengehört, im Gegenteil. Viele Araber und Muslime halten unseren Kanon für zynisches Geschwätz, die hiesige Mehrheitsgesellschaft wiederum fragt: Welche arabische Gerechtigkeit? Welche islamische Gleichheit? In der Tat drängt sich die Frage auf, warum Araber und Muslime vielfach vom Westen begangenes Unrecht beklagen, doch nur selten das von ihren eigenen Herrschern verursachte. Gerade unter muslimischen Intellektuellen ist dieses Verhalten die Regel, nicht die Ausnahme. Es hat zu tun mit Angst und Anpassung, aber auch mit einer ausgeprägten Defensivhaltung. Vor allem gegenüber Amerikanern oder Europäern möchte man sich keine Blöße geben. Das Gefühl eigener Ohmacht und die Erfahrung alltäglicher Gewalt und Repression erschweren den leidenschaftslosen Blick nach vorn. Hinzu kommt, dass viele Araber und Muslime, auch Intellektuelle, einer ausgeprägten Opfermentalität erliegen und sich darin bequem einrichten. Wenn der Westen an allem schuld ist, gibt es auch keinen Grund für Selbstkritik und keine Notwendigkeit, eigene Visionen jenseits von „Mohammed in Medina" zu entwickeln und durchzusetzen. Und schließlich ist kein Mensch frei von Widersprüchen. Arabische Politiker und Publizisten prangern das Unrecht israelischer Besatzung an, schweigen aber mehrheitlich zu dem Genozid in der sudanesischen Provinz Darfur. Heuchelei? Auch. Ein spiegelverkehrtes Bild unserer eigenen Inkonsequenz. Denn unsere Politiker und Meinungsmacher handhaben es, um bei dem genannten Beispiel zu bleiben, in der Regel genau umgekehrt. Wer sich allerdings auf diese Debatte einlässt, hat eigentlich schon verloren. Es gibt nicht Unrecht der ersten, zweiten oder dritten Kategorie, je nach Zahl der Toten oder Verletzen. Das entscheidende Kriterium ist vielmehr Rechtsstaatlichkeit. Wo sie fehlt, beginnt das Unrecht, egal von wem es begangen wird.

Wie also Orient und Okzident zusammenführen? Interessante Antworten gab der ehemalige iranische Präsident Mohammed Khatami (1997–2005) bei einem Arbeitsessen der UNESCO in Paris im November 2006. „Die Schwachen haben Angst vor den Starken, aber auch die Starken fürchten sich vor den Schwachen, wie die Anschläge vom 11. September 2001 gezeigt haben", sagte er. Es gebe Länder, die an die gewaltsame Lösung bestehender Konflikte glaubten. Das sei ein Irrweg, ebenso wie der Glaube, „den Starken mit Hilfe von Terror bekämpfen zu können". Khatami kritisierte „das Denken von Extremisten" im Orient wie im Okzident, die „ihre Überzeugungen dem anderen aufzuzwingen versuchen". Da alle Menschen Geschöpfe Gottes seien, hätten sie auch alle ein Recht darauf, in Sicherheit und Frieden zu leben. „Jede Form von Unrecht und Unterdrückung ist abzulehnen. Dafür treten sämtliche Religionen ein. Dennoch befinden sich Orient und Okzident in einem Zustand der Konfrontation. Im Westen ist heute eine kolonialistische Mentalität zu beobachten, die wir ablehnen. Der Starke will den Schwachen beherrschen. Die Muslime fühlen sich erniedrigt, und sie haben es bislang nicht vermocht, ihren historischen Rückstand gegenüber dem Westen, etwa im Bereich der Wissenschaft, aufzuholen. Sie leiden unter dem, was sie sehen und erleben. Der Kreislauf der Gewalt hat eine gefährliche Eigendynamik gewonnen. Die Schwachen fühlen sich vom Terror angezogen, weil sie glauben, damit Widerstand gegen den Starken zu leisten. Diesen Kreislauf gilt es zu unterbrechen. Indem die vernünftigen und friedensbereiten Menschen im Orient und im Okzident einander zuhören und einen substantiellen Dialog zu führen beginnen. Wenn ein starkes Land ein schwaches unter dem Vorwand überfällt, Demokratie und Freiheit zu verbreiten, wenn es glaubt, damit einer heiligen Mission zu folgen, dann erreicht es damit in Wirklichkeit nur ein weltweites Anwachsen des Terrors. Die einen wie die anderen berufen sich dabei auf die heiligen Werte ihrer Religion. Aber unschuldige Menschen zu töten ist immer Terror und ein Verrat an der Religion."

Und weiter: „Die Demokratie", so der überaus zugewandte und charismatische Mohammed Khatami, wie immer gekleidet im wallenden Gewand schiitischer Kleriker, „kommt aus dem Westen. Es ist aber nicht wichtig, wo sie ihre Wurzeln hat. Entscheidend ist, dass sie gelebt wird. Die Alternative wären Diktatur und Despotismus. Islam und Demokratie sind keineswegs ein Widerspruch. Der Islam bedarf eines neuen Denkens, und er wird sich öffnen. Die Annahme, dass beispielsweise Männer und Frauen ungleich seien und daher auch vor dem Gesetz keine Gleichheit beanspruchen könnten, ist unsinnig. Die menschliche Würde hat für alle gleichermaßen und ohne Einschränkungen zu gelten. Wir müssen unsere Herzen und unsere Seelen öffnen im Einklang mit den gesellschaftlichen Erfordernissen. Sonst werden wir unsere Länder nicht entwickeln können, sonst bleiben wir rückständig. Andererseits kann auch der Westen von uns lernen. Die Hinwendung zur religiösen Mystik beispielsweise, wie sie im Islam noch sehr viel mehr gelebt wird als im Christentum oder Judentum, würde dem Westen helfen, seinem grenzenlosen Materialismus zu entsagen, der das Individuum wie auch die Gesellschaft zerstört."

Iran, Nahost, al-Qaida.
Die Konflikte und ihre Akteure kurzgefasst

Iran

Die Frage nach dem iranischen Nuklearprogramm beschäftigt westliche Politik seit mehreren Jahren. Umso mehr, als Irans Präsident Mahmud Ahmadinedschad wiederholt durch seine antiisraelische und antijüdische Rhetorik aufgefallen ist. Die Kombination aus Atomenergie und Antisemitismus erweckt nicht nur in Israel und den USA den Eindruck, hier sei ernste Gefahr im Verzug.

Ahmadinedschad, der 2005 überraschend die Präsidentschaftswahlen gewann und die Nachfolge Mohammed Khatamis antrat, stammt aus kleinbürgerlichen Verhältnissen und hat sich innerhalb des Machtapparates der Islamischen Republik von ganz unten nach ganz oben hochgearbeitet. Er diente den Revolutionsgarden als Kommandeur im irakisch-iranischen Krieg, später wurde er Gouverneur der westiranischen Provinz Kurdistan und Bürgermeister Teherans. Er lehnt westliche, vor allem amerikanische Lebensweisen strikt ab und gibt sich betont bescheiden als Mann aus dem Volk. Mit dem Versprechen, die iranische Unterschicht (mindestens 60 Prozent der Bevölkerung) an der Verteilung des Erdölreichtums zu beteiligen, gewann er die Wahlen. Doch er konnte sein Versprechen gegen die „Stiftungen" genannten, von Mullahs geführten staatlichen Wirtschaftsunternehmen nicht durchsetzen. Diese religiösen Stiftungen (Bonjads), die gleichzeitig über riesigen Landbesitz verfügen, kontrollieren einen Großteil der iranischen Wirtschaft und sind neben der Armee, den verschiedenen Milizen und Geheimdiensten sowie dem Justizapparat die wichtigste Säule im Machtgefüge der Islamischen Republik. Ihre Ressourcen nutzen sie nicht zuletzt, um sich Loyalitäten zu erkaufen. Dennoch sind die Stiftungen keineswegs bereit, ihr milliardenschweres Vermögen, das in keiner amtlichen Statistik auftaucht, an die „Armen und Entrechteten", so die offizielle Sprachregelung, nach dem Gießkannenprinzip zu verteilen. Ahmadinedschad, selbsternannter Robin Hood der Unterschicht, konnte sein Versprechen demzufolge nicht einlösen. Die „Armen und Entrechteten" kämpfen weiterhin um ihr tägliches Überleben. Für den Präsidenten ein Imageverlust, den er zu kompensieren versucht, indem er die Aufmerksamkeit der iranischen Öffentlichkeit auf äußere Feinde lenkt.

Schon Revolutionsführer Khomeini hatte den Antizionismus zu einem wesentlichen ideologischen Bestandteil der von ihm 1979 gegründeten Islamischen Republik gemacht. Die bisherigen Präsidenten haben dieser Hinterlassenschaft eher rituell gehuldigt. Ahmadinedschad hingegen erweckt sie zu neuem Leben, als „Blutzufuhr" der Revolution. Nicht allein, um von seiner innenpolitischen Schwäche abzulenken. Zwei weitere Gründe sind entscheidend.

Ahmadinedschad erkannte, dass die Strategie seines Amtsvorgängers Khatami, Europa und die USA mit Hilfe versöhnlicher Gesten und einer moderaten Sprache in ihrer Iran-Politik zu spalten, nicht aufgegangen ist. Gleichzeitig hat die Stellung des Iran in der islamischen Welt, so die Wahrnehmung Ahmadinedschads, gelitten. Hier nun setzt seine Politik eines „Rundumschlages" gegen Israel und den Zionismus an. Mittels seiner wohlkalkulierten und wiederholten Holocaust-Leugnung unterband der iranische Präsident alle wie ernst auch immer gemeinten, insbesondere aus wirtschaftlichen Gründen betriebenen Versuche von Teilen der Führung, eine Wiederannäherung an die USA zu betreiben. Gleichzeitig werde die daraus erwachsende Isolation zu Solidarisierungseffekten innerhalb der islamischen Welt führen, glaubt Ahmadinedschad.

Ungeachtet aller auch inneriranischen Kritik an seinem Kurs muss er seine Entmachtung vorerst nicht fürchten, weil sein weiteres strategisches Ziel auch den Vorstellungen der eigentlichen Machthaber entspricht: Er will Iran in bewusster Konkurrenz und Abgrenzung zum regionalen Rivalen Saudi-Arabien zur Führungsmacht in der islamischen Welt ausbauen. Die Möglichkeit dazu hat Teheran vor allem als Folge des irakischen Machtvakuums. Die Islamische Republik inszeniert sich als nah- und mittelöstliches Widerstandszentrum gegen „amerikanische und zionistische Willkür" und instrumentalisiert vor diesem Hintergrund auch die Palästinafrage, die nicht als ein israelisch-arabisches Problem angesehen wird, sondern als ein islamisches. Die daraus abgeleitete Rhetorik dient ebenfalls der Legitimation, um die Meinungsführerschaft unter den politisch aktiven Muslimen zu übernehmen.

Wer sind nun aber die gerade erwähnten „eigentlichen Machthaber" im Iran? Seit der islamischen Revolution herrscht im Iran eine Klerikerkaste, die Staat und Religion gleichsetzt. Sie folgt dem Glaubenssatz von Revolutionsführer Khomeini, wonach die Mullahs die obersten Interpreten von Recht und Religion nicht dem Volk Rechenschaft schuldeten, sondern allein Gott: am Tag des Jüngsten Gerichts. Diese unter schiitischen Theologen höchst umstrittene Verbindung von Macht und Koran ist das ideologische Fundament der Islamischen Republik. Politische Opposition steht somit im Ruch der Gotteslästerung.

Seit 1989, dem Todesjahr Khomeinis, ist Ali Khamanai der höchste religiöse Amtsträger, genannt „Revolutionsführer". Er ist der mächtigste Mann im Staat. Der Revolutionsführer ernennt die obersten Richter, allesamt Geistliche, und die Führer der Streitkräfte. Er wird von einem Expertenrat auf Lebenszeit gewählt, vergleichbar dem Papst. Dieser Rat wird alle acht Jahre vom Volk gewählt, wobei der Wächterrat darauf achtet, dass alle „Experten" den Normen der Klerikerkaste genügen.

Der Wächterrat wiederum besteht aus sechs Geistlichen und sechs „weltlichen Juristen". Die Geistlichen werden vom Revolutionsführer ernannt, die Juristen von den obersten Richtern, die ihr Amt ebenfalls dem Revolutionsführer verdanken. Der Wächterrat ist neben dem Revolutionsführer das höchste exekutive Organ. Er kann alle vom Parlament verabschiedeten Gesetze als „unislamisch" ablehnen, ebenso wie auch alle Kandidaten, die für das Parlament kandidieren oder für das Amt des Staatspräsidenten. Iranische Politik ist ein feines Beziehungsgeflecht aus Seilschaften und Netzen, das für westliche Beobachter kaum zu durchschauen ist. Diesen Hintergrund muss kennen, wer sie einzuordnen versucht. Der iranische Präsident hat nicht annähernd die Macht seines französischen oder amerikanischen Amtskollegen. Über eine „Richtlinienkompetenz" verfügt er nicht, im Zweifel muss er sich dem Revolutionsführer und dem Wächterrat unterordnen. Rivalisierende Machtzentren prägen von Anfang an das Bild der Islamischen Republik, die sich neben dem Klerus vor allem auf die Basarhändler stützt. Insbesondere die städtische Mittelschicht in Teheran lehnt die bestehende Theokratie ab, während die „Armen und Entrechteten" auf die – bescheidenen – sozialen Wohltaten des Regimes angewiesen sind. Die Islamische Republik verfolgt jedoch einen deutlich staatskapitalistischen Wirtschaftskurs, in dem eine zahlenmäßig kleine Elite über enormen Wohlstand verfügt, ohne Verteilungsgerechtigkeit anzustreben. Die von Präsident Khatami verkörperte Reformbewegung liberaler Kleriker, die im Parlament zunächst über eine Mehrheit verfügte und sich vor allem auf die wenigen unabhängigen Zeitungen stützte, hatte keine Chance, sich gegen die mafiösen Methoden der Reformgegner zu behaupten.

Jenseits aller Machtspiele Ahmadinedschads sieht sich der Iran, der zweitgrößte Erdöl- und viertgrößte Erdgasproduzent der Welt, aufgrund seiner Landesgröße, der Einwohnerzahl von 68 Millionen und der 2500-jährigen Geschichte traditionell als regionale Führungsmacht im Nahen und Mittleren Osten. Dieser Anspruch führt zum Konflikt mit Washington, insbesondere mit Blick auf die Atompolitik Teherans. Seit 2005 ist dieser Konflikt ebenso beständig wie bedrohlich eskaliert. Vordergründig geht es dabei um die Frage, ob die Mullahs nach der Atombombe streben. In Wirklichkeit aber steht aus Sicht des Westens noch sehr viel mehr auf dem Spiel: nicht weniger nämlich als „unsere" gesamte Energieversorgung. Die Mittelmacht Iran ist nicht allein im Nahen und Mittleren Osten einflussreich, das Land grenzt gleichzeitig an Zentralasien und den Kaukasus, wo sich zusammengenommen 80 Prozent der weltweiten Erdöl- und Erdgasreserven befinden. Teheran ist wirtschaftlich auf den Westen nicht angewiesen. Russland, China und Indien warten nur darauf jene Lücken zu schließen, die ein vermindertes Engagement westlicher Länder im Iran hinterlassen könnte. Insofern sind die im Dezember 2006 erstmals verhängten UN-Sanktionen gegen die Islamische Republik eine Reaktion auf Teherans Atompolitik ein stumpfes Schwert. Sie sind lückenhaft und schaden namentlich der europäischen Wirtschaft, weniger der iranischen.

Will Teheran die Atombombe? Die iranische Führung dürfte in dieser Frage gespalten sein. Aus Sicht der Hardliner garantiert allein der Besitz von Atombomben, dass die USA und/oder Israel die Islamische Republik nicht angreifen. Die Pragmatiker dagegen wollen keine weitere Eskalation des Konflikts, um den Iran außenpolitisch nicht noch mehr zu isolieren. Offiziell verfolgt Teheran, das im Gegensatz zu den Nuklearmächten Israel, Pakistan und Indien den Atomwaffensperrvertrag unterzeichnet hat, allein zu friedlichen Zwecken ein Programm zur Urananreicherung – um damit künftig Atomkraftwerke zu betreiben.

Politisch spricht vieles dafür, dass Teheran nach der Atombombe strebt. Einen wirklich stichhaltigen Beweis gibt es allerdings nicht. Der einzige Nachbarstaat Irans, in dem keine US-Truppen stationiert sind, ist Turkmenistan. Gleichzeitig haben nachfolgende amerikanische und israelische Regierungen wiederholt laut über einen Regimewechsel in Teheran nachgedacht. Die eigene historische Erfahrung lehrt die Iraner, dass solche Drohungen ernst zu nehmen sind. 1953 wurde der demokratisch gewählte linksliberale iranische Premier Mossadek mit Hilfe eines von der CIA und dem britischen Auslandsgeheimdienst gesteuerten Putsches gestürzt, nachdem er zwei Jahre zuvor die Erdölindustrie verstaatlicht hatte. An seiner Stelle wurde die blutige, aber prowestliche Schah-Diktatur installiert, die ihrerseits 1979 von der Islamischen Revolution hinweggefegt wurde. Die meisten Iran-Experten sind sich einig, dass es ohne die Schah-Diktatur keine Revolution gegeben hätte. Hätten sich Washington und London aus der innenpolitischen Entwicklung Irans herausgehalten, wäre das Land heute vermutlich ein ganz anderes. (Vor diesem Hintergrund mag man sich gar nicht ausmalen, welche Folgen das Desaster im Irak noch in 50 Jahren haben wird.) Diese Vergangenheit wirkt bis heute als hochtraumatische Erfahrung fort, auch im Bewusstsein der Jüngeren. Sie erklärt den politischen Antiamerikanismus vieler Iraner ebenso wie die Obsession Khomeinis mit dem „Großen Satan" USA.

Ungeachtet aller Täuschungsmanöver und eines anhaltenden Konfrontationskurses Teherans bei den Atomverhandlungen mit der Internationalen Atomenergie-Behörde IAEA und der EU-Troika Deutschland, Großbritannien und Frankreich sind diese Verhandlungen bislang vor allem an Washington gescheitert. Die ursprüngliche Position der EU lautete: Der Iran darf Uran für die Nutzung in Atomkraftwerken anreichern, nicht aber für militärische Zwecke. Folglich suchten die Europäer ein entsprechendes Überwachungssystem einzurichten. 2005 jedoch brachte Washington (die Amerikaner verhandeln mit dem „Schurkenstaat" nicht selbst über die Atomfrage) die Europäer auf die eigene, schärfere Linie. Seither verlangen sie gemeinsam, dass der Iran jedwede Urananreicherung einstelle, auch für friedliche Zwecke. Diese eindeutig völkerrechtswidrige Forderung – keinem Staat ist die zivile Nutzung von Atomenergie zu verbieten – wurde von Teheran zurückgewiesen. Gleichwohl fand die russische Regierung im Januar 2006 einen Kompromiss mit Teheran, der einen Durchbruch hätte bedeuten können. Demzufolge wäre die Urananreicherung in Russland unter Aufsicht der IAEA erfolgt. Das spaltbare Material wäre den Iranern „leihweise" zur Verfügung gestellt und anschließend wieder nach Russland verbracht worden. Präsident Bush lehnte diesen Vorschlag ab – und reiste anschließend nach Neu-Delhi, um Indien, das jede Zusammenarbeit mit der IAEA ablehnt, eine Kooperation in Nuklearfragen anzubieten. Diese Politik grenzt schon an Sabotage – Washington will gleichzeitig einen Regimewechsel in Teheran und eine atomfreie Zone Iran, mithin die Quadratur des Kreises. Nach Informationen der „Washington Post" ist Teheran im Mai 2003 an die US-Regierung mit dem Wunsch herangetreten, die Beziehungen beider Staaten zu normalisieren. In diesem Zusammenhang habe sich die damalige Regierung Khatami bereiterklärt, die Unterstützung von Hisbollah und Hamas zu beenden und das Existenzrecht Israels anzuerkennen. Die Regierung Bush wies den Vorstoß zurück.

Die antisemitische Rhetorik Ahmadinedschads bedeutet nicht, dass die iranische Führung einen Krieg gegen Israel plant. Dagegen sprechen zwei Gründe. Zum einen die Geschichte – der letzte iranische Angriffskrieg liegt über 1000 Jahre zurück.

Zum anderen der Realitätssinn der Mullahs, wenn es um ihren eigenen Machterhalt geht. Jenseits von Drohkulissen hat die Islamische Republik keinen Grund, den jüdischen Staat anzugreifen. Die seit der islamischen Revolution bestehende Gegnerschaft zwischen Israel und dem Iran gehört nicht zu den traditionellen Konflikten des Nahen und Mittleren Ostens. Und ungeachtet aller Führungsansprüche Teherans innerhalb der islamischen Welt haben sunnitisch-schiitische und arabisch-iranische Widersprüche ungleich tiefere Wurzeln und eine längerfristige Wirkung

Selbst wenn Teheran eines Tages nach der Atombombe greifen sollte, ist dagegen nüchtern besehen wenig auszurichten. Dann heißt es weiter verhandeln – pragmatischer als bisher, ähnlich wie mit Nordkorea. Die Alternative wäre die frühzeitige Bombardierung ausgewählter militärischer und politischer Ziele durch die USA und/oder Israel mit unabsehbaren Folgen.

Die Präsidentschaftswahlen 2009 gewann Ahmadinedschad mit Hilfe massiver Wahlfälschung. Daraufhin kam es zu einer monatelangen Volkserhebung der um den Wahlsieg betrogenen Opposition, die das Regime in seinen Grundfesten erschütterte. Gleichzeitig erfolgte eine Machtverschiebung innerhalb des Establishments. Die Mullahs verloren zugunsten des Militärs an Einfluss. Der Iran stellt sich heute als eine Militärdiktatur mit religiöser Fassade dar, deren Zukunft niemand vorauszusehen vermag. Die Opposition ist nicht stark genug, um das Regime zu stürzen, umgekehrt kann die Nomenklatura nicht auf Dauer einen Großteil der Bevölkerung unterdrücken. Sollte es zu einem militärischen Angriff auf den Iran kommen, würden die Machthaber vermutlich mit eiserner Faust gegen die Oppositionsführer vorgehen und sie als „Agenten des Westens" zur Rechenschaft ziehen.

Bei der „Nahostkonflikt" genannten Konfrontation zwischen Israelis und Palästinensern geht es banal gesagt um Land. Um die Frage, ob es einen palästinensischen Staat geben wird und wenn ja innerhalb welcher Grenzen. Die von beiden Seiten als existentiell empfundene Auseinandersetzung um ihr gemeinsames Land enthält vielerlei Wahrheiten, subjektive und historisch gegebene, rationale und emotionale. Gleichzeitig könnte die Wahrnehmung nahöstlicher Realitäten unterschiedlicher kaum sein. Gerade in der Palästinafrage liegen Welten zwischen Orient und Okzident. Die vorherrschende Meinung im Westen besagt: Hier ist Israel, die einzige Demokratie im Nahen Osten, umgeben von feindlichen arabischen Nachbarn, die nur darauf warten, die Juden ins Meer zu treiben. Im Rahmen des Friedensprozesses bemüht sich Israel seit Jahren, einen friedlichen Ausgleich mit den Palästinensern zu finden. Deren kompromisslose Haltung jedoch, namentlich der Terror der Hamas, rückt den Frieden in weite Ferne. Gerade die Selbstmordattentate beweisen, dass die Palästinenser zum Frieden nicht bereit sind. Die israelische Gewalt mag gelegentlich überzogen sein, im Grundsatz allerdings ist sie eine legitime Antwort auf den palästinensischen Terror.

Dieses Meinungsbild ist natürlich vereinfacht, trifft aber den Kern. In Deutschland kommt hinzu, dass die Sympathien infolge der besonderen moralischen Verantwortung gegenüber Israel ohnehin recht eindeutig verteilt sind. Scham und Schuld angesichts der nationalsozialistischen Judenverfolgung erklären, warum der Konflikt zwischen Israel und den Palästinensern aus genau dieser Perspektive gesehen wird: Die Opfer von damals sind die Opfer von heute. Man muss sich über diesen Zusammenhang im Klaren sein, um zu verstehen, weshalb andere Sichtweisen, die Israel nicht als alleiniges Opfer im Nahen Osten sehen, hierzulande unter Antisemitismusverdacht stehen.

In der arabisch-islamischen Welt sieht man die Rolle Israels naturgemäß anders. Im Wesentlichen wie folgt: Israel ist ein aggressiv-expansionistischer Staat, der das palästinensische Volk aus seiner Heimat vertrieben hat und noch immer vertreibt, dessen Gesellschaft und Kultur zerstört wurden, um auf diesen Ruinen einen neuen jüdisch-theokratischen Gottesstaat zu errichten. Einen Staat, der uneingeschränkt amerikanische Interessen in der Region vertritt. Mit dem Ziel die Muslime zu demütigen, zu entrechten und nötigenfalls zu töten. Die westlichen Demokratien verurteilen den palästinensischen Widerstand als Terror, aber sie schweigen zum israelischen Staatsterrorismus.

Diese verschiedenen Sichtweisen sind nicht folgenlos geblieben. Die westliche Wahrnehmung erklärt, warum Israel keine ernsthafte Kritik seitens der USA oder der EU, geschweige denn Sanktionen für seine völkerrechtswidrige Besatzungspolitik gegenüber den Palästinensern zu befürchten hat. Für die Islamisten wiederum ist die Palästinafrage seit Jahrzehnten ein Dreh- und Angelpunkt ihrer antiwestlichen Propaganda, nicht nur in der arabischen Welt. Israels anhaltende Inbesitznahme Palästinas mit Hilfe der Siedler und mehr noch ihre stillschweigende Duldung oder Rechtfertigung durch westliche Regierungen schwächt die Zivilgesellschaft, die gemäßigten und säkularen Kräfte in arabischen Ländern, die der emotional geführten Anklage der Islamisten gegen Israel und seine westlichen Verbündeten nur wenig entgegenzusetzen haben. Nicht ohne Grund hat etwa die Baker-Hamilton-Kommission in ihrer Untersuchung zur Lage im Irak vom Dezember 2006 angemahnt, die Palästinafrage zu lösen – dieser Konflikt heize die Gewalt im Irak zusätzlich an. Ähnlich äußerte sich David Petraeus, Kommandeur der US-Streitkräfte im Irak und in Afghanistan.

Im Zuge der Staatsgründung Israels 1948 und des ersten israelisch-arabischen Krieges wurden rund 800 000 Palästinenser aus ihrer Heimat vertrieben. Ein palästinensischer Staat, obwohl im UN-Teilungsplan für Palästina vorgesehen, wurde von israelischer und arabischer Seite verhindert. Die Vertreibung, ausgeführt von jüdischen Milizen und der israelischen Armee, erfolgte mit Hilfe gezielter „ethnischer Säuberungen". Sie wurden maßgeblich von dem ersten israelischen Ministerpräsidenten David Ben Gurion geplant und angeordnet, wie der israelische Historiker Ilan Pappe in seinem Buch „The Ethnic Cleansing of Palestine" (Oxford 2006) anhand der entsprechenden Dokumente nachweist. Demzufolge hat Ben Gurion detaillierte Anweisungen gegeben, welche Methoden anzuwenden seien, um die Palästinenser zu vertreiben: „Einschüchterung in großem Stil, Belagerung und Bombardierung von Dörfern und Bevölkerungszentren; In-Brand-Setzen von Häusern, anderen Immobilien und Waren; Vertreibung, Zerstörung und schließlich Verminung des Schuttes, um die vertriebenen Einwohner an der Rückkehr zu hindern." Dabei wurden elf palästinensische Städte und 500 Dörfer zerstört. Insgesamt wurde rund die Hälfte der damaligen palästinensischen Bevölkerung in die arabischen Nachbarstaaten vertrieben. Im Arabischen wird diese Vertreibung als „Nakba", als „Katastrophe" bezeichnet – ein Begriff, der für Araber einen ähnlichen Unterton besitzt wie bei uns das Wort „Holocaust". Europa und die USA haben zu diesem „Verbrechen" (Pappe) an den Palästinensern stets geschwiegen, vor allem wohl wegen ihres Versagens im Angesicht des Völkermordes an den Juden. Abgesehen von einigen wenigen israelischen Historikern wird darüber kaum diskutiert, jedenfalls nicht außerhalb der arabischen Welt. In Israel selbst, auch in den dortigen Schulbüchern, ist die eigene Vergangenheit weitgehend ein Tabu. Nach offizieller Lesart haben die arabischen Regierungen die Palästinenser aufgefordert, so schnell wie möglich zu fliehen, sich Waffen zu besorgen und anschließend „die Juden ins Meer zu treiben".

Die Politik der „ethnischen Säuberungen" wurde im Sechstagekrieg 1967 fortgesetzt, als weitere 300 000 Palästinenser vertrieben wurden. Bis heute verfolgt israelische Politik im Westjordanland und vor allem in Ost-Jerusalem das Ziel, die Lebensbedingungen der Palästinenser so unerträglich zu gestalten, dass sie „freiwillig" emigrieren. Tatsächlich ist mittlerweile ein Großteil der palästinensischen Christen aus Bethlehem und Ramallah nach Kanada oder Australien ausgewandert. Vermutlich würden ihnen viele palästinensische Muslime gerne folgen, nur erhalten sie sehr viel schwieriger die erforderlichen Visa. Nachfolgende israelische Regierungen waren und sind vor allem bemüht, die demografische Entwicklung zuungunsten der jüdischen Seite aufzuhalten – die Geburtenrate unter den Palästinensern liegt deutlich höher. Doch im Sommer 2005 überstieg die Zahl der Palästinenser zwischen Mittelmeer und Jordan, also in Israel und in den von Israel 1967 eroberten Gebieten, erstmals die Zahl der Juden. In zehn Jahren wird es mindestens eine Million Palästinenser mehr geben als jüdische Israelis. (Nicht alle Israelis sind Juden: 20 Prozent der israelischen Staatsbürger sind Palästinenser, überwiegend aus Galiläa. In Israel werden sie allerdings nicht als Palästinenser bezeichnet, sondern als Araber, Drusen oder Beduinen.)

Nach dem Oslo-Abkommen zwischen Israel und der PLO, das im September 1993 unter Schirmherrschaft des amerikanischen Präsidenten Bill Clinton vor dem Weißen Haus in Washington zwischen Israels Premier Jitzhak Rabin und Jassir Arafat per Handschlag besiegelt wurde, schien Frieden möglich – aus Erzfeinden wurden Friedenspartner. Allerdings nur an der Oberfläche. Aus Sicht der israelischen Mehrheitsgesellschaft war das Osloer Abkommen zum Scheitern verurteilt, weil die Palästinenser nicht auf Verhandlungen setzen mochten, sondern sehr schnell wieder zu ihrer traditionellen Strategie aus Terror und Gewalt zurückgefunden hätten – immer noch verblendet von der irrigen Annahme, sie könnten Israel zerstören. Der eigentliche Grund für das Scheitern ist aber die anhaltende Siedlungspolitik. Oslo sollte ein Fahrplan für die Gründung eines palästinensischen Staates innerhalb von fünf Jahren sein. Doch vor allem im Westjordanland, in jenen Gebieten, aus denen sich die israelische Armee gemäß der Verträge von Oslo nach und nach hätte zurückziehen müssen, setzte der größte Bauboom israelischer Siedlungen seit der Eroberung 1967 ein. Realistisch besehen lässt die Siedlungspolitik keinen Raum mehr für einen palästinensischen Staat. Die rund 400 000 Siedler im Westjordanland stellen nur ein Fünftel der dortigen Bevölkerung, dennoch kontrollieren sie 60 Prozent des in der Regel entschädigungslos enteigneten Landes. Gleichzeitig verbrauchen die Siedlungen 80 bis 95 Prozent des knapp bemessenen Wassers. Im Gazastreifen lebten bis zum israelischen Abzug im September 2005 rund 5000 Siedler, die vier Prozent der Bevölkerung ausmachten, aber 35 Prozent des Landes für sich beanspruchten. Das entsprach zwei Dritteln der landwirtschaftlich nutzbaren Fläche, denn der Gazastreifen besteht überwiegend aus Wüste.

Die meisten Siedler, rund 220 000, leben im 1980 von Israel annektierten Ost-Jerusalem oder an dessen östlichem Stadtrand. Allein in der Hochhaus-Retortenstadt Maale Adumin siedeln etwa 40 000 Menschen. Das erklärte Ziel Israels ist es, den Anteil der jüdischen Bevölkerung dort kontinuierlich zu erhöhen. Mit Erfolg, denn die Palästinenser in Ost-Jerusalem sind seit 1993 in ihrer eigenen Stadt die Minderheit. Gleichzeitig dienen die Siedlungen, die Ost-Jerusalem in mehrere Teile zerschneiden, der militärischen Kontrolle der Palästinenser.

Die völkerrechtswidrige Siedlungspolitik verfolgt ein einziges, nüchtern besehen kolonialistisches Ziel: den israelischen

Anspruch auf das Westjordanland – das biblische Judäa und Samaria – durch eine eigene Infrastruktur unwiderruflich zu festigen. Gebaut wurden daher nicht nur Siedlungen (etwa 250), sondern auch Industriegebiete und militärische Einrichtungen. Sie sind durch ein engmaschiges Straßennetz untereinander und in Richtung Israel verbunden. Diese Straßen, die von Palästinensern nicht benutzt werden dürfen, entstanden ebenfalls auf enteignetem Land und zerteilen die palästinensischen Gebiete in Enklaven. Orte wie Bethlehem oder Ramallah können kaum expandieren oder Stadtplanung betreiben, weil sie wie Wagenburgen von Siedlungen und Siedlerstraßen umgeben sind. Während die jüdischen Siedlungen einen Bauboom erlebten, zerstörte die israelische Armee Tausende palästinensische Häuser, die in Ost-Jerusalem oder im Westjordanland ohne Baugenehmigung errichtet worden waren. Eine offizielle Genehmigung erhalten Palästinenser allerdings so gut wie nie – sie sollen nicht bleiben, sondern gehen.

Vor diesem Hintergrund, den zunehmend schwerer erträglichen Lebensbedingungen der Palästinenser, ihrer alltäglichen Demütigung und Perspektivlosigkeit, nahmen Radikalität und Terror deutlich zu, auch in Form verheerender Selbstmordattentate. Gleichzeitig entluden sich ihre Frustration und Wut in der zweiten, der al-Aqsa-Intifada, die im September 2000 begann und im Jahr darauf dem politischen Rechtsaußen Ariel Scharon bei den Wahlen in Israel zum Sieg verhalf. Scharon erklärte Oslo für tot und setzte allein auf militärische Gewalt, um den jahrelang andauernden Aufstand der Palästinenser niederzuschlagen. In den Worten der „Neuen Zürcher Zeitung": „Wenn junge Palästinenser, von umfassender Aussichtslosigkeit und politischer Agitation zum Äußersten getrieben, sich in einem letzten Massaker mitten unter unschuldigen Israelis in die Luft sprengen, so heißt das Terrorismus und die Verantwortung wird dem ganzen palästinensischen Volk aufgebürdet. Wenn israelische Panzerkolonnen und Kampfbomber Ziele mitten in dichtest besiedelten Städten oder Lagern bombardieren, so gilt das als legitime Selbstverteidigung. Wenn israelische Würgeschlingen monate- und jahrelang palästinensische Ortschaften der Blockade unterwerfen, wirtschaftliches Leben, politische und soziale Organisation weitestgehend verunmöglichen und ein ganzes Volk unerbittlich in die Armut treiben, so sollen das nötige Sicherheitsvorkehrungen sein."

Die Ära Scharon, die zu Ende ging als er 2006 nach einem Hirnschlag ins Koma fiel, ist geprägt durch die großflächige Zerstörung der palästinensischen Infrastruktur, die vielfach gerade erst, wie etwa der Flughafen in Gaza, mit Geldern der EU aufgebaut worden war. In Nablus und Dschenin wurden ganze Innenstädte verwüstet. Gleichzeitig trieb Scharon den Bau eines „Sicherheitszaunes" im Westjordanland voran, der Israel vor palästinensischen Terrorangriffen schützen soll. Diese in weiten Teilen acht Meter hohe Mauer aus Beton, die nach ihrer Fertigstellung doppelt so hoch und dreimal so lang wie die Berliner Mauer sein wird, entsteht ausschließlich auf palästinensischem Boden. Ihr Bau ist vom Internationalen Gerichtshof in Den Haag als „illegale Maßnahme" verurteilt worden, schreitet aber dennoch voran. Ganze Städte wie etwa Tulkarem oder Bethlehem werden durch die Mauer vollständig eingekreist, Bauern kommen nicht mehr auf ihr Land, die Wirtschaft steht am Rande des Zusammenbruchs. Das Westjordanland wird zunehmend ein Flickwerk aus Siedlungen, Checkpoints, Siedlerstraßen und der Mauer. Einrichtungen, die den Palästinensern jede Bewegungsfreiheit nehmen. Kurzfristig mag sie die Zahl der Anschläge verringern, langfristig ist die Mauer nicht Teil einer umfassenden Lösung, sondern verschärft den Konflikt.

2005 beschloss die Regierung Scharon den einseitigen – ohne Absprache mit den Palästinensern – Rückzug aus dem Gazastreifen, was im Westen überwiegend als visionäre Tat gewürdigt wurde. Der Rückzug erfolgte, weil eine jüdische Besiedlung des Gazastreifens mangels einer ausreichenden Zahl von Siedlern unrealistisch erschien. Der Gazastreifen wurde geräumt, um die Annexion weiter Teile des Westjordanlandes umso engagierter betreiben zu können. Doch ungeachtet des Abzuges schießen Palästinenser mit selbstgebastelten Raketen immer wieder auf Israel. Vielen Israelis gilt das als Beweis für die Friedensunwilligkeit der Palästinenser und ihren Hang zum „Islamo-Faschismus". Politisch sind diese Angriffe ein großer Fehler. Obwohl die Schäden, die sie in Israel anrichten, begrenzt sind, dienen sie der israelischen Regierung als Vorwand für großflächige Zerstörungen und Bombardements. Bisheriger Höhepunkt war der Gazakrieg zum Jahreswechsel 2008/2009, als Israel drei Wochen lang den Gazastreifen angriff und dabei mehr als 1400 Menschen tötete, zum Großteil Zivilisten.

Die Lebensbedingungen der Palästinenser im vollständig abgeriegelten Gazastreifen, überwiegend Flüchtlinge aus dem Krieg von 1948 und ihre Nachkommen, könnten erbärmlicher nicht sein. 4000 Menschen leben dort auf einem Quadratkilometer – etwa zwanzigmal so viel wie in Deutschland. Die Geburtenrate ist eine der höchsten weltweit, die Hälfte der Bevölkerung ist jünger als 15 Jahre. Im Gazakrieg wurden sämtliche Industrieanlagen und Fabriken zerstört, den Wiederaufbau erlaubt Israel nicht. Die Versorgung mit Lebensmitteln, aber auch mit Konsumgütern erfolgt fast ausschließlich über illegale Tunnel, die auf ägyptisches Gebiet führen. Die (offizielle) Arbeitslosenquote liegt bei 30 Prozent, mehr als die Hälfte der Bewohner lebt von weniger als zwei Dollar pro Tag. Die Vereinten Nationen bezeichnen die Lage im Gazastreifen als eine „humanitäre Katastrophe". Nimmt es wunder, dass die Hamas dort ihre Hochburg hat?

Auf diese Zusammenhänge hinzuweisen heißt nicht zu behaupten, dass die Israelis „die Bösen" und die Palästinenser

„die Guten" seien. So haben die Palästinenser, die Nationalbehörde unter Führung des 2004 verstorbenen Jassir Arafat und seine säkulare Fatah und erst recht die Hamas sich wiederholt als unfähig erwiesen, Pragmatismus über Ideologie zu stellen, ein wirksames Krisenmanagement zu entwickeln und auf die Ängste in der israelischen Bevölkerung einzugehen. Auf beiden Seiten sterben Menschen, wird die jeweils andere Seite als Bedrohung gesehen. In diesem Konflikt gibt es aber keine „Gleichwertigkeit": Israelis und Palästinenser begegnen sich nicht auf Augenhöhe wie etwa Deutsche und Franzosen, sondern als Besatzer und Besetzte. Die Vorstellung, dass Palästinenser Rechte hätten, ist in der israelischen Mehrheitsgesellschaft nicht weit verbreitet. Stattdessen, so der israelische Schriftsteller David Grossman, „mauern sich die Bürger der stärksten Militärmacht in der Region hinter ihrem Selbstverständnis als verfolgte, verletzliche Opfer ein". Natürlich will man auch in Israel Frieden, doch wird die palästinensische Realität in der Regel ausgeblendet. Auch deswegen, weil sie an den Grundfesten eigener Überzeugungen rührt. So lautet ein häufig zu hörendes Argument, israelische Siedler und Soldaten würden Palästinenser allein aus Gründen der Selbstverteidigung töten, wohingegen diese aus Vorsatz mordeten – gewissermaßen aus Judenhass. Es ist problematisch, Tote gegeneinander aufzurechnen, aber statistisch gesehen kommen auf einen getöteten Israeli tausend getötete Palästinenser, so die israelische Menschenrechtsgruppe Betselem.

Nicht die Wirklichkeit ist entscheidend, sondern die Wahrnehmung dieser Wirklichkeit. Diese Einsicht erscheint maßgeschneidert für den „Nahostkonflikt". Mythologie und Legendenbildung spielen eine wesentliche Rolle, um Israels Vorgehen gegenüber den Palästinensern zu rechtfertigen. Das gilt insbesondere für die Behauptung, Israels Premier Ehud Barak habe auf dem Gipfel von Camp David 2000 Jassir Arafat 96

Prozent (nach anderen Angaben 98 Prozent) der besetzten Gebiete für die Gründung eines palästinensischen Staates angeboten. Der aber habe sich auf diesen „historischen Kompromiss" nicht einlassen wollen (weil er angeblich den Traum von der Zerstörung Israels nicht aufgeben mochte). Obwohl es dieses Angebot Baraks nachweislich nie gegeben hat, sorgt insbesondere der Camp David-Mythos für eine Wahrnehmung, die bis heute die westliche Politik gegenüber Israel und den Palästinensern maßgeblich bestimmt. Danach ist Israel, obwohl es seit Jahrzehnten entgegen zahlreicher UN-Resolutionen ein militärisches Besatzungsregime über die palästinensische Gesellschaft aufrecht erhält, die Partei, die den Frieden will, während die Palästinenser, die gegen diese Besatzung Widerstand leisten, als Feinde des Friedens gelten. „Damit wird bis heute ein Besatzungsregime legitimiert, während das Streben nach Freiheit und Unabhängigkeit de-legitimiert, kriminalisiert und mit Terrorismus gleichgesetzt wird", meint die Politologin Helga Baumgarten. „Das galt bis zum Tode Jassir Arafats für ihn und seine Fatah-Bewegung. Es gilt seit dem Wahlsieg der Hamas im Januar 2006 in gleicher Weise für diese, während inzwischen die Fatah und vor allem Mahmud Abbas, Arafats Nachfolger auf dem Präsidentensitz in Palästina, davon – hin und wieder – ausgenommen werden."

Wie bereits erwähnt, entwickelt sich die Demographie mit Ausnahme Ost-Jerusalems unwiderruflich zuungunsten der jüdischen Israelis. Um sich nicht weiterhin in Richtung „Apartheid-Staat" zu entwickeln (als solchen bezeichnet der ehemalige US-Präsident Jimmy Carter Israel), müsste das Land dringlichst seine Politik ändern. Danach aber sieht es nicht aus. Die traditionelle Parteienlandschaft aus Sozialdemokraten, Liberalen und Konservativen zerfällt, und zunehmend geben altneue (Likud) oder neue Parteien („Unser Haus Israel"), die offen für eine Vertreibung der Palästinenser eintreten, den Ton an. Nationalchauvinistische und religiös-fundamentalistische Parteien definieren den Zionismus neu. „Israel war Symbol für die Freiheit und Quell des Stolzes für Juden in der Diaspora", schreibt der israelische Historiker Avi Shlaim. „Doch Israels Misshandlung der Palästinenser hat das Land zu einer Belastung und moralischen Bürde für den liberalen Teil der jüdischen Gemeinschaft gemacht. Manche Juden, besonders aus linken Kreisen, würden noch weiter gehen und Israels Verhalten mit dem weltweiten Erstarken des neuen Antisemitismus in Verbindung bringen. Das zugrunde liegende Problem ist Israels illegale Besatzung der palästinensischen Gebiete seit 1967. Diese verwandelte die zionistische Bewegung von einer legitimen nationalen Befreiungsbewegung der Juden in eine Kolonialmacht und Unterdrückerin der Palästinenser. Mit heutigem Zionismus meine ich die ideologischen ultranationalistischen Siedler. […] Sie halten das politische System Israels im Würgegriff. Sie repräsentieren die inakzeptable Seite des Zionismus. Zionismus ist nicht mit Rassismus gleichzusetzen, aber viele dieser radikalen Siedler und ihrer Anführer sind unverhohlene Rassisten. Ihr Extremismus und ihre Exzesse haben manche Leute dazu gebracht, nicht nur das zionistische koloniale Projekt außerhalb der Grenzen von 1967 zu hinterfragen, sondern auch die Rechtmäßigkeit des Staates Israel innerhalb dieser Grenzen. Und es sind diese Siedler, die auch die Sicherheit und das Wohl der Juden überall auf der Welt gefährden."

Hamas

Die Hamas entstand 1987 im Zuge der ersten Intifada (Aufstandsbewegung) gegen die israelische Besatzung. Sie ist eine religiös-nationalistische Bewegung, hervorgegangen aus den Reihen der palästinensischen Muslimbruderschaft, und begründet von dem islamischen Theologen Ahmad Jassin aus Gaza, der 2004 „gezielt getötet" wurde – so die in Israel gebräuchliche Sprachregelung für die Ermordung militanter oder missliebiger Palästinenser. Anfänglich unterstützte die israelische Besatzungsmacht die Hamas (arabische Abkürzung für „Bewegung des islamischen Widerstandes"; gleichzeitig bedeutet Hamas „Hingabe"), um dadurch die säkulare Fatah zu schwächen. Nachdem sie mehrere Anschläge verübt hatte, avancierte sie jedoch schnell zum israelischen Staatsfeind Nummer eins. Die im Westen vorherrschende Meinung besagt, die Hamas stehe für Terror und Menschenverachtung und sei zum Frieden nicht bereit. Sie wolle Israel „vernichten" und einen islamischen Staat in Palästina begründen.

Die Realität ist komplexer. Aus zwei Gründen wurde die Hamas zu einer Massenbewegung: Zum einen wegen der Perspektivlosigkeit der Palästinenser, der sie eine islamische Identität entgegensetzte. Und zum anderen, weil sie im Gegensatz zur säkularen Fatah kostenlose soziale Dienstleistungen anbietet. Wie in jeder „Volkspartei" gibt es auch in der Hamas gegenläufige Kräfte: Konservative und Reformer, Fundamentalisten und Pragmatiker. Seit der Formulierung ihrer Charta aus dem Jahr 1988, die zur Zerstörung Israels aufruft, bis zu ihrem Wahlsieg bei den palästinensischen Parlamentswahlen im Januar 2006 hat sie einen weiten Weg zurückgelegt, immer hin- und hergerissen zwischen zwei Polen: einem radikalen Flügel, der Israel mit Terroranschlägen in die Knie zu zwingen suchte, und einem pragmatischen, der auf Verhandlungen setzte. Heute ist das Ziel der Hamas die Beendigung der israelischen Besatzung, nicht die Zerstörung Israels. 2005 verkündete die Hamas einen einseitigen Waffenstillstand, den sie zwei Jahre später aufgrund anhaltender israelischer Angriffe wieder aufhob. Nach ihrem Wahlsieg 2006 haben führende Vertreter der Hamas wiederholt klargestellt, dass sie eine politische Lösung der Palästinafrage durch die Gründung eines palästinensischen Staates in den 1967 besetzten Gebieten unterstützen.

Obwohl die Hamas 2006 mit 54 Prozent der Stimmen in fairen und freien Wahlen einen klaren Sieg errang – geschuldet mehr der israelischen Besatzung und der Korruption der Fatah, weniger der Sehnsucht nach einem Gottesstaat –, hatte die Hamas-Regierung nie eine Chance, ihr politisches Vermögen oder Unvermögen unter Beweis zu stellen. Vor allem ihr finanzieller Boykott durch Israel, die USA und die EU zwang die Regierung, ihre Anstrengungen auf ein einziges Problem zu konzentrieren: Wie Geld aus dem Ausland, den arabischen Staaten und dem Iran, mit Hilfe von Kofferträgern (im wahrsten Sinn des Wortes) in die palästinensischen Gebiete schaffen? Ein unabhängiges palästinensisches Bankensystem gibt es nicht, und Washington drohte damit, alle Banken unter Verwendung einer der zahlreichen Terrorismus-Paragraphen zur Rechenschaft zu ziehen, die der Hamas-Regierung Geld überweisen würden.

Das Mantra westlicher Politik lautet, die Hamas müsse zunächst einmal das Existenzrecht Israels anerkennen. Umkehrt wird Israel allerdings zu rein gar nichts verpflichtet. Genau deswegen erkennt die Hamas den jüdischen Staat nicht an. Es ist ihr einziger politischer Trumpf, und auf den wird sie nicht ohne Gegenleistung verzichten. Hätte London von der IRA als Vorbedingung für Verhandlungen die Anerkennung der Rechtmäßigkeit britischer Oberhoheit in Nordirland verlangt, wäre der dortige Konflikt wahrscheinlich noch heute ungelöst. Die Hamas hat bewiesen, dass sie zu Pragmatismus fähig ist. Aber das interessiert weder Israel noch den Westen – beiden fällt es leichter, Forderungen an die Palästinenser zu richten, als die Legitimität israelischer Besatzung in Frage zu stellen. Die PLO und die Fatah haben Israel bereits 1988 anerkannt und diese Anerkennung im Zuge des Oslo-Abkommens noch einmal wiederholt – was hat es den Palästinensern genutzt?

Parallel zu dem Boykott der Hamas-Regierung haben sich die Spannungen der Islamisten mit der säkularen Fatah über Monate hinweg verschärft. Letztere hat nie verwunden, die Wahlen und somit ihre Privilegien verloren zu haben. Sie hält, darin mit westlicher Politik einig, den Wahlsieg der Hamas für einen „Betriebsunfall", der sich nicht wiederholen dürfe. Gleichwohl bildeten Hamas und Fatah unter saudischer Vermittlung im März 2007 eine gemeinsame Regierung, um den internationalen Boykott der Palästinenser zu überwinden. Doch schon drei Monate später kam es zwischen beiden Fraktionen zu einem kurzen, heftigen Bürgerkrieg im Gazastreifen, den die Hamas für sich entschied: Seither regiert dort eine Hamas-Regierung unter wechselnder Führung, während die Fatah und Präsident Mahmud Abbas das Westjordanland kontrollieren, jedenfalls an der Oberfläche. Denn die Hamas stellt auch dort, bis auf Dschenin, Ramallah und Bethlehem, die Mehrheit in den Stadtverwaltungen. Gewiss sind die Palästinenser in erster Linie selbst verantwortlich für das Unheil, das sie einander antun. Doch westliche Politik ist in hohem Maße mitverantwortlich für die Eskalation. Nach Informationen der britischen Zeitung „The Guardian" hatte die Fatah grünes Licht seitens der USA und Israels, die Hamas durch einen Staatsstreich zu entmachten. Diesem geplanten Putsch sei die Hamas mit ihrem Angriff auf die Fatah im Gazastreifen zuvorgekommen.

Daraufhin haben Israel, die EU und die USA der von der Fatah geführten Autonomiebehörde in Ramallah Millionenbeträge zur Verfügung gestellt – in der Hoffnung, damit die Wirtschaftslage im Westjordanland zu verbessern. Doch der Versuch, den Arafat-Nachfolger Abbas als Alternative zur Hamas aufzubauen, misslang. Vor allem deswegen, weil ihm die israelische Seite keinerlei Zugeständnisse machte, die er den Palästinensern als Erfolg seiner Politik hätte verkaufen können. De facto gibt es heute zwei palästinensische Regierungen, eine in Ramallah, eine in Gaza, die kaum miteinander reden. Die Palästinenser befinden sich in einer ausweglos erscheinenden Situation. Untereinander zerstritten, mit wenig Hoffnung auf eine bessere Zukunft.

Möglicherweise erhalten sie von ungewohnter Seite Hilfe. US-Präsident Obama, bemüht um eine ausgewogene Nahostpolitik, hat sich wiederholt kritisch zur israelischen Siedlungstätigkeit geäußert. Die Ankündigung der israelischen Regierung, weitere Siedlungen in Ost-Jerusalem zu bauen, führte 2010 zu einer anhaltenden Verstimmung zwischen Präsident Obama und dem israelischen Premierminister Netanjahu. Galt Israel in der Vergangenheit als wichtigster Verbündeter der USA im Nahen und Mittleren Osten, kollidieren mittlerweile beider politische Interessen. Die israelische Rechtsregierung hält unbeirrt an ihrer Vision eines Großisrael fest, während Washington bemüht ist, auf die arabisch-islamische Welt zuzugehen – die Kriege in Afghanistan und im Irak erfordern Kompromisse. Vor allem aber wächst die Sorge, in den USA ebenso wie in Europa, Israel könne im Alleingang einen Angriff auf den Iran wagen und anschließend die Solidarität der westlichen Welt mit dem jüdischen Staat einfordern.

Libanon, Syrien, Hisbollah

Im Februar 2005 wurde der vormalige libanesische Ministerpräsident und einflussreichste Politiker in Beirut, Rafik al-Hariri, bei einem Anschlag getötet. Viele Indizien deuten darauf hin, dass der syrische Geheimdienst und möglicherweise auch die Regierung in Damaskus für die Tat verantwortlich sind. Als Reaktion darauf verabschiedeten die Vereinten Nationen eine Resolution, die noch im selben Jahr zum vollständigen Abzug syrischer Truppen aus dem Libanon führte. Sie waren 1976 während des libanesischen Bürgerkrieges (1975–1990) dort einmarschiert. Traditionell betrachtet Damaskus den Libanon eher als eine syrische Provinz denn als eigenständigen Staat; 2008 tauschten beide Länder erstmals Botschafter aus. Syrien ist wirtschaftlich auf den Hafen von Beirut angewiesen und unterhält ein enges Netz mit prosyrischen Politikern im Libanon.

Dort kam es nach dem Ende der syrischen Vorherrschaft zu einem politischen Frühling, der insbesondere die Hisbollah („Partei Gottes"), ein enger Verbündeter Syriens und Irans, unter Druck setzte. Die Hisbollah ist gleichzeitig schiitische Partei und Miliz. Sie entstand 1982 als Reaktion auf die israelische Besatzung des überwiegend von Schiiten bewohnten Südlibanon, die erst 2000 mit dem Abzug Israels endete. Die Hisbollah unterhält enge Beziehungen zu Teheran, ist aber nicht, wie häufig behauptet, eine Marionette der Islamischen Republik. Sie wird von dort finanziell und militärisch unterstützt, hat aber immer Wert darauf gelegt, eine eigenständige Politik zu betreiben. Als Marionette Teherans wäre sie wohl auch nicht zu einer Massenbewegung geworden. Die israelische Besatzung führte zu einer Massenflucht von mehr als 100 000 Schiiten nach Beirut, wo sie sich im Süden der Hauptstadt neu ansiedelten. Unter diesen Schiiten wurde die Hisbollah ebenso wie im Südlibanon selbst die stärkste politische Kraft, vergleichbar der sunnitischen Hamas in den palästinensischen Gebieten. Beide wären ohne israelische Besatzung nicht entstanden und vor allem kein Machtfaktor geworden – eine Einsicht, die in Israel selbst überwiegend als Blasphemie gilt. Die für Israels Soldaten mit hohen Verlusten verbundenen Selbstmordattentate der „Partei Gottes" führten schließlich zum Abzug der Besatzungstruppen. Die Hisbollah, die gleichzeitig ein effizientes soziales Hilfswerk unterhält, war im Libanon längst gleichbedeutend mit „Widerstand" und damit aufgerückt zu einem der wichtigsten innenpolitischen Akteure. Da sie die israelische Besatzung bekämpfte, durfte sie als einzige libanesische Gruppierung nach Ende des Bürgerkrieges 1990 ihre Waffen behalten. Die libanesische Armee ist traditionell schwach und verfügt nicht einmal über eine Luftwaffe.

Damit wurde die Hisbollah zu einem Staat im Staate. Mit dem Ende der israelischen Besatzung 2000 verlangten viele Libanesen ihre Entwaffnung. Nachdem auch die Syrer abgezogen waren, wuchs der Druck auf die Hisbollah, ihre Waffen abzugeben und sich nur noch politisch zu organisieren. Die libanesische Regierung stand im Begriff, eine entsprechende Vereinbarung mit der Hisbollah zu unterzeichnen, da griff die israelische Armee im Juli 2006 den Libanon an. Anlass war die Entführung zweier israelischer Soldaten durch die Hisbollah, doch diese offizielle Begründung war eher ein Vorwand, einen längst geplanten Schlag gegen die „Partei Gottes" zu führen. Militärisch und politisch wurde der darauf folgende 34 Tage während Krieg ein Desaster für Israel. Brauchte die israelische Armee 1967 nur sechs Tage, um drei arabische Armeen zu besiegen, so leistete die im Westen überwiegend als bloße Terrorgruppe wahrgenommene Hisbollah nicht nur länger als einen Monat erfolgreich im Südlibanon Widerstand, sondern erschütterte mit ihren anhaltenden Raketenangriffen auf Nordisrael nachhaltig den Mythos israelischer Unbesiegbarkeit. Den Preis für den Krieg zahlte die israelische und vor allem die libanesische Bevölkerung. Die Kriegsschäden im Libanon beliefen sich auf fast vier Milliarden Dollar. Mehr als 1200 Libanesen wurden getötet, überwiegend Zivilisten. Fast eine Million Libanesen, rund ein Viertel der Bevölkerung, wurden obdachlos. Auf israelischer Seite starben 127 Menschen, mehrheitlich Soldaten. In einem 125-seitigen Bericht stellte eine Expertenkommission der Vereinten Nationen ein „eindeutiges Muster von exzessiver wahlloser und unangemessener Gewalt", auch durch den Einsatz geächteter Streubomben auf Seiten der israelischen Armee, gegen libanesische Zivilisten fest. Beträchtliche Teile der Infrastruktur des Libanon wurden bombardiert, darunter Elektrizitätswerke und Fabriken, teilweise nur „um ihrer Zerstörung willen", so der UN-Bericht. Gleichzeitig führte Israels Vorgehen zu einem gravierenden Imageschaden für den jüdischen Staat, den die westliche Öffentlichkeit einmütig wie selten zuvor für diesen Krieg, der gleichzeitig ein Stellvertreterkrieg zwischen Washington und Teheran war, an den Pranger stellte.

Scheich Hassan Nasrallah, der Chef der Hisbollah, wurde aufgrund seines „Sieges" zu einem Volkshelden – im Libanon und darüber hinaus in der gesamten arabischen Welt. Viele Kommentatoren verglichen ihn mit dem Ägypter Gamal Abdel Nasser, dem großen arabischen Volktribun der fünfziger und sechziger Jahre. Die Emotionen wogten dabei höher als der Realitätssinn. Nicht nur hat der Krieg große Zerstörungen angerichtet, er hat gleichzeitig die prekäre Machtbalance der verschiedenen religiösen und ethnischen Gruppen im Libanon zugunsten der Hisbollah grundlegend verändert. An ihre Entwaffnung ist nicht mehr zu denken. Zwar sorgte eine UN-Resolution für die Entsendung von 10 000 Blauhelmen in den Südlibanon, ergänzt um weitere 15 000 libanesische Soldaten, doch bereitet sich die Hisbollah im Hintergrund diskret auf den nächsten Waffengang mit Israel vor. Der dürfte spätestens dann erfolgen, wenn die USA und/oder Israel den Iran angreifen.

Der Libanon ist der am stärksten europäisch geprägte und prowestliche Staat der arabischen Welt – mit Ausnahme der schiitischen Unterschicht orientiert sich ein Großteil der Bevölkerung in ihren Lebenseinstellungen, ihrem *Way of life*, ihren Sehnsüchten und Träumen an New York oder Paris, gewiss nicht an Damaskus oder Teheran. Wenn es einen arabischen Staat mit demokratischem Potential gibt, dann den Libanon. Gleichwohl ist das Land stark von Stammes- und Clanstrukturen sowie religiösen Gegensätzen geprägt. Heute stehen sich zwei in etwa gleichstarke politische Lager gegenüber: Auf der einen Seite eine prosyrische Fraktion, angeführt von der Hisbollah. Auf der anderen eine prowestliche Regierung, seit 2009 unter Saad al-Hariri, dem Sohn des ermordeten Rafik al-Hariri.

Die politischen Ziele der Hisbollah sind unklar. Sie weiß, dass sie einen Gottesstaat nach dem Vorbild des Iran nicht umsetzen kann – die Libanesen sind schlicht zu weltoffen. Davon abgesehen stellen die Schiiten auch nur 40 Prozent der Bevölkerung. Das ist die relative, nicht aber die absolute Mehrheit. Gleichwohl vollführt die „Partei Gottes" einen ständigen Spagat zwischen politischem Pragmatismus und ideologischer Ausrichtung an Teheran.

Hariris Regierung wird von den Sunniten sowie von den meisten Drusen und Christen unterstützt. Welchen Weg der Libanon, ein Staat mit einer instabilen konfessionellen Basis, künftig einschlagen wird, ob das Land möglicherweise wieder zurückfällt in Krieg und Gewalt, ist nicht abzusehen. Fest steht, dass die Entscheidung darüber weniger von Beirut abhängt als vielmehr von Washington, Teheran, Damaskus und (West-)Jerusalem.

Al-Qaida

Ein fröhlicher bärtiger Mann zeigt, wie er einen Granatwerfer zusammensetzt, unterlegt von kämpferischer religiöser Musik, deren ständiger Refrain von der Allmacht Gottes handelt. Schnitt. Der Mann ist im Einsatz, fährt auf einen amerikanischen Panzer zu, der sich kurz darauf in einen Feuerball verwandelt. Das Video ist geschnitten wie ein Clip von MTV: schnell, rhythmisch, mit eingängigem Soundtrack. Aber der bärtige Mann ist kein Rapper, sondern ein „Märtyrer" der „Islamischen

Armee im Irak". Diese al-Qaida nahestehende sunnitische Terrorgruppe ist unter anderem verantwortlich für die Entführung und Massakrierung mehrerer Ausländer, die mit dem Schwert geköpft wurden. Und sie hat zahlreiche Anschläge auf Schiiten verübt und damit den Bürgerkrieg im Irak vorangetrieben. Ihr Internet-Auftritt ist überaus professionell: Von Märtyer-Videos über Anleitungen zum Bombenbasteln und Dschihad-Literatur bis hin zu täglich aktualisierten „Militär-Kommuniqués" findet sich alles. Da heißt es dann zum Beispiel: „Heute um zehn Uhr gefiel es dem Allwissenden, einer Sondereinheit der Islamischen Armee den Auftrag zu erteilen, drei Angehörige der vom Glauben abgefallenen (schiitischen) Mahdi-Armee anzugreifen. Dank Seiner unermesslichen Güte und Weitsicht wurden die Häretiker getötet und beflecken nicht länger das Angesicht Gottes auf Erden. So geschehen im Stadtteil al-Amirija im Westen Bagdads. Wahrlich: Er ist der Herr des Diesseits wie auch des Jenseits."

Eine Internet-Reise in die virtuellen Welten von al-Qaida und den ihr nahestehenden Terror- und Dschihad-Gruppen lässt unwillkürlich an Stanley Kubricks Film „Dr. Seltsam oder: Wie ich lernte die Bombe zu lieben" denken. Tonangebend sind nicht rationale Kriterien, vielmehr eine krude Mischung aus Islam-Rap, Dschihad-Fetischismus und einer suggestiven Bildsprache mit klaren Feindbildern: USA, Israel, die Schiiten, arabische Regime und, je nach aktueller Lage, zum Beispiel Dänemark (Karikaturenstreit) oder auch der Papst (Rede in Regensburg). Die meisten Internet-Auftritte sind auf Arabisch, viele auch auf Englisch, einige auf Deutsch. So schreibt ein „Bruder" aus Deutschland: „An jeden Muslim, dessen Seele sich nach dem Tag der Versammlung sehnt. Mögen diese Worte mit Allahs Hilfe Leuchten auf dem Weg zum Sieg über den Atheismus sein. Ich bitte Allah, den Allmächtigen und Erhabenen, mit der Glaubensmacht eines Märtyrers, die gegen jene

Henker gerichtet ist, die an den Muslimen ihre Schlechtigkeiten auslebten: ‚Mein Herr, versammle sie an einem Ort und vernichte sie! Mein Herr, Du bist dessen mächtig. Verschone keinen von ihnen!‘ Alle Menschen werden sterben. Der eine früher und der andere später. Doch die Arten des Sterbens sind verschieden. Nicht jeder kann die Stufe eines Märtyrers erreichen. Nicht jede Seele kann mit einem derartigen Mut auftreten.“

Die Internet-Adressen der jeweiligen Anbieter wechseln häufig, „googeln“ kann man sie in der Regel nicht. Die meisten „Hardcore“-Seiten stehen nur angemeldeten Besuchern zur Verfügung, oft braucht man eine persönliche Empfehlung, um Zugang zu erhalten. Die Dschihad-Szene, über deren genaue Zusammensetzung, Anhängerschaft und Gefahrenpotential sich die Geheimdienste weltweit den Kopf zerbrechen, ist ebenso diffus wie kreativ. Wird eine Seite aus Sicht der Anbieter von außen infiltriert, warnt der Anbieter selbst vor der weiteren Benutzung oder führt unbefugte Benutzer hinters Licht. So zeigt eine Seite, auf der früher Gebrauchsanleitungen für Sprengstoffe aller Art und Dschihad-Literatur herunterzuladen war, nunmehr Ansichten islamischer Sehenswürdigkeiten in Kairo. Bemerkenswert ist, dass die Internet-Angebote fast aller Dschihad- und Terror-Gruppen auf amerikanischen Servern liegen. Da in den USA vollkommene Meinungsfreiheit gilt, weigern sich Anbieter wie Google oder Yahoo, beispielsweise „Die islamische Armee im Irak“ vom Netz zu nehmen. Allerdings wird ein Blog eingeblendet, der auf den fragwürdigen Inhalt der nachfolgenden Seiten verweist.

Drei Hauptgruppen der Dschihad-Szene im Internet sind auszumachen: Chatrooms, Mailing-Groups und Webseiten. Die Mailing-Groups sind vor allem für Ideologen und Attentäter interessant, die sich untereinander austauschen. In den Chatrooms werden Fragen des rechten Glaubens erörtert oder auch Wissensfragen gestellt: „Gibt es Blondinen unter den

Jungfrauen, die den Märtyrer im Paradies erwarten?" (Gibt es.)
Die Webseiten bieten auch zahlreiche Videospiele, darunter
„Die Löwen von Tora Bora", nachempfunden dem amerikani-
schen Spiel „American Soldier" unter umgekehrten Vorzeichen.
Bei den „Löwen" geht es darum, möglichst viele amerikanische
Angreifer zu beseitigen. Alles auf hohem technischem Niveau.
Intellektuell ist das Angebot allerdings eher dürftig, der Cyber-
Dschihad wendet sich in erster Linie an die Unterschicht und
das große arabische Bildungs-Proletariat.

Nach dem 11. September 2001 hat sich die Struktur von al-
Qaida geändert. Stand bis zu den Anschlägen in den USA
Osama bin Laden an der Spitze einer pyramidalen Hierarchie,
so hat sich al-Qaida seither „demokratisiert": weltweit sind Terrorgruppen entstanden, die von derselben Ideologie getragen
sind, aber unabhängig voneinander operieren. In dem Maße,
wie sich al-Qaida regional verselbständigte, wuchs die Bedeutung des Internets als Medium der Kommunikation, der Propaganda und der logistischen Hilfestellung. Diese Entwicklung
wurde von al-Qaida selbst eingeleitet, indem sie ihre zunächst
geheime Lehrbuchsammlung für Anschläge aus den achtziger
Jahren, die „Enzyklopädie des Dschihad", nach 9/11 sukzessive
ins Internet stellte. Dann begründete al-Qaida ein eigenes Inter-
net-Forum, benannt „Ma'askar al-Battar" nach dem Schwert
des Propheten. Auf dieser Webseite konnten interessierte Dschi-
hadisten aus allen Teilen der Welt mit al-Qaida in Kontakt treten, sich vernetzen, geplante Anschläge zur „Begutachtung" ein-
reichen oder aber sich über technische Möglichkeiten der
Anschlagsplanung informieren. Diese Seite gibt es nicht mehr,
die Geheimdienste sind ihrerseits nicht untätig. Heute stellt
sich die al-Qaida-Szene überaus kleinteilig dar und ist für Au-
ßenstehende schwer zu durchschauen. Im Kernbereich des Terrors scheinen persönliche Kontakte erneut wichtiger geworden
zu sein als das anonyme Internet.

Ausblick.
Welcher Islam für Europa?

Jahrzehntelang hat sich kaum jemand in Deutschland für muslimische Einwanderer interessiert. Die „Gastarbeiter" blieben ein Randphänomen. Weder die Mehrheitsgesellschaft noch die Einwanderer selbst sahen die Notwendigkeit, sich füreinander zu interessieren und Spielregeln für ihr Zusammenleben zu finden. Beide Seiten gingen davon aus, dass man nur vorübergehend miteinander zu tun habe. Der Mehrheit war die islamische, zumeist türkische, Minderheit egal, solange sie in ihren gewöhnlich unterprivilegierten Wohnvierteln nicht weiter auffiel. Nicht vor der zweiten Hälfte der neunziger Jahre setzte eine ebenso hysterisch wie parteitaktisch geführte Integrationsdebatte ein, die 2000 schließlich zu einem neuen Einbürgerungsgesetz führte. Erstmals in der deutschen Geschichte wurde „Deutsch-Sein" nicht mehr allein als „Blutrecht" gesehen (ius sanguinis), das sich von Generation zu Generation vererbt. Nunmehr sollte auch in Deutschland geborenen oder seit langem hier lebenden Ausländern die Einbürgerung erleichtert werden. Das neue Gesetz änderte aber nichts daran, dass Einwanderung in Deutschland noch immer als Bedrohung gesehen wird. Als Folge der Wirtschaftskrise sowie des 11. September 2001 trat die geläufige Gleichung Islam = Islamismus = Terror auch in der Innenpolitik ihren Siegeszug an. Entsprechend haben mehrere Bundesländer 2006 Fragebögen für den „Einbürgerungstest" verbindlich vorgeschrieben. Das von allen Neudeutschen selbstverständlich zu erwartende Bekenntnis zu Grundgesetz, Demokratie und Rechtsstaatlichkeit wird hier ausgeweitet zu einem Gesinnungstest, in dem neben Kreuzworträtsel-Fragen („Nennen Sie die drei höchsten Berge in Deutschland") vor allem die Weltanschauung des Einbürgerungswilligen im Mittelpunkt steht: „Was sagen Sie, wenn Ihre Tochter einen Angehörigen einer anderen Religionsgemeinschaft heiraten will?" – „Hätten Sie Einwände, wenn ihre neuen Nachbarn Homosexuelle wären?" – „Wie stehen Sie zu der besonderen moralischen Verpflichtung Deutschlands gegenüber Israel?"

Guckst du?

Das Signal an die 3,5 Millionen Muslime in Deutschland lautet dementsprechend nicht: „Wir wollen euch" sondern „Gefahr im Verzug". Und selbstredend darf ein Türke nicht gleichzeitig Deutscher und Türke sein, er muss sich für eine der beiden Staatsbürgerschaften entscheiden. Das ist durchaus eine legitime Forderung. Warum aber ist es dann kein Problem, gleichzeitig einen deutschen und einen polnischen, einen deutschen und einen israelischen, einen deutschen und einen kanadischen Pass zu besitzen, um nur drei Beispiele zu nennen?

Ungeachtet des neuen Gesetzes ist die Zahl der Einbürgerungen nach einem kurzen Boom in den letzten Jahren kontinuierlich zurückgegangen. In der Politik macht man dafür in erster Linie eine Verweigerungshaltung der hier lebenden Türken verantwortlich, die sich lieber in ihren „Parallelgesellschaften" einigelten, als in der Mehrheitsgesellschaft anzukommen. In der Tat ist dieser Rückgang alarmierend. Setzt sich der Trend fort, haben wir bald eine dritte und vierte in Deutschland geborene und aufgewachsene Generation von Einwanderern, die zwar hier bleiben wird, sich aber nicht heimisch fühlt. Ein maßgeblicher Grund dafür – das zeigen mehrere soziologische Untersuchungen – ist die spürbare Islamophobie der Mehrheit, nicht nur in der Politik und den Medien, sondern bis hinein in die Amtsstuben, in der die jeweiligen Beamten über die Einbürgerung befinden. In keinem anderen westlichen Land ist die Ablehnung des Islam so ausgeprägt wie in Deutschland, belegt eine Studie des amerikanischen PEW-Zentrums für Meinungsforschung. Und die hiesigen Muslime wissen sehr wohl, wie man über sie denkt. Die Erfahrung vor allem als konservativer, rechtgläubiger Muslim in diesem Land, wo man geboren wurde oder aufgewachsen ist, dessen Sprache die ursprüngliche Muttersprache langsam verdrängt, nicht willkommen zu sein, wirkt kränkend. Es ist eine Demütigung, nicht als Mensch wahrgenommen zu werden, sondern als Teil einer verdächtigen Gruppe, die einer „minderwertigen" Religion angehört. Warum also sollte ein Ansturm auf den deutschen Pass einsetzen? Stattdessen wird in den islamischen Gemeinden immer häufiger die folgende Frage erörtert: Mit welchen Reaktionen müssen wir rechnen, falls es eines Tages zu einem islamistischen Terroranschlag in Deutschland kommen sollte? Die Ausgrenzung ist jetzt schon spürbar. Was aber dann? Ausschreitungen und Pogrome? Viele Türken ziehen es vor, ihren türkischen Pass zu behalten, für den Fall der Fälle.

Glaubst du?

Die erste Generation türkischer Einwanderer verstand sich gewissermaßen als eine Insel der Gläubigen inmitten eines Meeres der Ungläubigen. Die Türken der sechziger und siebziger Jahre waren zumeist wertkonservative Arbeitsmigranten, die mehrheitlich aus ländlichen Gebieten Anatoliens kamen, ungebildet waren und in der Religion einen Rückhalt fanden, um ihre Schwierigkeiten in der Fremde zu bewältigen. Inzwischen ist eine zweite Generation herangewachsen, Deutsch-Türken im

Alter von 30 bis 40 Jahren, die ungeachtet ihrer „bildungsfernen" Herkunft erfolgreich Schulen und Universitäten besucht haben und ihre Zukunft in Deutschland sehen. Aus diesem Aufsteiger-Milieu rekrutieren sich Zehntausende deutsch-türkischer mittelständischer Unternehmer. Sie sind überwiegend wertkonservativ, wollen sich in Europa verankern und vor allem den Islam aus den Hinterhöfen herausholen. Die Enge ihrer Elternhäuser haben sie hinter sich gelassen, wohl wissend, dass die strengen Sitten und Traditionen ihnen auch einen Halt gegeben haben. Diese neue deutsch-türkische Mittelschicht will zumeist ihre Gemeinden reformieren, übernimmt zunehmend auch Führungspositionen und lehnt Koranschulen ebenso ab wie ein erstarrtes patriarchalisches Denken. Die aufgeklärtesten Muslime in Deutschland findet man in ihren Reihen. Ihre Reformpositionen werden jedoch von der Mehrheitsgesellschaft oft als Fassade, als Manipulation ausgelegt – als seien sie lediglich in der Wolle gefärbte Extremisten. Diese Erfahrung wiederum bestätigt diejenigen in den islamischen Gemeinden, die immer schon der Meinung waren, die Deutschen würden den Islam niemals akzeptieren. Ein Muslim müsse sich daher in Europa in einem islamischen Umfeld einrichten.

Der Islam in Deutschland, in Europa insgesamt, ist ungeachtet der Erfolgsgeschichte der neuen deutsch-türkischen Mittelschicht eine Religion der Armen geblieben, der Unterschicht. Kinder von muslimischen Einwanderern, die das Abitur nicht schaffen, haben auf dem Arbeitsmarkt kaum eine Chance. Die Arbeitslosigkeit deutsch-türkischer und arabischer Jugendlicher im Alter von 16 bis 25 Jahren liegt bei 40 Prozent – eine Quote höher als die offizielle Arbeitslosenzahl Afghanistans. Dafür gibt es mehrere Gründe, darunter fehlende deutsche Sprachkenntnisse, die Konzentration sozialschwacher und „bildungsferner" Schüler in gettoisierten Problemschulen mit Ausländeranteilen von mehr als 80 Prozent und nicht zuletzt der Rückzug in eine

„virtuelle Türkei". Gemeint ist damit der Alltag in türkischen oder islamischen Welten von der Hinterhof-Moschee bis zum eigenen Kaffeehaus, in dem ausschließlich türkische oder deutsch-türkische Männer verkehren. Auch fehlendes Interesse an Deutschland bis hin zur bewussten Abgrenzung spielt eine Rolle, die Orientierung an türkischen Medien mit Hilfe von Satellitenschüsseln, die Eheschließung mit schlecht ausgebildeten Frauen aus der ländlichen Türkei ohne Deutschkenntnisse, fehlendes Selbstvertrauen und eine in ihren Reihen nur schwach ausgeprägte Aufsteigermentalität.

Erst seit den neunziger Jahren gibt es in Deutschland verstärkt Bildungsangebote für diese Unterschicht, vor allem mit Blick auf den Spracherwerb. Was noch immer weitgehend fehlt, ist die Förderung schon im Vorschulalter und in der Grundschule. Deutsche Politiker sehen die Schuld für die Marginalisierung der Deutsch-Türken gerne bei diesen selbst und verschweigen dabei, dass sie selbst ein gehöriges Maß an Mitverantwortung tragen. Die aus ideologischen Gründen jahrzehntelang aufrecht erhaltene Behauptung, Deutschland sei kein Einwanderungsland (obwohl alle Statistiken seit den sechziger Jahren das Gegenteil belegen), konnte nicht ohne Folgen bleiben. Eine pragmatische Einwanderungspolitik, wie sie in den USA selbstverständlich ist, steckt hierzulande erst in den Anfängen. In den Vereinigten Staaten bekommt jeder Einwanderer ein halbes Jahr lang finanzielle Unterstützung, kostenlosen Sprachunterricht, eine Einführung in Politik und Gesellschaft des Landes sowie praktische Informationen zu Themen wie Arbeits- oder Wohnungssuche. Danach ist der Einwanderer auf sich selbst gestellt, eine weitergehende Sozialfürsorge gibt es nicht. Im Gegensatz dazu greift in Deutschland ein Sozialsystem, das vor allem für kinderreiche Familien von Arbeitsmigranten und Flüchtlingen wenig Anreize bietet, das eigene Leben in die Hand zu nehmen. Hinzu kommt, dass ein Einwanderer in den USA als ebensolcher gesehen wird. Ob dessen Herkunft nun eine deutsche oder iranische ist, interessiert die amerikanische Gesellschaft nicht, solange sich der Neuamerikaner patriotisch verhält und wirtschaftlich erfolgreich ist. Die Botschaft lautet: Herzlich willkommen – solange du an den amerikanischen Traum glaubst. Ein Türke in Deutschland hingegen wird auch in der dritten und vierten Generation in erster Linie als Türke gesehen. Mit Respekt oder Sympathie für seine Kultur und Religion darf er nicht rechnen. Eine Botschaft für Einwanderer jenseits von „Leitkultur" gibt es in Deutschland kaum, auch wenn niemand so recht weiß, was „Leitkultur" eigentlich ist. Der Türke soll sich eben anpassen, auch wenn er längst Deutscher ist. Die Vorstellung, eine andere Herkunft, ein anderes Denken, ein anderes Wertesystem könnte eine Bereicherung sein oder wenigstens doch ihre Berechtigung haben, gilt hierzulande als naiv und potentiell linksradikal, „multikulti" eben.

Parallelmorde

Jenseits von Terror und Gewalt prägt die deutsch-türkische Unterschicht maßgeblich die negative Wahrnehmung des Islam in der hiesigen Mehrheitsgesellschaft. Das Bild verschleierter anatolischer Mütterchen ist ebenso wenig eine Einladung zur Identifikation wie präpotente deutsch-türkische oder arabische Jugendliche, die ihren Machismo in der Öffentlichkeit ausleben. Mit diesem Milieu verbinden sich auch zwei Schlagworte, die ihrerseits die entsprechenden Vorurteile aktivieren: „Ehrenmord" und „Parallelgesellschaft". Anders als in der deutsch-türkischen Mittelschicht ist die muslimische Frau in der Unterschicht das schwächste Glied unter sozialen Verlierern. Sie ist konfrontiert mit Ehrbegriffen, die ihre Wurzeln nicht im Islam, sondern in den patriarchalischen Traditionen der ländlichen Türkei haben. Die Ehefrau, die Mutter, die Tochter haben ihrem Vater, Bruder, Ehemann zu gehorchen. Tun sie das nicht, suchen sie ein selbstbestimmtes Leben, kann es für sie gefährlich werden – bis hin zum medial mit der allergrößten Aufmerksamkeit bedachten „Ehrenmord". Der Begriff suggeriert, ein muslimischer Mörder handle im Namen seiner Religion oder folge einem archaischen Ehrbegriff, der ihm kraft seiner Herkunft gewissermaßen genetisch eingegeben sei. Fühlt der Türke, fühlt der Muslim sich in seiner Ehre gekränkt, mordet er eben. Auch in der Mehrheitsgesellschaft kommt es bekanntlich zu Morden von Männern an Frauen, doch ist die Bezeichnung eine andere. „Familiendrama" heißt es dann. Oder „Mord aus Eifersucht". Diese Begriffe vermitteln anschaulich, dass von den Taten gestörter Einzelpersonen die Rede ist. Anders als beim „Ehrenmord" wird das Kollektiv, in diesem Fall die deutsche Gesellschaft, emotional nicht unter Anklage gestellt.

Wenig erhellend ist auch die Rede von der „Parallelgesellschaft". In der Sache ist die Behauptung, es gebe in Deutschland eine islamische Parallelgesellschaft, blanker Unsinn. „Klein-Istanbul" in Kreuzberg oder anderswo ist nichts anderes, als es „Little Germany" in den USA des 19. Jahrhunderts war. Türkisch geprägte Wohnviertel sind nicht Ausdruck einer Verweigerungshaltung gegenüber Deutschland. Die meisten Türken in Kreuzberg würden vermutlich auch lieber im Grunewald leben, wenn sie könnten. Die erfolgreiche Integration türkischer oder arabischer Einwanderer ist in erster Linie eine soziale Frage und keine religiös-islamische. Probleme entstehen vor allem dann, wenn soziale und ethnische Konflikte in Armutsvierteln aufeinandertreffen. Cem Özdemir, Vural Öger und die deutschtürkische Mittelschicht haben keine Integrationsprobleme. Es gibt keine monokulturelle, rein islamische Identität in Deutschland, keinen von Islamisten organisierten und systematisch betriebenen Rückzug aus dem deutschen Alltag, keine wirtschaftliche Abgrenzung und keine parallelen Islam-Institutionen, die staatliche Aufgaben übernehmen. Stattdessen gibt es eine Rückbesinnung auf Religion und Tradition, auch abzulesen an der Bereitschaft jüngerer Frauen, freiwillig ein Kopftuch zu tragen oder lieber einen Muslim als einen Nicht-Muslim zu heiraten. Diese Rückbesinnung ist nicht zuletzt auch eine Reaktion auf die jahrzehntelang erfahrene Ablehnung, die ihrerseits Ablehnung provoziert.

Um Missverständnisse zu vermeiden: Es gibt muslimische Kriminelle und es gibt Muslime in Deutschland, die mit al-Qaida sympathisieren (einige Hundert nach Angaben des Verfassungsschutzes). Ebenso gibt es hierzulande Muslime, die Rassisten sind und alles Deutsche hassen. Und es gibt Muslime, die nicht zu integrieren sind, weil sie die freiheitliche und demokratische Grundordnung unterlaufen wie der abgeschobene „Kalif von Köln". Aber diese Minderheiten sind eben das: Minderheiten. Aus Sicht der Siegelbewahrer des „christlich-jüdischen Abendlandes" ist Integration jedoch eine Einbahnstraße, die der Mehrheitsgesellschaft nichts abverlangt, den Einwanderern hingegen alles. Sie haben gewissermaßen ihre Unschuld zu beweisen. Was ihnen so lange nicht gelingen wird, bis auch die letzte Muslimin mit Kopftuch von Deutschlands Straßen verschwunden ist.

Allah sitzt nicht in der ersten Reihe

Da die meisten Deutschen der Mehrheitsgesellschaft keinen Kontakt zu Muslimen haben, spielt das in den Medien vermittelte Islambild eine wesentliche Rolle für deren Wahrnehmung insgesamt. Eine Untersuchung der Universität Erfurt über das „Gewalt- und Konfliktbild des Islams bei ARD und ZDF" von

2007 hält fest: „In der Gesamtschau lässt sich sagen, dass sich die Darstellung des Islams in den Magazin- und Talksendungen sowie Dokumentationen/Reportagen des deutschen öffentlich-rechtlichen Fernsehens zu über 80 Prozent an einem Bild orientiert, in dem diese Religion als Gefahr und Problem in Politik und Gesellschaft in Erscheinung tritt. Das Islambild dieser Formate bei ARD und ZDF ist ein zugespitztes Gewalt- und Konfliktbild, das den Eindruck vermittelt, dass der Islam weniger eine Religion als vielmehr eine politische Ideologie und einen gesellschaftlichen Wertekodex darstellt, der mit den Moralvorstellungen des Westens kollidiert. Der Nachrichtenfaktor ‚Konflikt' dominiert ganz eindeutig, das heißt Themen werden begünstigt, die ein konflikthaftes, in weiten Teilen sogar ein offen gewaltsames Geschehen beinhalten." Vor diesem Hintergrund verwundert kaum, dass in den Rundfunkräten von ARD und ZDF christliche und jüdische Vertreter sitzen, nicht aber muslimische. Das ist entscheidender als der lobenswerte Versuch eines online angebotenen „Wortes zum Freitag" einiger Sendeanstalten. Anders als in französischen oder britischen Medien gibt es in Deutschland, von wenigen Ausnahmen abgesehen, auch nicht die Normalität von Nachrichtensprechern oder Moderatoren ausländischer Herkunft. Notwendig wären positive Leitbilder. Politiker scheuen sich ebenfalls, andere Akzente zu setzen. Wann hat beispielsweise ein Bundeskanzler oder Bundespräsident das letzte Mal eine islamische Gemeinde besucht? Die erstmals 2006 vom Innenministerium einberufene „Islamkonferenz", in der Vertreter des Staates mit Muslimen über anstehende Fragen des Zusammenlebens diskutierten, ist ein guter Schritt in die richtige Richtung, weist aber noch keinen Weg.

Nicht nur in Deutschland, in Europa insgesamt befindet sich der Islam in einem Prozess der Neuorientierung und Identitätsfindung. Da die Türkei seit den Reformen von Staatsbegründer Atatürk in den zwanziger Jahren eine laizistische

Republik ist, sind die Türken seit Jahrzehnten mit einer gemäßigten Lesart des Islam vertraut, die Staat und Religion voneinander trennt. Trotz erschreckender Gewalttaten, die auch in der Türkei immer wieder verübt werden: Kriminelle Formen des Islamismus haben weder in der Türkei noch unter den Deutsch-Türken eine nennenswerte Basis. Türkischer Extremismus zeichnet sich vorwiegend durch einen übersteigerten Nationalismus und Chauvinismus aus. Marginalisierte Deutsch-Türken, die sich in Deutschland nicht angenommen fühlen, werden eher im „Türkentum" Zuflucht nehmen als im Islam. Nichttürkische Muslime besuchen in Deutschland nur selten von Türken geführte Moscheen, weil sie deren Islam für zu wenig „authentisch" oder „zu türkisch" halten. Vielleicht vergleichbar mit einem gläubigen Katholiken, der sich, an Weihrauch und Heilige Messen gewöhnt, in einem „sinnenfeindlichen" protestantischen Gottesdienst kaum „zu Hause" fühlen würde.

In den übrigen westeuropäischen Staaten ist der Islam unter den muslimischen Einwanderern sehr viel „sinnstiftender". Sowohl die aus Nordafrika stammenden arabischen Einwanderer in Frankreich wie auch die nach Großbritannien eingewanderten Pakistaner, Inder und Bangladeschis beziehen einen erheblichen Teil ihrer Identität aus der Religion, nicht aus ihrer ursprünglichen Nationalität. Das Spektrum der Identifikation reicht dabei von gemäßigt-liberal bis hin zum militanten Dschihad. Wie in Deutschland gilt auch anderswo in Europa die Faustregel: je gelungener der soziale Aufstieg, umso toleranter das eigene Islamverständnis. Die Weltpolitik bleibt dabei nicht außen vor. Gerade unter arabischen Einwanderern bewirken der Konflikt zwischen Israel und den Palästinensern oder der Krieg im Irak ein hohes Maß an Emotionen und Politisierung. Radikale, vor allem aus Pakistan importierte Ideologien haben in Großbritannien, dem engsten Verbündeten der USA im Irak und in Afghanistan, einen gewalttätigen Bodensatz unter muslimischen Einwanderern geschaffen, der auf mehrere Tausend Personen geschätzt wird.

Weder der separatistische Multikulturalismus, wie er vor allem in den Niederlanden bis zur Ermordung des Filmemachers Theo van Gogh 2004 durch einen Islamisten Bestand hatte, wie er aber auch in Großbritannien gehegt wird, noch der säkulare republikanische Monokulturalismus in Frankreich haben dazu geführt, dass sich muslimische Einwanderer in Europa zu Hause fühlen – oder auch nur als Bürger Europas. „Separatistischer Multikulturalismus" meint die Haltung der Mehrheitsgesellschaft, „die Fremden" in ihren jeweiligen Wohnvierteln sich selbst zu überlassen – möge jeder nach seiner Façon selig werden. Diese als Toleranz getarnte Gleichgültigkeit wurde nach dem Mord an van Gogh allenthalben und zu Recht in Frage gestellt, allerdings auf wenig konstruktive Weise. Autorinnen wie Ayaan Hirsi Ali in den Niederlanden und Necla Kelek in Deutschland galten nunmehr als Prophetinnen lange geleugneter Wahrheiten: Nur ein vollständig säkularisierter Islam, so ihre Botschaft, sei ein guter Islam, da ansonsten weder mit Europa noch mit der Moderne zu vereinbaren. „Säkularisierung" heißt die Forderung und meint nicht weniger als eine vollständig Verbannung der Religion aus dem Alltag. Nicht die Marginalisierung der europäischen Muslime, nicht fehlende Bildung und Aufstiegschancen oder kulturelle Entwurzelung gilt diesen Islam-Kritikerinnen als Ursache der vielfach gescheiterten Integration, vielmehr der grundsätzlich gewaltbereite, intolerante und fanatisierte Islam. Mit dieser Haltung bedienen sie die Wahrnehmungen und Vorurteile der Mehrheitsgesellschaft, was ihre große mediale und politische Resonanz erklärt. Die Forderung nach einer Säkularisierung des Islam mag legitim sein, allerdings fehlt ihr jedwede gesellschaftliche Basis. Nicht nur in der islamischen Welt, auch in Europa.

Wenn wir den Muslimen die Botschaft vermitteln, dass sie ihre Religion ablegen müssen, um Europäer zu werden, dann werden sie keine Europäer sein wollen. Wir müssen die Fundamente einer freien Gesellschaft, darunter die Meinungsfreiheit, entschieden verteidigen, aber wir brauchen auch eine von Respekt und Neugierde getragene Toleranz für kulturelle Unterschiede. Und wir müssen anerkennen, dass religiöse und gläubige Menschen zugleich vernünftige Personen und gute Bürger sein können. Geben wir den Muslimen das Gefühl, dass wir sie in Europa nicht haben wollen, werden die Extremisten weiterhin Zulauf erhalten. Nirgendwo stehen die Chancen für einen modernen aufgeklärten Islam so gut wie in Europa. Für einen Islam, der wiederum positiv ausstrahlt auf die arabisch-islamische Welt. Solange sich Muslime und Nichtmuslime allerdings darin erschöpfen, sich der jeweils eigenen moralischen Überlegenheit zu versichern, geht es auch weiterhin bergab. Das Dilemma des Islam in Deutschland ist dabei die Unübersichtlichkeit seiner Organisationsformen und das Fehlen markanter Führungspersönlichkeiten, die emotional die Mehrheitsgesellschaft erreichen und den Islam-Verächtern in Politik und Medien überzeugend entgegentreten.

In gewisser Weise ließen sich die lebhaften innerislamischen Diskussionen über das künftige Gesicht des Islam in Europa, die wesentlich Fragen der eigenen Identität betreffen, mit der Gründungsphase der „Grünen" vergleichen. Da wurde ebenfalls viel geredet, es wurden auch radikale Gedanken formuliert, doch am Ende entstand eine gesellschaftlich tragende Partei, der niemand ernsthaft Demokratiefeindlichkeit unterstellen würde. Und wie das Abendland nicht unterging, als sich Joschka Fischer in Turnschuhen als Minister vereidigen ließ, wird es ebenfalls nicht untergehen, sollte dereinst ein bekennender, frommer, wertkonservativer Muslim in den Bundestag gewählt werden. Im Gegenteil: Es wäre ein Ausdruck erstrebenswerter Normalität, von der wir heute noch sehr weit entfernt sind.